Kunst sammeln, Kunstgeschichte schreiben

Werner Busch zum 21. Dezember 2024

Jonas Beyer, Karin Gludovatz, Yannis Hadjinicolaou (Hrsg.)

Kunst sammeln, Kunstgeschichte schreiben

Deutscher
Kunstverlag

Inhalt

Kunst sammeln, Kunstgeschichte schreiben. Zur Einleitung

Jonas Beyer, Karin Gludovatz, Yannis Hadjinicolaou

I

Werner Busch ist mit Kunst aufgewachsen. Vertreter aus verschiedenen Bereichen des Kunstbetriebs, der Universität oder des Museums gingen ein und aus in der Bremer Wohnung des Museumsdirektors Günter Busch. Dies hatte nicht nur eine atmosphärische Wirkung auf seinen Sohn, den zukünftigen Kunsthistoriker, sondern wurde auch zum festen Bestandteil von dessen Umgang mit Kunst, der durch historische Reflexion und ein ausgeprägtes Interesse an ästhetischen Fragen, doch ebenso durch große Sammelleidenschaft gekennzeichnet ist.

Beispiele, wie es zwischen Sammlungen von Kunsthistorikern und deren wissenschaftlicher Arbeit zu Wechselwirkungen kommt, gibt es viele: Richard Hamann etwa hatte zur Entstehung des Fotoarchivs Marburg durch seine beträchtliche Sammlung an Fotografien beigetragen. Aber nicht nur Reproduktionen spielten eine immense Rolle für sein kunsthistorisches Denken, sondern auch seine Gemäldesammlung. Ähnlich wie bei Hamann hat auch Buschs vornehmlich auf grafische Arbeiten ausgerichtete Sammlung eine vergleichbar intensive Beziehung zu seinem wissenschaftlichen Denken und Schreiben.

Unvergessen ist die Wand in seinem Büro in der Koserstraße 20, die, in Salonhängung arrangiert, nahezu vollständig mit Kunst bedeckt war. Während Busch auf dem davorstehenden Sofa Platz nahm, um die Sprechstunde zu beginnen, fügte er sich wie selbstverständlich dem Ensemble ein und wurde geradezu zur Bildfigur (Abb. 1). Er war von Hogarth, Gillray und anderen umringt, Künstlern, die direkt seine eigene Forschungstätigkeit betrafen. Diese Verkörperung der Sammlung im Kunsthistoriker war ein Charakteristikum der visuellen Repräsentation des Büros, die Präsentation der Bilder nicht Ausschmückung, sondern programmatisch. Überdies schien David d'Angers' großformatige Büste Goethes die Gespräche, die Busch mit seinen Mitarbeitenden oder Studierenden führte, von oben herab zu verfolgen, ja geradezu kritisch zu prüfen. Keine Aufnahme beschreibt das Verhältnis von Sammlung und Sammler vielleicht besser als diejenige von Remigius Brückmann, die Werner Busch im stummen Dialog mit der Plastik zeigt (Abb. 2). Eine auch mimische Appropriation findet dort statt, die

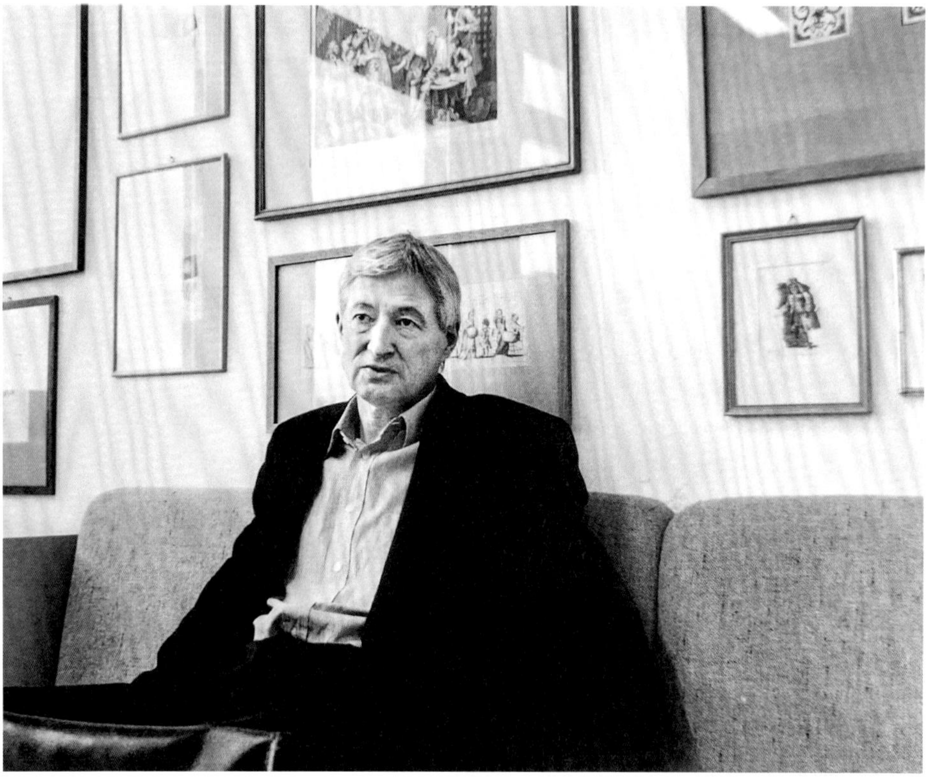

Abb. 1 | Werner Busch in seinem Büro am Kunsthistorischen Institut, 2004, Foto: Remigius Brückmann

die vergleichbaren Physiognomien abzeichnet, als würde Busch den Ausdruck Goethes spielerisch konterkarieren.

Die Häuser und Interieurs von Künstlerinnen und Künstlern sind in letzter Zeit umfangreich unter die Lupe genommen worden. Jene von Kunsthistorikern und Kunsthistorikerinnen jedoch eher weniger, als ob diese nicht einen ebenso zentralen Impetus für das kunsthistorische Denken und auf einer weiteren Ebene für die Geschichte der Kunstgeschichte hätten.

Seine Bildersammlung hat Busch schon sehr früh in vielerlei Hinsicht immer wieder begleitet und zwar nicht nur im eigenen Büro oder im Privathaus, sondern auch in seiner Lehre oder in der Konzeption und Ausführung von Ausstellungen. Exemplarisch sei hier an die Ausstellung zu William Hogarth mit Blättern aus seinem Bestand erinnert, die er während seiner Assistenzzeit in Bonn, also kurz nach der Dissertation über den englischen Künstler, zusammenstellte (»Kunsthistoriker zeigen eigene Werke«).

Von Beginn an ein zentrales Thema von Buschs Forschung war die Rolle der privaten Geschmacksbildung und eines subjektiven Kunsturteils jenseits der Akademien. So schrieb das Bürgertum in Auseinandersetzung mit der Kunst seine eigene Existenz auch jenseits der Öffentlichkeit fort, was als kulturelles Vermögen einer Befreiung und

Autonomiebestrebung verstanden werden kann. Das Sammeln von Kunst fließt in das Schreiben über Kunst mit ein: die konkrete Bildanalyse ist Bedingung jeder Theoriebildung. Dieser zentrale Aspekt wird anhand von zahlreichen Beispielen deutlich, so zuletzt anhand der exemplarischen Analyse einer Zeichnung Grandvilles. Werner Busch befeuert mit konkreten Werken seiner Sammlung die eigene Forschung.

Er gehört allerdings nicht jenem Sammlertypus an, der nur für die Vermehrung der eigenen Bestände lebt und sich unaufhörlich damit befasst. Vielmehr scheint das Privat-Subjektive, ja die Faszination am Kunstobjekt am Werk zu sein. Werner Busch geht immer wieder dynamisch mit der eigenen Sammlung um und den Anreiz, den er daraus gewinnt, setzt er in die Sphäre der Öffentlichkeit frei, sprich in die kunstgeschichtliche Forschung. So reicht die Betrachtung im Privaten in die offizielle Auseinandersetzung mit der Kunst und ihren Institutionen hinein, ein Thema, das ihn immer wieder fasziniert und in vielerlei Hinsicht verfolgt hat. Auch hier bleibt er sentimentalisch unklassisch.

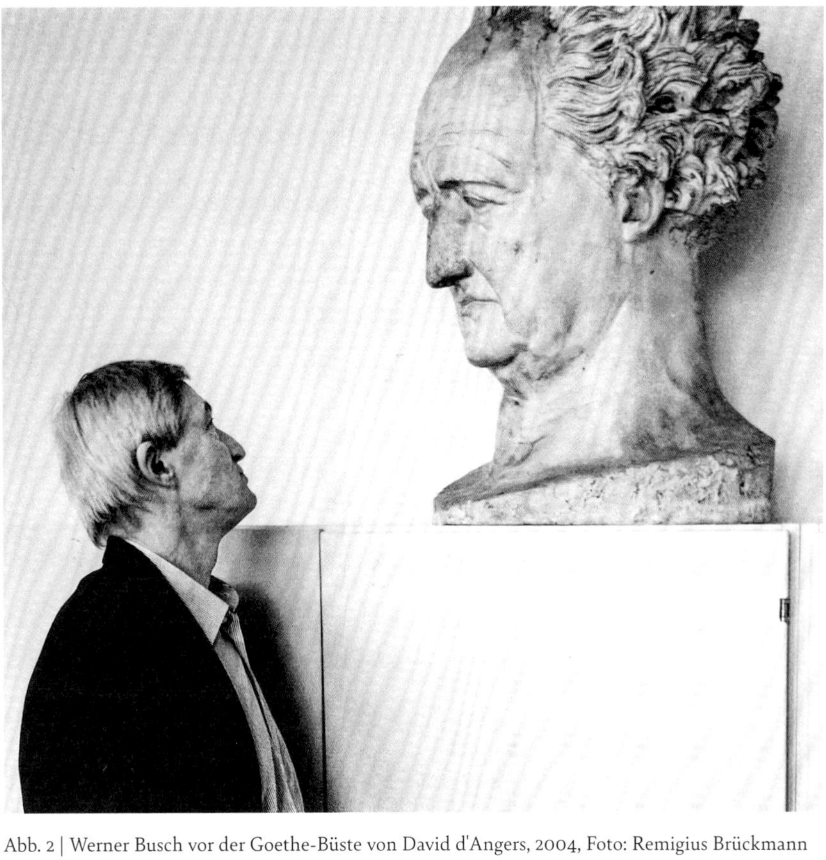

Abb. 2 | Werner Busch vor der Goethe-Büste von David d'Angers, 2004, Foto: Remigius Brückmann

II

Mag sein, dass der dynamische Umgang mit den Objekten, das Ordnen und Umordnen, das Zurückstellen und Wiederentdecken, das Vergleichen in immer anderen Konstellationen, auch auf seine frühe Auseinandersetzung mit der Warburg-Tradition zurückzuführen ist. Busch war 1969 erstmals und tatsächlich auch als einer der ersten Wissenschaftler aus Deutschland an die 1933 zwangsweise nach London verlagerte Bibliothek gekommen und wer ihn davon hat erzählen hören, ahnt, wie tief diese Erfahrung den jungen Mann beeindruckt hat – nicht nur auf kunsthistorischer Ebene; war die Begegnung mit den Emigrantinnen und Emigranten, waren ihre Geschichten doch mindestens genauso wichtig für ihn. Auch wenn die Aufstellung des Buchbestands zu diesem Zeitpunkt längst den Regularien bibliothekarischer Systematisierung folgte, ließ sich die Vorstellung von der »guten Nachbarschaft«, wie sie anfänglich die Ordnung der Bibliothek in der Hamburger Heilwigstraße motiviert hatte, vielleicht noch fassen, zumindest als Idee. Warburg setzte bekanntermaßen darauf, dass die Bücher, die einen in der Forschung weiterbringen, nicht immer die sind, die man sucht, sondern jene, die man daneben und gewissermaßen nebenher findet. Dergestalt blieb nicht nur der Intellekt in Bewegung, sondern auch die Bibliothek lebendig.

Lässt sich der Umgang mit einer Sammlung von Kunstwerken nicht in ähnlicher Weise denken? Das Nebeneinander als inspirierendes Moment, im Sinne einer Ansteckung? Macht das Konzept der »guten Nachbarschaft« doch deutlich, dass man nicht nur zu, sondern auch mit Gegenständen forscht und diesen dabei eine aktive Rolle zukommt. Man kann eine Zeichnung allein intensiv studieren, aber ebenso mit ihr auf eine andere blicken, um deren Betrachtung zu schärfen, danach, beim Wieder-Sehen des ersten Blatts, etwas entdecken, was zunächst verborgen geblieben war. Eine Zeichnung kann viele Funktionen haben, sie kann Kunst sein, aber ebenso ein »epistemisches Ding«.

Latenz oder Kontingenz – Forschen wie Sammeln sind zu einem nicht geringen Maß dem Prinzip der *Serendipity* verpflichtet. Der von Horace Walpole geprägte Begriff bezeichnet einen Zufallsfund, der sich als Entdeckung erweist. Doch anders als der Begriff des Zufalls es suggeriert, verdanken sich die dem Prinzip unterstehenden Erkenntnisse steter Aufmerksamkeit, einer Schulung der Sinne, einer Fähigkeit präziser Verknüpfung – mit einem Wort: Sie sind durchaus schwer erarbeitet, selbst wenn es auf den ersten Blick nicht so scheint.

Gut vorstellbar, dass nicht nur Aby Warburg sein Denken in der aufschlussreichen Aufstellung seiner Bücher prüfte, sondern auch Werner Busch in der Ordnung und Umordnung seines Sammlungsbestands an der Strukturierung wissenschaftlichen Denkens arbeitet – und beide dabei zu einem gewissen Teil auf das Potential der *Serendipity* bau(t)en. Ist der Sammler darauf angewiesen, zu erkennen, was ihm bei Gelegenheit zufällt, muss der Kunsthistoriker sensibilisiert sein zu sehen, was sich ihm in den Objekten und v.a. in den unterschiedlich zu arrangierenden Konstellationen zeigt, die eine Sammlung erlaubt. Wo ließe sich eine solche Verbindung besser herstellen, eine Wechselwirkung zwischen den Interessen als Sammler und Forscher nachhaltiger erzeugen als am eigenen Bestand. Umso schöner, könnte man im Falle von Werner Busch sagen, wenn sich dabei an das Denken im Großbritannien des 18. Jahrhunderts anschließen lässt.

III

»Englishness«, wie die Festschrift für Werner Busch zu seinem 65. Geburtstag sinnfällig hieß, bezeichnet nicht nur das Interesse des Jubilars an der aus England stammenden Kunst oder an einer Kunstgeschichtsschreibung, wie sie am Warburg Institute betrieben wird. Buschs Faszination für das Englische erstreckt sich auch auf die Beobachtung, dass man sich für die wissenschaftliche Erschließung eines künstlerischen Objekts dem Gegenstand dort gänzlich anders nähert als auf dem Festland. In seiner Laudatio auf Francis Haskell hat Busch dies in folgende Worte gefasst: »Das Verhältnis des englischen Kunsthistorikers zum Händler, zum Sammler, zum Kollegen, vor allem aber zum Kunstwerk ist privat. [...] Der englische Wissenschaftler betrachtet Gegenstände der Überlieferung nicht als abgelegte, zu archivierende Relikte, er läßt ihnen ihre Teilhabe an der Gegenwart, ohne dies hermeneutisch zu verbrämen.« (Busch 1996, S. 587)

Freilich handelt es sich bei diesem Zugang seitens des »englischen Kunsthistorikers« nicht um ein unverbindliches Vorgehen, dem es an notwendiger Wissenschaftlichkeit mangelt, im Gegenteil: »[...] für ihn lebt auch die Quelle. In ihr nimmt er Anteil an der Tradition, schreibt sie fort, hält sie am Leben [...]« (ebd., S. 586), wobei darunter alles gefasst ist, was zum Gegenstand gehört: Auffindungsgeschichte, Besitzerwechsel, historische Sichtweisen auf das Werk, kurz: wir haben es hier mit einem biografistischen Umgang mit dem Werk zu tun. Was überrascht es da, dass auch Busch in Artikeln auf Werke eingeht, die sich in seiner eigenen Sammlung befinden, oder in Vorlesungen Hintergründe über den persönlichen Erwerb eines Objekts fallen lässt, wenn sich dies im Kontext seines jeweiligen Vortrags glücklich fügt?

Im privaten Zugang zum Objekt verlebendigt man diesen anstatt ihn historisch zu entrücken, ein Umstand, den Busch in seinen Betrachtungen zu englischen Kunstliebhabern wiederholt bestätigt fand und der ihn mit Blick auf eine Persönlichkeit wie Charles Townley zu einer ganz grundsätzlichen Aussage über den englischen Umgang mit Kunstobjekten bewegte. So beschreibt er Townley als versierten Führer durch die eigenen Kunstschätze, von dem es ferner hieß, dass er sowohl äußerst bewandert gewesen sei als auch seinen Führungen »by pleasantry and anecdote« ein ganz eigene Note gab.

Letzteres Wort dieses Begriffspaares, also »anecdotes«, dürfte sich auf Fundort und Art der Erwerbung bezogen haben; »›pleasantry‹ dagegen [meint] wohl nicht nur kleine Scherze [...], sondern eher einen spielerischen Umgang mit der Bedeutungsdimension der Gegenstände. Immer geht es dem Engländer um deren Verlebendigung, nicht um die Markierung historischer Ferne, sondern um fortwährende Wirksamkeit, und intellektuelle spielerische Umkreisung lässt sie für die Vorstellung agieren.« (Busch 2007, S. 43)

****

Diesen spielerischen Umgang mit der Bedeutungsdimension der Gegenstände haben wir wörtlich genommen, als wir Kolleginnen und Kollegen, Weggefährtinnen und Weggefährten von Werner Busch darum baten, sich ein spezifisches Werk aus dessen Kunstsammlung auszuwählen und sich diesem auf ganz persönliche Weise zu nähern, den Gegenstand etwa um Anekdoten zu bereichern oder sich anhand des Objekts die Frage zu stellen, wie es Buschs Forschungsaktivitäten in eine gewisse Richtung gelenkt haben könnte.

Wir danken den beteiligten Kolleginnen und Kollegen, die sich auf unsere Anfrage eingelassen und mit ihren Texten zum Werden dieses Buchs beigetragen haben. Ihre umgehenden Zusagen und positiven Rückmeldungen sollen hier nicht verschwiegen werden, zeugen sie doch selbst 15 Jahre nach seiner Pensionierung davon, welch große Wertschätzung und Zuneigung dem Jubilar zuteilwird.

Ferner danken wir Lucie und Anna Busch, ohne deren große Unterstützung und Bereitschaft zur Konspiration das Vorhaben nicht umsetzbar gewesen wäre. Hubert Graml, der Fotograf des Kunsthistorischen Instituts der Freien Universität Berlin, fertigte in bewährt professioneller Weise die Fotografien der Objekte aus der Sammlung Busch an. Anna Becker nahm mit scharfem Auge und gewissenhaft die Endkorrekturen vor. Der Fachbereich Geschichts- und Kulturwissenschaften in Gestalt des Verwaltungsleiters Michael Vallo und die Ernst-Reuter-Gesellschaft der Freunde, Förderer und Ehemaligen der Freien Universität Berlin mit ihrem Vorsitzenden Peter Lange ermöglichten durch finanzielle Unterstützung großzügig den Druck, wofür wir sehr herzlich danken. Die Zusammenarbeit mit Katja Richter und Martina Kupiak vom De Gruyter Verlag war wie immer professionell und ungemein erfreulich.

Ausgewählte Literatur

Andreas Beyer: *Serendipity and »gute Nachbarschaft«. Chance and Sagacity in Warburg's Library*, in: David Freedberg und Claudia Wedepohl (Hrsg.): *Aby Warburg at 150. Work, Legacy, Promise*, Berlin und Boston 2024, S. 68–74.

Werner Busch (Hrsg.): *Funkkolleg Kunst. Eine Geschichte der Kunst im Wandel ihrer Funktionen*, 2 Bde., München und Zürich 1987.

Werner Busch: *Englische und deutsche Kunstgeschichte – Francis Haskell zu Ehren*, in: Francis Haskell: *Maler und Auftraggeber. Kunst und Gesellschaft im italienischen Barock*, Köln 1996, S. 581–590.

Werner Busch: *The Englishness of the Museum Britannicum*, in: Philine Helas, Maren Polte, Claudia Rückert und Bettina Uppenkamp (Hrsg.): *Bild/Geschichte: Festschrift für Horst Bredekamp*, Berlin 2007, S. 39–54.

Werner Busch: *»…er wird nie das Kreuz der Ehrenreligion bekommen«. Grandvilles Louis-Philippe-Birne für »La Caricature«*, in: Leena Crasemann, Benjamin Fellmann und Yannis Hadjinicolaou (Hrsg.), *Seismografen und Orientierungsspiegel. Bilder der Welt in kurzen Kunstgeschichten*, Berlin und Boston 2022, S. 32–38.

Dario Gamboni: *Das Museum als Erfahrung. Reisedialoge über Künstler- und Sammlermuseen*, Göttingen 2022.

Matthias Krüger, Léa Kuhn und Ulrich Pfisterer (Hrsg.): *Pro Domo. Kunstgeschichte in eigener Sache*, Paderborn 2021.

Hans-Jörg Rheinberger: *Experiment, Differenz, Schrift. Zur Geschichte epistemischer Dinge*, Marburg 1992.

Agnes Tieze (Hrsg.): *Wege zur Moderne. Richard Hamann als Sammler*, Ausstellungskatalog, Marburg (Museum für Kunst und Kulturgeschichte der Philipps-Universität Marburg), München 2009.

Harald Wolter-von dem Knesebeck (Hrsg.): *Paul Clemens Erbe. Das Kunsthistorische Institut Bonn*, Berlin und München 2014.

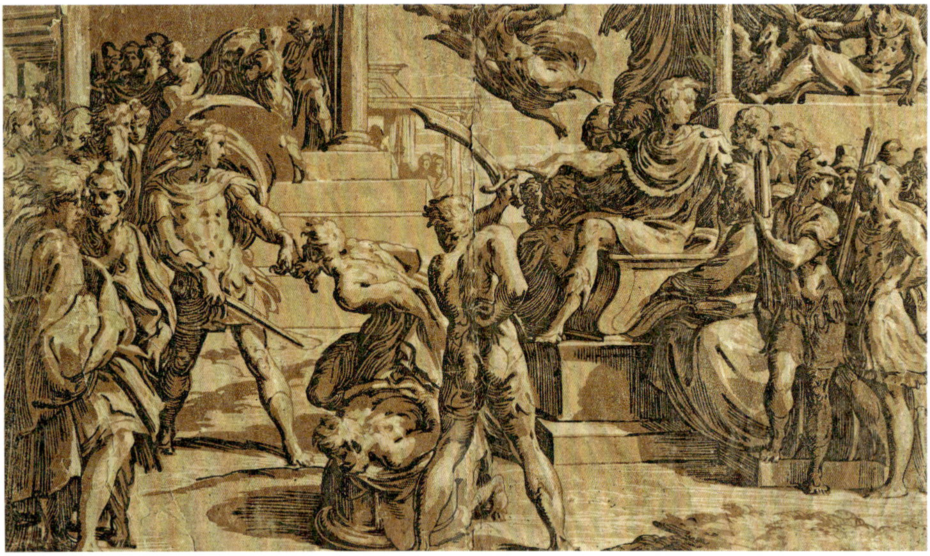

Antonio da Trento nach Parmigianino
Das Martyrium von Paulus und die Verurteilung Petri, nach 1530

Chiaroscuro-Holzschnitt auf Papier, 27,5 × 46,6 cm

Antonio da Trentos *Martyrium von Paulus und die Verurteilung Petri* nach Parmigianino, oder: Die Grenzen des Ästhetischen im Zeitalter des Krieges der Bilder

Thomas Ketelsen

In der Vita des in Parma geborenen Francesco Mazzuoli weiß Giorgio Vasari zu berichten, dass dieser nach seiner Flucht aus dem von marodierenden Truppen Karls V. besetzten Rom 1527 nach Bologna ging und dort »einige Helldunkelschnitte schneiden [ließ], unter anderem die Enthauptung der Heiligen Petrus und Paulus [la Decollazione di San Pietro e San Paulo] sowie einen großformatigen Diogenes« (Vasari 2004, S. 25). Anfänglich noch ohne Angabe von Künstlernamen, verweist der Chronist der italienischen *rinascita* auf die wohl bedeutendsten Helldunkelholzschnitte, die nach Erfindungen von Parmigianino ausgeführt worden sind: *Das Martyrium von Paulus und die Verurteilung Petri* von Antonio da Trento und den *Diogenes* von Ugo da Carpi. An anderer Stelle hingegen, wo Vasari auf das neue Verfahren des Helldunkelholzschnittes selbst zu sprechen kommt, werden zum Lob der beiden Holzschneider selbstverständlich auch ihre Namen genannt. Die Hervorhebung gerade dieser beiden Helldunkelholzschnitte von verschiedener Hand in der Vita Parmigianinos ist insofern aufschlussreich, als es von beiden Kompositionen auch Kupferstiche von Giovanni Jacopo Caraglio gibt, die dieser im Auftrag von Parmigianino noch vor dem Sacco di Roma in der »Hauptstadt der Welt« (Goethe) ausgeführt hat. Für den Kupferstich *Das Martyrium von Paulus und die Verurteilung Petri* hat sich eine Vorzeichnung erhalten (London, British Museum, Inv. Nr. 1904, 1201.2), nicht aber für den Holzschnitt, der in Höhe und Breite ca. vier bis fünf Zentimeter größer ist. Es wird angenommen, dass diesem ebenfalls eine lavierte Zeichnung Parmigianinos als Vorlage zugrunde lag, möglich ist aber auch, dass der Künstler seine Komposition direkt auf den Holzblock gezeichnet hat, wie dem auch sei.

Auf die scheinbare Konkurrenz der Medien – hier der klassische, linien- und formbezogene Kupferstich, dort der das Prinzip der Tonigkeit und das »Atmosphärische« betonende Helldunkelholzschnitt – ist Werner Busch in seinem Buch *Das unklassische Bild* ausführlich eingegangen. Auch wenn sich die Abzüge von ein- und derselben Kupferplatte in Hinblick etwa auf die Stärke und Intensität des Druckbildes voneinander unterscheiden, so gleichen sie sich doch allesamt in ihrem Erscheinungsbild (zumeist sind die Unterschiede nur mit der Lupe zu erkennen). Im Gegensatz dazu ist bereits die Farbvarianz bei den Helldunkeldrucken von Antonio da Trento oder Ugo da Carpi mehr als augenfällig, und selbst bei der Wahl nur eines Tonwertes unterscheiden sich die Abzüge deutlicher voneinander als es bei den Abzügen von einer Kupferplatte der Fall ist. Die große Expertin des Helldunkelholzschnittes, Naoko Takahatake, unterscheidet heute nur noch zwei Plattenzustände für *Das Martyrium von Paulus und die Verurteilung Petri,* von denen jeweils verschiedenfarbige Abzüge in gedämpften erdfarbenen Graubraun-, Rotbraun- und Blaugrautönen hergestellt wurden. Dabei gleicht kein Abzug in seiner Tonalität dem anderen, jedes Blatt ist allein schon aufgrund des komplizierten Druckvorgangs von drei Holzstöcken (der Linienplatte und zwei Flächenplatten) ein Unikat. Das Blatt aus der Sammlung Busch (2. Zustand, wohl ein späterer Druck nach 1530) weist einen rostbraunroten Gesamtton auf, der zusammen mit den flächenhaften weißen Aussparungen und dem schwarzen Lineament in eine geradezu illusionär anmutende Bildwelt hineinführt. Auf anderen Helldunkelholzschnitten da Trentos, aber auch von Ugo da Carpi, wird diese imaginäre Bildillusion noch durch die eigens hervorgehobene Rahmung der Komposition akzentuiert, wir haben demnach »nicht nur Darstellungen von biblischen oder mythologischen Figuren vor uns, sondern Bilder von Darstellungen« (Busch 2009, S. 40f.), um es mit den Worten von Werner Busch zu sagen. Der Helldunkelholzschnitt reproduziert daher auch keine Zeichnung, wie dies bei den Kupferstichen von Caraglio der Fall ist, sondern er transformiert eine nicht mehr genau zu fixierende Erfindung in eine eigene Sphäre der Bildlichkeit, die aufgrund der Farbvarianz den Ausgangspunkt des künstlerischen Tuns vergessen lässt. Folgen wir aber weiter dem Gedanken von Werner Busch, dass der Helldunkelholzschnitt bereits ein erster Schritt hin auf das »unklassische« Bild ist, sofern in ihm die Eigenmacht der Linie als ein an der erzählenden Form haftendes Gestaltungsmittel entkräftet und die Tonalität »vorherrschend wird«: »Es wird nicht über Gegenständliches ein Weg der Lektüre vorgegeben, sondern das Gegenständliche wird in seiner Wirkung aufgehoben.« (Busch 2009, S. 41). Diese These mag der Autor selbst an seinem eigenen Blatt erwogen und bestätigt gesehen haben.

Die Forschung zum Helldunkelholzschnitt hat die Ausführungen von Werner Busch jedoch kaum zur Kenntnis genommen und ihre inhaltlichen Konsequenzen nicht diskutiert. Gerade aber das von Vasari eigens hervorgehobene Martyrium der beiden Heiligen, summarisch als *Enthauptung der Heiligen Petrus und Paulus* tituliert, führt den Umstand vor Augen, dass wir der Darstellung von äußerster physischer Gewalt durch die ästhetische Illusionierung sowie durch die formvollendete Choreografie des Tötens, die geradezu obszön wirkende tänzerische Bewegung der Schlächter, im »Bild« seelisch unbeschadet beiwohnen können. Und schnell lässt sich die Aufmerksamkeit davontragen, entweder auf der Suche nach möglichen Vorbildern (etwa Luca Signorellis *Geißelung Christi*, Mailand, Pinacoteca di Brera) oder bei der Enträtselung ikonografischer Details wie dem »Bild Jovis des Gottes« links oben, dem Paulus und Petrus »Weihrauch opfern« sollen, anderenfalls sie, wie dann geschehen, »mit einander sterben« müssen (so die *Legenda aurea*). Die eingefrorenen Bilder der Hinrichtung von Paulus im Vordergrund sowie der erniedrigenden Geste des Am-Bart-Herbeiziehens, mit der Petrus durch den Schächer entwürdigt wird, bleiben durch die kunsthistorische Beflissenheit entrückt, als tradierte Darstellungsmodi physischer Gewalt berühren sie uns eigentlich nicht mehr. Und doch werden sie heute von der Wirklichkeit eingeholt: Es sind die aktuell in aller Welt zunehmenden Gewalttaten, die uns als perfide Formen der Inszenierung blitzartig als lebende Bilder in Echtzeit über die Smartphones erreichen und dadurch auf geradezu halluzinatorische Weise auch die bislang ästhetisch eingehegten Bilder der Gewalt lebendig werden lassen. Vor allem geht es um jene erschreckenden Bilder, in denen die »Opferung von Menschen zum Zwecke der Bildpropaganda« (Bredekamp 2016, S. 7) bewusst instrumentalisiert werden. Diese Bilder haben die Grenzen des erträglich Sichtbaren erneut verschoben und das Wegsehen als eine Form des Selbstschutzes etabliert (gleichwohl ein Dissens darüber besteht). Aber auch wenn wir uns diesen lebenden Bildern der Gewalt bewusst entziehen, um unsere Seele vor nachhaltigem Schrecken zu bewahren, so fällt doch allein das Phantombild von den ungesehenen Bildern wie ein Schatten auf das tradierte Bilderreservoire an Gewalttaten zurück: Der Helldunkelholzschnitt *Das Martyrium von Paulus und die Verurteilung Petri* stellt uns, die Betrachter, somit indirekt auf die Probe: Verbleiben wir in der ästhetischen Distanz zu dem dargestellten Geschehen, oder erweckt er zugleich jenes auf Empathie beruhende Sensorium, das uns alle medialen Differenzen über die Jahrhunderte hinweg überspringen lässt und uns den Abgründen menschlichen Tuns nahebringt?

Ausgewählte Literatur

Horst Bredekamp: *Vom Untergang Palmyras zur kämpferischen Reproduktion*, als Beilage in: Thomas Ketelsen (Hrsg.): *Palmyra: Was bleibt? Louis-François Cassas und seine Reise in den Orient*, Ausstellungskatalog, Köln (Wallraf-Richartz-Museum & Fondation Corboud), Köln 2016.

Werner Busch: *Das unklassische Bild. Von Tizian bis Constable und Turner*, München 2009.

Franca Buss und Philipp Müller (Hrsg.): *Hin- und Wegsehen. Formen und Kräfte von Gewaltbildern*, Berlin und Boston 2020.

Naoko Takahatake (Hrsg.): *The Italian Chiaroscuro Woodcut in Renaissance Italy*, Ausstellungskatalog, Los Angeles (L.A. County Museum of Art), Los Angeles 2018.

Giorgio Vasari: *Das Leben des Parmigianino*, neu übersetzt von Matteo Burioni und Katja Burzer, Matteo Burioni (Hrsg.), Berlin 2004.

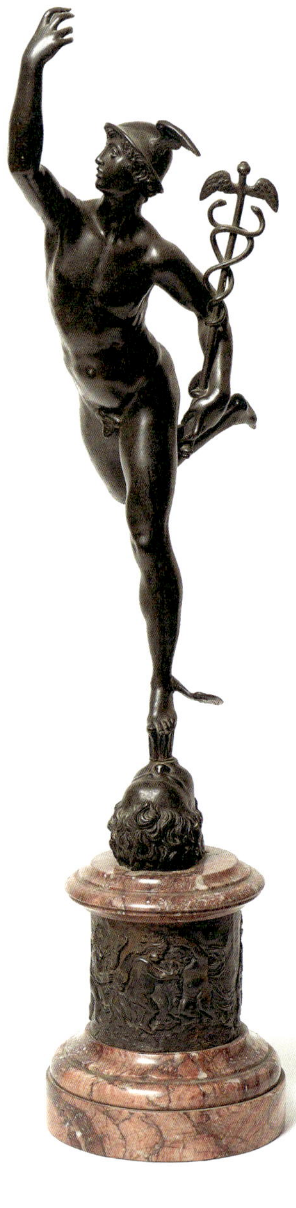

Giovanni da Bologna
Merkur, 19. Jahrhundert

Bronze, Höhe: 47 cm

Gedankenflamme

Andreas Beyer

Zu den Objekten, von denen man weniger erwartet, dass Werner Busch sie gerne dauerhaft um sich dulden würde, gehören Skulpturen. Dem Geist und den Sinnen eines Liebhabers und Kenners der Zeichnung und der grafischen Künste, also der in der Fläche sich erstreckenden und vertiefenden Bildwelten, dürfte, mutmaßlich, die Plastik in ihrer raumgreifenden Präsenz weniger zuträglich sein; etwas zu aufdringlich sozusagen. Wer sein Haus betritt, wird freilich eines Besseren belehrt. Schon gleich im Eingang, rechts hinter der Türe, findet sich ein Abguss der Goethe-Büste des Pierre-Jean David d'Angers aus dem Jahr 1829. Zwar ist der sperrige Brocken offenbar nur ein Leihstück und wohl auch unvermeidlich mehr eine Helm- und Hutablage. Das monumentale, überdimensionierte Haupt des »Olympiers«, dieses Porträt eines Klassikers, das sich »unklassischer« nicht denken lässt, erinnert aber unmittelbar daran, dass der Hausherr auch und gerade Widerständigem gegenüber unbekümmert offen ist.

Ein anderes solches, gleichwohl weit feingliedrigeres Obstakel im Raum stellt die Kleinbronze des *Merkur* nach dem Entwurf des Giambologna dar. Es handelt sich um einen der unzähligen Abgüsse dieses zeitlosen Schlüsselwerks des Manierismus. Allerdings um einen besonders schön gelungenen und gut erhaltenen; vermutlich stammt die Statuette aus dem späten 19. Jahrhundert. Montiert ist der *Merkur* auf einen marmorierten Sockel, den ein ursprünglich nicht zugehöriger, bacchantisch-enthemmter Puttenfries umläuft. Über dem seinen Hauch vertikal gen Himmel stoßenden Windgott Zephyr, der in einer weit verbreiteten Tradition als pausbäckiger, gelockter Puttenkopf wiedergegeben ist, schwebt Merkur, oder balanciert er vielmehr auf Zehenspitzen und schraubt seinen ephebenhaften Körper in leichter Drehung nach oben in Richtung der Hand seines ausgestreckten rechten Arms, in die auch sein Haupt und Blick weisen. In dieser Fassung ist der Zeigefinger des Merkur nicht, wie in der Originalplastik, gereckt, was die Komposition noch einmal buchstäblich zuspitzte. Diesem vertikalen Schub widerläuft der tänzerische Kontrapost, in dem der antike Gott mit stark angewinkeltem rechten Bein nach vorne zu schreiten im Begriff zu sein scheint. In dieser Juxtaposition von Steigen und Schreiten artikuliert sich eine auf Dauer gestellte Spannung, die *grazia* und *leggiadria*, Anmut und Liebreiz also, vermittelt und, ganz der Forderung der Kunsttheorie des 16. Jahrhunderts folgend, die Skulptur, schlangenförmig und einer züngelnden Flamme gleich, in Bewegung hält. Zierlicher hat die Idee der *Serpentinata* wohl niemals ins Bild gefunden.

Der aus Flandern nach Italien gelangte und seit den fünfziger Jahren in Florenz ansässige Giambologna (eigentlich Jean de Boulogne bzw. Giovanni da Bologna) hat sich mit der Figur des *Mercurio volante* über wenigstens zwei Jahrzehnte hinweg und in vier Versionen auseinandergesetzt. Erstmals 1563, als er im Auftrag des Pier Donato Cesi, des päpstlichen Gouverneurs von Bologna, für den Hof des Hauptgebäudes der altehrwürdigen Universität, den *Palazzo dell'Archiginnasio*, eine überlebensgroße Statue des antiken Gottes entwarf, die eine Marmorsäule hätte bekrönen sollen. Die mit Merkur assoziierten Tugenden von Vernunft und Wahrheit sollten die *Studiosi* daran gemahnen, dass alle Weisheit vom Himmel käme. Das Projekt blieb unausgeführt, erhalten hat sich allein der Bronzeguss eines kleinformatigen Modells, das damit in Verbindung gebracht wird. Körperhaltung und Bewegungsmotiv dieser ersten Version stimmen schon mit den späteren Fassungen überein; auch trägt Merkur bereits den *Petasos*, den »Reisehut«, wenn auch noch ungeflügelt. Typologisch geht das dynamische Motiv auf Raffaels Merkur-Darstellung in der *Loggia di Psyche* der römischen Villa Farnesina zurück, die ihrerseits auf antike Modelle rekurrierte. Auch Benvenuto Cellini hatte für den Sockel seiner Perseus-Statue in Florenz wenige Jahre zuvor einen Merkur geschaffen, der in seiner tänzelnden Nervosität jene »Quecksilbrigkeit« einfängt, die seit je mit dem Patron der Reisenden und Händler (und auch der Diebe), der sich schneller als das Licht bewegte, verbunden ist; schon in der Antike symbolisierte das chemische Element, das schnelle und »lebendige« Silber, den Götterboten.

Eine weitere, knabengrosse Merkur-Statue schuf Giambologna 1565 auf Geheiß des Florentiner Herzogs Cosimo I., die dieser Kaiser Maximilian II. als Geschenk nach Wien sandte (heute wird sie in Schweden verwahrt). Die dritte, kleinformatige Variante entstand zwischen 1575 und 1579 im Auftrag Herzog Ottavio Farneses, für dessen *Studiolo* in Parma (heute aufbewahrt in Neapel). Sie weist die geflügelten Fersen, den ebenfalls geflügelten *Petasos* und den (später allerdings wieder abgebrochenen) *Cadaceus* auf – den Heroldstab mit zwei sich ineinander windenden Schlangen, den Merkur in der linken Hand trägt. Die Gussform dieser Plastik scheint für viele weitere Güsse verwendet worden zu sein, vielen gilt sie als der Prototyp aller Nachbildungen. Die vierte Variante entstand um 1580, jetzt wieder in lebensgroßem Maßstab, bestimmt für einen Brunnen im Garten der Villa des Kardinals Ferdinando de' Medici. Diese Fassung zeigt Merkur über dem Haupt des Windgottes schwebend. Giambolognas Plastik ist rasch populär geworden; zunächst wünschten sich Fürsten Abformungen, als Reiseandenken fand sie dann bis in das Gepäck der Grandtouristen. Die späteren Güsse im Kleinformat amalgamieren die einzelnen Elemente der unterschiedlichen Versionen, so auch unser Beispiel.

Dass die Darstellung den von seinem Vater Jupiter ausgesandten Boten veranschaulicht, so wie er in Homers *Odyssee* und Vergils *Aeneis* besungen wird, ist länger schon aufgefallen. Dass die Statue aber vor allem für den gelehrten Raum gedacht war, von der *Alma mater studiorum* in Bologna bis zum *Studiolo* des Farnesischen Herzogs, macht deren Aufenthalt in Buschs Sammlung besonders sinnfällig. Tatsächlich steht sie auch nicht im Weg. Bei der einsamen und schweigsamen Tätigkeit des Forschens und Schreibens wird der Blick immer wieder gerne nach ihr suchen und an ihr haften bleiben. Denn jenseits aller ikonografischen Festlegung feiert sie im manieristischen Gestus zunächst und vor allem sich selbst, als geglückte Verbildlichung höchster Grazie. Als Sinnbild des stets lodernden Gedankens, der glücklichen Eingebung, der gelungenen Form, erlaubt dieser *Merkur* aber auch, das Geschäft der wissenschaftlichen Praxis in ihm formuliert zu erkennen, vielleicht sogar durch ihn allererst ermöglicht.

Ausgewählte Literatur

Charles Avery: *Giambologna. The Complete Sculpture*, London 1993.

Ingo Herklotz: *Die Darstellung des fliegenden Merkur bei Giovanni Bologna*, in: *Zeitschrift für Kunstgeschichte* 40, 3/4 (1977), S. 270–275.

Wilfried Seipel (Hrsg.): *Giambologna. Triumph des Körpers*, Ausstellungskatalog, Wien (Kunsthistorisches Museum), Mailand 2006.

Dirk Syndram, Moritz Woelk und Martina Minning (Hrsg.): *Giambologna in Dresden. Die Geschenke der Medici*, Ausstellungskatalog, Dresden (Grünes Gewölbe, Staatliche Kunstsammlungen), München und Berlin 2006.

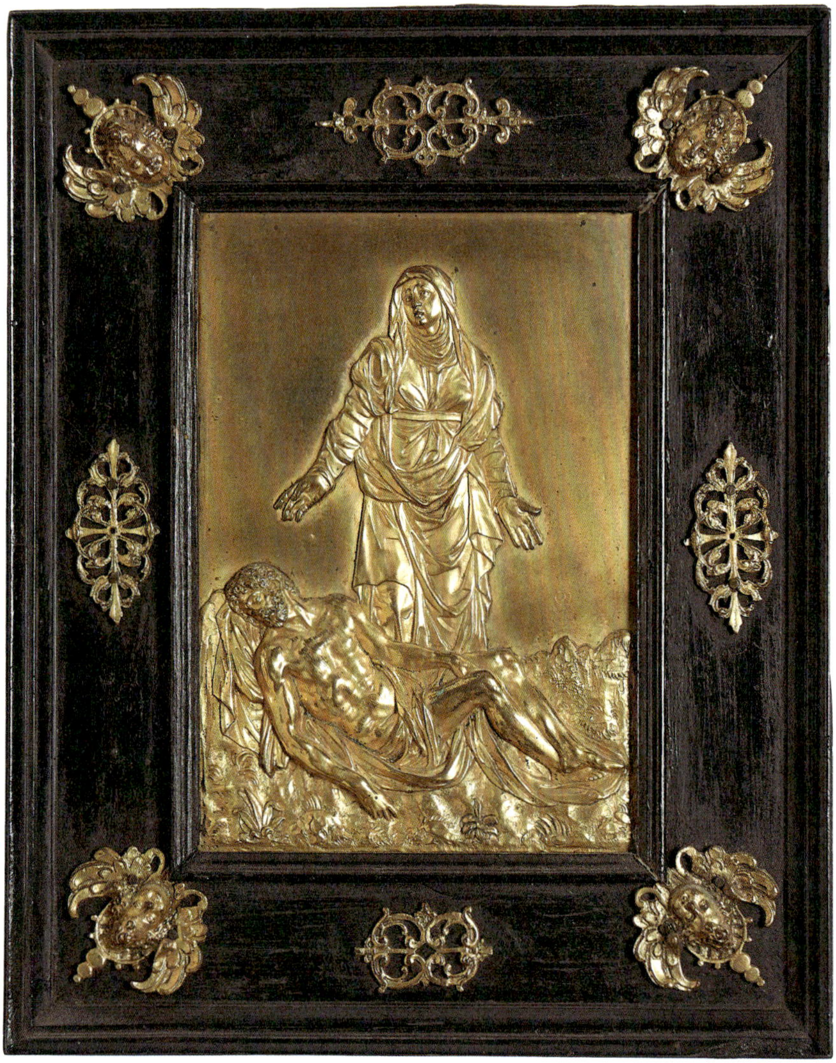

Augsburg, nach Guglielmo della Porta
Beweinung Christi

Kupfer, vergoldet, 15,2 × 10,7 cm
Holzrahmen schwarz gebeizt, 24,5 × 20 cm

Verkörperung und Entzug. Zum paradoxen In-Erscheinung-Treten des eucharistischen Leibes im Medium des Flachreliefs

Julia Kloss-Weber

Es bleibt unklar, ob sich die beiden Figuren überhaupt berühren: Maria steht aufrecht, frontal zu dem Betrachter des kleinen Reliefs gewandt, über dem Leichnam ihres Sohnes. Während ihre auf der Mittelsenkrechten verortete Gestalt das Bildfeld der Höhe nach fast ausfüllt, lagert der bis auf den Lendenschurz nackte Körper des Erlösers im Bildvordergrund, gebettet auf ein Tuch, das den heiligen Leib weitestgehend vor der Berührung mit dem rauen, noch auf Golgatha verweisenden Felsengrund bewahrt. Besetzt Maria die vertikale Achse des Hochformats, so bildet der liegende Leib Christi dazu im unteren Bilddrittel ein waagerechtes Widerlager. Ferner kontrastieren die weich fließenden Falten ihres Gewandes mit der plastischen Struktur seiner Muskeln sowie der unter der Haut erahnbaren Knochen und Sehnen, deren Formanmutung noch im gelockten Haupthaar einen visuellen Nachklang findet. Tritt die Mutter als von Trauer ergriffene Expressionsfigur auf, so scheint Christus friedlich zu schlafen und sein eigentlich geschundener Körper – lediglich an der Oberseite seiner rechten Hand, prominent am unteren Bildrand platziert, können wir ein einziges Wundmal erkennen – ist von großer Schönheit und Anmut. Sind sie derart in vielerlei Hinsicht von Gegensätzen geprägt, die einer Distanzierung zuarbeiten, so hat der Bildhauer respektive der Urheber dieser Bildfindung die beiden Figuren doch gleichsam in einer klaren kompositorischen Ordnung förmlich miteinander verzahnt. Zunächst durch das Zusammenfügen der beiden Hauptachsen, die sie jeweils verkörpern, und die an zwei markanten Stellen ineinandergreifen – nämlich zum einen, indem das Lendentuch in die Vertikale eingeschrieben ist, und zum anderen, indem das Band, welches das Gewand Mariens unterhalb der Brust zusammenfasst, die horizontale Dimension pointiert aufgreift. Vor allem aber sind die in einer klagenden Geste leicht vom Körper abgerückten Arme Mariens Teil einer Dreiecksformation, die nach unten hin den Leib Christi umfasst und gleichsam mit seiner aufragenden Spitze den nach oben gerichteten Blick Mariens unterstreicht. So figuriert letztere innerhalb des Reliefs als Verbindung zwischen dem von ihr beweinten Sohn, auf den sie zudem mit einem verhaltenen Fingerzeig ihrer rechten Hand hinweist, und jener göttlichen Instanz, die es mitzureflektieren gilt, um des Paradoxes des zugleich wirklichen und mystischen Körpers gewahr zu werden. In dieser Konstellation fungiert die Marienfigur nicht allein als »Sentimentangebot« an den gläubigen Betrachter, um mit ihr zusammen den toten Heiland zu betrauern und Demut zu empfinden, angesichts des Opfers, das erbracht werden musste, um die göttliche Gnade zu erwirken. Vielmehr stellt sie den Bezug zwischen dem eucharistischen Leib zu ihren Füßen und einer Transzendenz her, die als Grund der Passion mitzudenken ist, und vergegenwärtigt derart mithin das Mysterium der Inkarnation sowie den Sinn des eucharistischen Opfers.

Werner Busch hat sich in seinen Forschungen immer wieder mit Ästhetiken der Erscheinung auseinandergesetzt, vorwiegend mit ihren transitorischen sowie naturhaften Implikationen. Das Relief spielt indes vor allem im Rahmen seiner Auseinandersetzung mit neoklassizistischen Ausdrucksformen und deren ausgeprägter Konturbezogenheit eine Rolle. Doch die Gattung Relief, bei der Bildhaftigkeit wesentlich durch ein Emergieren von Formen, durch einen plastischen oder skulpturalen Differenzierungsprozess im Sinne eines Herausbildens aus dem Reliefgrund entsteht, lässt sich ebenfalls als eine ausgeprägte Kunst des In-Erscheinung-Tretens verstehen. Aus solcherart Perspektive soll im Folgenden der Frage nachgegangen werden, wie im Fall der kleinen, vermutlich gegen 1600 in Augsburg nach einer Bildfindung Guglielmo della Portas entstandenen Plakette dieser Erscheinungscharakter des Mediums Relief, insbesondere des Flachreliefs, die bildliche Vergegenwärtigung des eucharistischen Leibes als eines gegebenen und zugleich genommenen bewerkstelligt.

Im Unterschied zu vielen anderen in etwa zeitgleichen oder auch früheren Fassungen desselben Sujets sind hier weder das Kreuz noch andere konkrete Hinweise auf die biblische Narration des Passionsgeschehens mit ins Bild genommen bzw. im Hintergrund zu sehen. Die Marienfigur steht als klar umrissene Silhouette vor einem bildlich vollkommen undefinierten Fond dem Betrachter gegenüber, sodass der besagte Erscheinungscharakter der zum Dreidimensionalen drängenden Form fast vollständig negiert ist; die Rücklage fungiert vor allem als Resonanzraum ihres Klagens. Anders verhält es sich mit dem Leib Christi. Hier muss der Blick deutlich länger verharren, um die Konturen des schönen Körpers aus den ihn umschreibenden Faltungen des Textils und der unruhig wirkenden Oberfläche des grasbewachsenen Felsens herauszusehen. Dieser Wahrnehmungsprozess mit seinem zeitlichen Verlauf hält gleichsam den Entstehungsprozess des Reliefs im Auge der Betrachter präsent. Folgt man Markus Rath in der Bestimmung von *relievo* als »Verkörperungsstrategie«, so muss ergänzt werden, dass besagte Verkörperung gerade im Medium des Flachreliefs von spezifischer, um nicht zu sagen, eigenwilliger Natur ist, die sogar eine Tendenz zur Distanzierung von einem mimetischen Darstellungsparadigma besitzt. Denn stärker noch als beim Halb- und natürlich vor allem dem Hochrelief steht Verkörperung im Sinne einer graduellen Dreidimensionalisierung in einem unauflösbaren Spannungsverhältnis zur Flächigkeit, aus der sich die Figuren und Formen nicht vollständig herausgelöst haben und die ihre Gestalten dezidiert noch in Besitz hält. Man hat es hier gewissermaßen mit einer doppelten Ambivalenz zu tun, nämlich einer ausgesprochen flächigen Räumlichkeit, die sich zugleich als räumliche Flächigkeit manifestiert. Diese paradoxale mediale Verfasstheit des Flachreliefs ist im Fall des zur Debatte stehenden Bildwerks höchst sinnhaft instrumentalisiert bzw. bildhaft sprechend gemacht: Maria scheint mit ihren leicht ausgebreiteten Armen und den sie partienweise fast konzentrisch umhegenden Gewandbahnen förmlich in das Bildfeld eingespannt, wie eine Matrize, die den Blick der Gläubigen auffängt und ihm noch im Hinablenken auf den Körper ihres toten Sohnes innerhalb des Bildes und mithin in der schmerzvollen Vergegenwärtigung von Passion und Opfer Halt zu geben versteht. Die Gestalt Christi ist hingegen bewusst kaum unter Einsatz perspektivischer Verkürzungen wiedergeben. Und obgleich der athletisch muskulöse Körper mit seinen plastischen Höhungen und Vertiefungen im Relief dezidiert den Tastsinn adressiert und als skulpturale Konkretion vor Augen tritt, ist er im untersten Vordergrund der Plakette so aufgebahrt, dass von einem Ausbreiten der Körperformen in der Fläche zu sprechen ist, die streng genommen den Regeln anatomischer Korrektheit zuwiderläuft und vor allem im Zusammenwirken mit der goldenen Legierung gleichzeitig einer Entrückung und Sublimierung zuspielt. Verkörperung und Transzendierung halten sich so im Sinne einer Simultaneität von Gabe und Entzug die Waage.

Ausgewählte Literatur

Werner Busch: *Das sentimentalische Bild. Die Krise der Kunst im 18. Jahrhundert und die Geburt der Moderne*, München 1993.

Werner Busch: *Das unklassische Bild. Von Tizian bis Constable und Turner*, München 2009.

Werner Busch: *Die Durchdringung von Fläche und Raum in der neoklassizistischen Zeichnung*, in: Angela Lammert (Hrsg.): *Räume der Zeichnung*, Nürnberg 2007, S. 91–102.

Louis Marin: *Das Opake der Malerei. Zur Repräsentation im Quattrocento*, Berlin 2004.

Ulrich Middeldorf: *A Renaissance Jewel in a Baroque Setting*, in: *The Burlington Magazine* 118, März (1976), S. 157f.

Markus Rath: *Die Haptik der Bilder.* Relievo *als Verkörperungsstrategie der Malerei*, in: ders., Jörg Trempler und Iris Wenderholm (Hrsg.): *Das haptische Bild. Körperhafte Bilderfahrung in der Neuzeit*, Berlin 2013, S. 3–29.

Ingrid Weber: *Deutsche, Niederländische und Französische Renaissanceplaketten, 1500–1650. Modelle für Reliefs an Kult-, Prunk- und Gebrauchsgegenständen*, 2 Bde., München 1975.

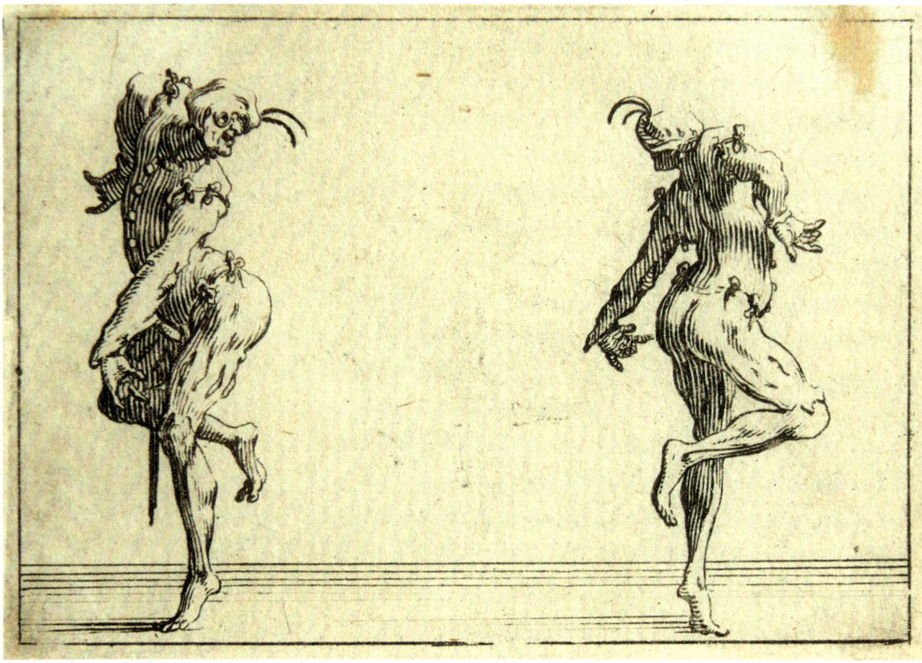

Jacques Callot, 1617
Zwei Pantalone tanzend, Rücken an Rücken, 1617

Kupferstich auf Papier, 5,8 × 8,4 cm

Bocksprünge

Jürgen Müller

Dass die Qualität von Kunstwerken nicht zwingend mit den in ihnen dargestellten Themen, ihrer vermeintlichen Noblesse, noch gar ihrer realen Größe zu tun hat, wusste schon Plinius der Ältere. Im 35. Buch seiner *Naturgeschichte* beschreibt er Peiraikos als einen *Rhyparographos* (»Schmutzmaler«), dessen Genrebilder unabhängig von den heroischen Themen seiner Zeit entstanden seien. Weder die Darstellung von Helden und deren Taten, noch jene von schönen Göttinnen haben sein Ansehen begründet. Plinius berichtet lediglich, Peiraikos habe kleine Bilder gemalt, die ihm den höchsten Ruhm einbrachten. Mit alltäglichen Sujets wie Frisörläden, Schusterständen, Eseln oder Esswaren habe sich der Künstler den Titel eines »Schmutzmalers« erworben. Doch außer dem Umstand, dass er Sinn für gewöhnliche Themen hatte, erfährt man wenig über ihn und seine genuine Bildästhetik. Dies ist umso bedauerlicher, als keines seiner Werke überliefert ist.

Peiraikos als vermeintlich erster Genremaler steht in der *Naturgeschichte* am Anfang einer längeren Reihe von Künstlern, deren Themen den Chronisten offensichtlich überrascht haben. Plinius hebt einen weiteren Maler namens Antiphilos hervor, der für »Leute mit Humor« einen Mann von lächerlichem Aussehen und mit Namen Gryllos malte, der dieser Art komischer Bilder zu ihrem Gattungsnamen *Grylloi* verhalf. Für die Etablierung einer antiklassischen Kunst in den folgenden Jahrhunderten sind diese kursorischen Hinweise insofern von Bedeutung, als damit ein wichtiger Anknüpfungspunkt für die Kritik der Gattungshierarchie gegeben ist. Haben wir doch zu lernen, dass es eine andere, eine unklassische Antike gibt!

Für zahlreiche Künstler späterer Zeit ist der Begriff des »Schmutzmalers« im Sinne des Niedrigen und Komischen in positiver Weise genutzt worden, und man kann sich durchaus fragen, ob Jacques Callot für seine grafische Serie der in Florenz entstandenen *Capricci* aus dem Jahre 1617 solche antiken Genrekünstler im Sinn hatte, als er gleichermaßen Hohes und Niederes zum Thema machte. »Schmutzmaler« bedienen sich einer Poetik des Understatements. Wenn Lucas van Leyden oder Gerrit van Honthorst Zahnextraktionen eines Baders zeigen, so verleiten sie uns dazu, das niedere Thema auf die ästhetische Geltung der Werke zu übertragen. In Wirklichkeit aber nutzen sie klassische Motive Raffaels oder der Antike, die wir ebenso wenig vermutet hätten, wie die sich in der Plinius-Episode äußernde Wertschätzung antiker Genremalerei.

Callots Radierung der *Zwei Pantalone tanzend* ist in dieser Hinsicht aufschlussreich. Formal besticht die Radierung durch eine gewisse Abstraktion. Beide Tänzer bewegen sich ruckartig schnell und erscheinen gleichwohl in Zeitlupe. Ihre zu kleinen Köpfe wirken im Verhältnis zum Körper lächerlich. Dieser Eindruck wird noch durch die Brillengläser verstärkt, die ihre Kurzsichtigkeit betonen. Die nicht anders denn als absurd zu nennende Widersprüchlichkeit des Blattes erzeugt einen ästhetischen Überschuss. Zwei groteske Tänzer, die gleichermaßen den Traditionen der *Commedia dell'arte* wie auch jener des *Moriskentanzes* entstammen, bewegen sich im Kreis. Sie vollführen identische Bewegungen und auch ihre Hände zeichnen sich durch dieselben höhnischen *Cornuto*-Gesten aus. Die in der Radierung dargestellte Komik stigmatisiert und diskriminiert. Man lacht nicht mit, sondern über jemanden. Lachen ermöglicht Distinktion, kann sich aber auch als Fehlurteil und Selbstüberschätzung erweisen.

Bereits mit dem Titelblatt kündigt sich der komische Charakter von Callots *Capricci* an. Die Lorenzo de' Medici gewidmete Radierung zeigt zwei Silene, die eine große Kartusche halten, auf der sie gleichzeitig Platz genommen haben und die im unteren Teil zu einem schielenden Monstrum wird. Zudem ragt das Maul dieses Wesens über die ästhetische Grenze hinaus in den Raum des Betrachters. Sowohl der sprichwörtliche Spott der Silene und ihre für den Sprung benötigten Bocksbeine, als auch das schielende Wesen adressieren einen Betrachter, der zur Selbstironie fähig ist. Dies leistet Callot auch in Bezug auf seine eigene Person, wenn er in der Dedikation davon spricht, dass es sich bei den Radierungen um jene *primi fiori* handele, die er im *campo del mio sterile ingegno* geerntet habe. Und mehr noch, blickt man genauer auf die Serie im Ganzen, so liegt zahlreichen Radierungen ein ästhetisches Konzept zugrunde, das in der Folge die Serie bestimmt – nämlich Wiederholungen im Sinne von Verdoppelungen, Spiegelungen und Klappsymmetrien. Beide Silene nehmen die gleiche Haltung ein und blicken einander an. Rätselhaft und ästhetisch reizvoll sind auch die Wiederholungen von Figuren, die in identischer Form einmal mit und einmal ohne Binnenkontur dargestellt sind, so als würde eine Person aus ihrer Rolle heraus- oder in sie hineintreten. Doch damit nicht genug – zahlreiche Werke muten absurd an. Sie zeigen die Welt in einem Zerrspiegel und bar jeder Schönheit, maskenhaft entstellt. Vielleicht deutet sich hier bereits die Zukunft des Capriccios an, die bei Castiglione, Piranesi oder Goya durch einen Bild- oder Wahrheitsbegriff bestimmt wird, der Fantasie, Traum- oder Albtraum in den Fokus rückt.

Callots Radierungen bieten schon auf den ersten Blick ein offenkundiges Missverhältnis, messen sie doch gerade einmal fünf auf acht Zentimeter, was erstaunen muss, wenn man an Sujets wie Schlachten, Florentiner Plätze oder den Calcio denkt. Zudem erinnert ihr geringes Ausmaß an die Formulierung des Plinius von der *minoris picturae* in Bezug auf Peiraikos. Der Radierer betreibt Understatement und stellt sich mit dem kleinen Bildformat in eine nordeuropäische Tradition, die an Dürers Bauerndarstellungen oder die Kunst der Nürnberger Kleinmeister denken lässt. In Bezug auf die Vielfalt seiner dargestellten Themen ist immer wieder vermutet worden, dass die Serie als eine Art »Visitenkarte« gedacht gewesen sei, um Aufträge zu generieren. Jedenfalls waren die *Capricci* derart erfolgreich, dass sie Callot in Nancy 1621 ein weiteres Mal auflegte.

Wenige höfisch gekleidete Paare haben Einlass in die Grafikfolge gefunden. So überwiegt der Eindruck, es vor allem mit Duellanten, Bettlern, Bauern, Hirten, Soldaten oder niederen Charakteren aus der *Commedia dell'arte* zu tun zu haben – sogar ein defäkierender Bauer und ein urinierender Mann vor einem Gasthof haben es in die grafische Serie geschafft. Dies gilt auch für einige Tiere. Auf einer Radierung sieht man zahlreiche Wildpferde, die ausschlagen und eine Ahnung davon vermitteln, wie schwierig es ist, sie zu zähmen. Wir wohnen tödlichen Duellen, Feldschlachten, Festen, wie auch einem Feuerwerk bei, um im Laufe der Betrachtung an Hospitälern oder Wirtshäusern vorbei zu kommen. In zahlreichen Radierungen wird die Stadt Florenz zur Kulisse und die Welt zur Bühne. Weisefiguren lenken den Blick in die Tiefe des Raumes. Der Prospekt als die dem Theater eigene Präsentationsform ist für die grafische Folge von zentraler Bedeutung. Die Bühnen- und Bildhaftigkeit wird in zahlreichen Radierungen deutlich herausgestellt. Wiederholt greift der Künstler auf den Kontrast eines dunklen Vordergrunds zum hellen Hintergrund zurück.

In umfassender Weise beschreiben Callots *Capricci* das Treiben der Welt und aufs Ganze gesehen darf man durchaus an die barocke Metapher vom *Theatrum mundi* denken. Dabei fällt auf, wie sehr der Radierer Gegensätze inszeniert, zeigt er doch gleichermaßen ernste wie auch komische Sujets. Ja man könnte glauben, der Künstler hielte für uns als Betrachter unentschieden die Perspektiven von Demokrit und Heraklit bereit. Diese Sinnoffenheit hat Werner Busch in seinen Forschungen zu Callots grafischer Folge als ein Tor zur Moderne begriffen, mit dem eine Kritik der Gattungshierarchie und die Forderung nach einer autonomen Ästhetik einhergehen. Akademisch gesprochen sind Capricci bildgewordene Kontingenzbehauptungen. Sie thematisieren das Unbeherrschbare und Unplanbare einer künstlerischen Anstrengung. Gleichwohl nimmt der lothringische Künstler in zahlreichen Blättern Bezug auf Vorbilder der deutschen Grafik. Passend zum Thema unbeherrschbarer Fantasie gemahnen die Wildpferde an Hans Baldung Grien, die Moriskentänzer mit ihren unvorhersehbaren Bewegungen an Israhel van Meckenem, während die Bauern- und Wirtshausszenen oder der mit dem defäkierenden Bauern einhergehende Dekorum-Verstoß an Hans Sebald Beham erinnert, um nur wenige Beispiele zu nennen.

In der Forschung wurden die Anfänge des Capriccios mit den Schriften von Francesco Berni und der Tradition des Burlesken in Verbindung gebracht. Aber man kann sich durchaus fragen, ob die Gattung nicht ihren Ausgangspunkt in Ciceros Überlegungen zum Komischen nimmt, denn strukturell ist die Fähigkeit eines Künstlers zum kapriziösen Regelverstoß mit jener zum Witz vergleichbar. Für den antiken Autor widersetzt sich der Witz einer abschließenden Definition, vielmehr hebt er dessen wandelbare und sprunghafte Gestalt hervor. Wie das Capriccio auch sind Witze unplanbar und unvorhersehbar! Sie stellen Bocksprünge dar, ereignen sich in der Zeit und streben auf eine Pointe zu, die alles zuvor Erzählte in neuem Licht erscheinen lässt. Es ist nicht allein der lächerliche Gegenstand, sondern die scharfsinnige Formulierung, nicht das »Was«, sondern das »Wie« der Erzählung, das Witz ausmacht. Er bedarf der Geistesgegenwart und des Timings.

Um für das eingangs beschriebene Blatt eine solch witzige Pointe im Sinne eines unerwarteten »Bocksprungs« zu realisieren, bedarf es eines semantischen Kippeffekts. Der Inhalt erscheint harmlos, um plötzlich eine unvorhersehbare Bedeutung anzunehmen, die den Betrachter überrascht. Dies geschieht, indem Callot zunächst nahelegt, dass wir es mit zwei Personen zu tun haben, um dann zu entdecken, dass es eigentlich nur eine einzige ist. Der Sprung oder besser noch Witz von Callots Arbeit besteht in der Spiegelung. Die Tänzer glauben einen anderen, vermeintlich feindlich gesonnenen Menschen zu sehen und bemerken nicht, dass sie doch nur sich selbst und ihre eigene unterstellte Missgunst und Verschlagenheit erblicken. Sie erliegen einem Selbstbetrug. Die Serie ist aufschlussreich, weil sie uns nicht nur mit dem Regelverstoß, dem Sinn fürs Hässliche und Obszöne, sondern auch mit der grundlegenden Frage konfrontiert, ob wir über die Verfasstheit der Welt lachen oder weinen sollen. Und wird die Radierung nicht insofern sogar zu einem Spiegel für den Betrachter, als mit ihr implizit die Frage einhergeht, ob wir überhaupt besser sind als die tanzenden Hanswurste. Am Ende haben wir uns bestens über die grotesken Tänzer amüsiert, aber womöglich nur über uns selbst gelacht?

Ausgewählte Literatur

Werner Busch: *Goya und die Tradition des »capriccio«*, in: Max Imdahl (Hrsg): *Wie eindeutig ist ein Kunstwerk?,* Köln 1986, S. 41–73 u. 172–174.

Roland Kanz: *Die Kunst des Capriccio. Kreativer Eigensinn in Renaissance und Barock*, München und Berlin 2002.

Auf dem Altar des Unklassischen. Eine römische Architekturzeichnung in der Nachfolge des Giovanni Battista Montano

Ulrich Pfisterer

Ein Musterbeispiel für Gian Lorenzo Berninis freien Umgang mit dem architektonischen Formenvokabular, für das Interesse des römischen Bildhauer-Architekten an plastischer und räumlicher Gestaltung durch Licht und Schatten – das glaubte ein Sammler des 18. Jahrhunderts in Gestalt einer kleinformatigen (14 × 7,6 cm) Ideenskizze für einen Marien-Altar zu besitzen. Mittig am unteren Rand der lavierten Federzeichnung vermerkte er auf Französisch seine Zuschreibung: »Bernin.«. Drei der vier Ecken des Blattes waren sehr wahrscheinlich zuvor schon mit einer aufwendigen Nummerierung (in anderer Tinte und Schrift) versehen worden: oben links die Zahl »175.«, am unteren Rand in die rechte und linke Ecke auseinandergezogen und mit viel Freiraum dazwischen das Gleiche nochmals ausgeschrieben: »cento ... settantacinque«. Es handelt sich dabei um das charakteristische Inventarisierungssystem des sogenannten *Double Numbering Collector.*

Wer dieser bedeutende Sammler war, von dem heute noch ein umfangreicher Bestand an Blättern in verschiedenen Museen (mit größeren Clustern im Louvre, in Düsseldorf, Berlin und Palermo) nachweisbar ist, entzieht sich immer noch unserer Kenntnis. Naheliegend scheint angesichts der großenteils römischen Zeichnungen, die vor allem Figurenstudien und Kompositionsskizzen zeigen, höchst selten dagegen Architekturentwürfe, dass es sich um einen in Rom ansässigen Künstler handelte, der möglicherweise zunächst einen Vorlagen-Fundus (für sich, seine Schüler, ein Lehrbuch?) anlegte. Es haben sich mehrere Titelblätter – teils mit Mengenangabe der auf diese nachfolgenden Zeichnungen – erhalten, sodass zumindest sieben Klebealben mit knapp 1300 Zeichnungen erschlossen werden können. Da die Nummerierung der Blätter nicht nach diesen Alben differenziert, ist es leider unmöglich, den Kontext unserer Zeichnung im Sammlungszusammenhang genauer zu erschließen und sicher feststellen zu können, ob überlieferte Blätter mit den Nummern 174 (Alessandro Casolani: *Kopf- und Figurenstudien*, Louvre) und 176 (Anonym: *Flussgott*, Louvre) tatsächlich vor und nach dem Altarentwurf angeordnet waren. Da im Louvre auch nochmals eine Nr. 175 selbst erhalten ist (Anonymer Bolognese: *Kniender Hl. Hieronymus*, Louvre), dürfte eher diese Zahlenfolge mit gleicher Provenienz zusammengehören. Die jüngste heute nachweisbare Zeichnung des *Double Numbering Collector* stammt jedenfalls von 1708/09, zumindest bis dahin muss der Sammler aktiv gewesen sein. Vor 1756 gelangte der Bestand dann auf den römischen Kunstmarkt und wurde zerstreut. Betont werden muss, dass die auffällige Nummerierung, die in einigen

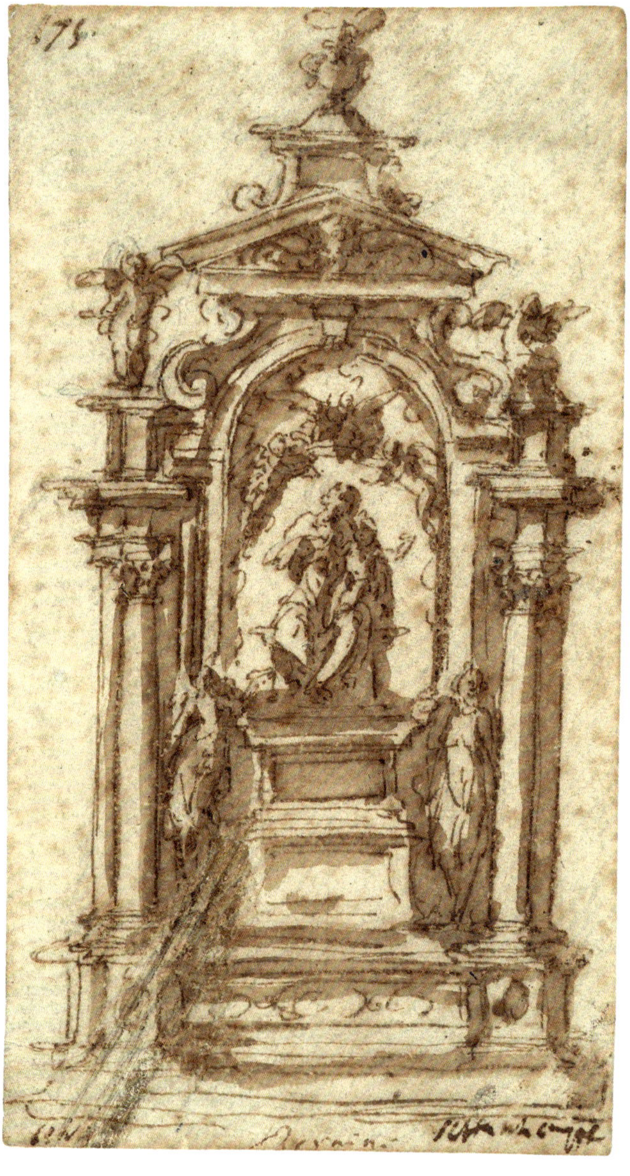

Barocker Altarentwurf, um 1630/40

Feder über Grafitstift, braun laviert, auf Papier, 14 × 7,6 cm

Fällen sogar auf einem Blatt mehrfach wiederholt wurde, offenbar um ein Zerschneiden in verschiedene Teilskizzen zu verhindern, weniger den Eindruck macht, hier systematisiere ein Kunstliebhaber seine Schätze, als vielmehr den einer juristisch zuverlässigen Erfassung eines Bestandes, aus welchen Gründen auch immer (Sicherung, Verkauf, Aufteilung).

Worum handelt es sich nun bei dem kleinen Blatt? Die alte Zuschreibung an Bernini überzeugt heute kaum mehr. Dessen eigenhändige Zeichnungen, aber auch die seines engen Werkstattumkreises lassen sich nur sehr allgemein mit dem nervös-aufgebrochenen Stil unserer Federskizze und ihrer Lavierung vergleichen (etwa Brauer und Wittkower 111, 129, 154, 160). Zu sehen ist ein Altarentwurf für eine sitzende Madonnenstatue mit Kind auf dem linken Oberschenkel. Drei Engel halten vermutlich die Himmelskrone über ihr. Flankiert wird die erhöht sitzende Statue der Muttergottes von zwei stehenden Figuren, von denen die linke eine Schriftrolle hochzuhalten scheint, die rechte möglicherweise als Johannes der Täufer (mit entblößter Brust und Stab?) identifiziert werden kann. Den Altartabernakel rahmen zwei korinthische Säulen, wie es sich für die jungfräuliche Maria ziemt. Über den aufruhenden Gebälkstücken erscheinen als Attika zwei Postamente mit jeweils einem Putto. Bekrönt wird der Giebel von einer Vase. Die Besonderheit des Entwurfs liegt darin, dass die Nische für die Statue durch die Architektur weniger gerahmt erscheint, als dass sie über diese hinausragt und sie durchbricht. Keine der horizontalen Linien des Gebälks setzt sich in der Nische fort. Vielmehr hebt diese geradezu den Dreiecksgiebel in die Höhe, seitliche Voluten unterstreichen diese Dynamik.

Gut vergleichbare Elemente dazu finden sich unter den Entwürfen des aus Mailand stammenden, spätestens in den 1570er-Jahren nach Rom übersiedelten Architekten und Holzbildhauers Giovanni Battista Montano. Vermutlich plante Montano selbst schon, seine sehr umfangreiche Zeichnungsproduktion, die neben Altar- und Grabentwürfen vor allem auch Grundrisse und fantasievolle Rekonstruktionen antiker Architektur umfasste, als Lehrmaterial, Vorlagensammlung bzw. für eine oder mehrere Buchpublikationen zu verwenden. Dies passt zu einem Architekten, der Mitglied der *Accademia di San Luca* war. Aber erst posthum gab dann ab 1624 sein (vermutlicher) Schüler und Mitarbeiter Giovanni Battista Soria fünf druckgrafische Folgen heraus, darunter die erstmals 1625 erschienenen *Diveri ornamenti capricciosi per depositi o altari* (s. Taf. 12, für die Madonnenstatue Taf. 40; vgl. für die Popularität auch das Plagiat in *Varie bella inventioni de tempio e depositi, ornamenta di altari*, Paris 1631, Taf. 9; zuvor etwa die Entwürfe von Bernardino Radi, 1619). Unter den (wenigen) ausgeführten Werken Montanos ließe sich auf das ihm allerdings nur zugeschriebene, zwischen 1607/08–1625 gefertigte hölzerne Chorgestühl in S. Giovanni in Laterano verweisen, dessen bekrönende Nischen teils ebenfalls schon mit der Auflösung des Gebälks durch eine Bogenform spielen. Die Erfahrung als Holzschnitzer scheint Montanos architektonische Gestaltung insgesamt geprägt zu haben, nämlich architektonische Formen als variable, vielfältig kombinierbare Elemente, formbare Massen und teils auch dekorativ zu verstehen. Allerdings legt ein Vergleich mit gesicherten Zeichnungen Montanos (etwa Canadian Center for

Architecture, Montréal, DR 1975:0018 oder British Museum, Nr. 2272) nahe, dass unser Blatt nicht von ihm selbst stammt.

Vielmehr sehen wir uns einer wetteifernden Auseinandersetzung mit und einem Durchvariieren von Erfindungen Montanos, die für die nachfolgenden Architektengenerationen einschließlich Bernini und Borromini und etwa noch für John Soane von größter Bedeutung werden sollten, gegenüber. Dabei findet sich das charakteristische Motiv des Halbrunds (der Nische), das ein Gebälk darüber durchbricht und den Giebel quasi emporhebt, ähnlich am zentralen Fenster der Fassade von S. Caterina a Magnanapoli zu Rom, die 1641 von Soria entworfen und vollendet wurde. Dessen Zeichnungen und Zeichenstile sind bislang kaum untersucht, für eine Zuschreibung fehlt eine sichere Grundlage – zumal den bekannten Blättern Sorias nach zu schließen dieser Lavierungen weniger intensiv einsetzte als Montano. Ähnliches wäre zum anderen »Schüler«, den Giovanni Baglione (*Le vite de' pittori, scultori et architetti*, Rom 1642, S. 111f.) in seiner kurzen Lebensbeschreibung Montanos nennt, Vincenzo della Greca, zu sagen. Wobei Motive allein natürlich als Zuschreibungskriterium zu schwach sind und sich teils auch bei anderen Künstlern finden (vgl. eine Zeichnung mit sechs Kirchenfassaden von Domenichino, vermutlich aus den frühen 1620er-Jahren, Windsor Castle, P.-H. 1735).

So bleibt derzeit wohl nur festzuhalten, dass unser Altarentwurf vermutlich aus dem weiteren Umkreis oder besser: der Nachfolge des Giovanni Battista Montano stammt, entstanden im Rom frühestens der 1620er, eher der 1630/40er-Jahre. Umso offensichtlicher aber ist, warum das Blatt einem heutigen Sammler ins Auge fiel, den das »Unklassische« in allen seinen künstlerischen Spielarten und den bei Zeichnungen unter anderem die »nicht-fixierenden Linien« faszinieren.

Ausgewählte Literatur

Lynda Fairbairn: *Italian Renaissance Drawings from the Collection of Sir John Soane's Museum*, 2 Bde., London 1998.

Janina Knight: *Giovanni Battista Montano as Architectural Draughtsman. Recording the Past and Designing the Future*, MA thesis, Queen's University, Kingston/Ontario 2008.

Laura Marucci: *Progetto romano ed esecuzione napoletana. Ipotesi su Giovan Battista Montano e sul coro ligneo del capitolo Lateranense* (mit Fernando Bilancia: Appendice documentaria: Giovanni Battista Montano architetto e intagliatore), in: *Palladio* N.S. 21–41 (2008), S. 25–84.

Simonetta Prosperi Valenti Rodinò: *Il collezionista della doppia numerazione. Un mistero ancora da svelare nella Roma del tardo Seicento*, in: *Les Cahiers de l'Histoire de l'Art* 10 (2012), S. 51–59.

Birgitta Ringbeck: *Giovanni Battista Soria, Architekt Scipione Borgheses*, Münster 1989.

Marisa Tabarrini: *Vincenzo della Greca e la didattica dell'architettura nel primo Seicento a Roma*, Rom 2012.

Werner Buschs Tulpe, oder die bildwürdige Tulpe Jacob Marells

Yannis Hadjinicolaou

Eine Tulpe, noch in voller Blüte, beginnt ihre zarten purpurroten Blätter langsam zu verlieren. Sie befindet sich in der Sammlung von Werner Busch. Die Autorschaft Jacob Marells gilt allem Anschein nach als gesichert.

Ich möchte mich in einem Gedankenexperiment fragen, ob und wie dieses Bild im Denken von Busch (in kunsthistorischer, ja kunsttheoretischer Hinsicht) verankert ist.

Der grün-gelbe Stengel ist mit der Zeit blasser geworden. Er wirkt geradezu fragil im Vergleich zur riesigen Blüte, die erscheint, als sei sie mit der Hilfe eines Vergrößerungsglases beobachtet und dann auf das Papier gebracht worden. Sie nimmt mehr als die Hälfte der Seite ein. Im Großen und Ganzen befindet sich das Blatt (von späterer (?) Hand mit der Nummer 26 versehen) in einem guten Zustand.

Das Bild hat einen autonomen Charakter, der durch den Rahmen noch einmal deutlich verstärkt wird. Die »Autonomie« von Skizzen, Zeichnungen und Aquarellen hat Busch immer fasziniert. Denn dadurch vollzieht sich ein Verbürgerlichungsprozess und damit einhergehend die allmähliche Schwächung der traditionellen Auftraggeberschaft der Aristokratie, die Etablierung eines freien Kunstmarktes sowie die Öffnung hin zu anderen Gattungen wie Landschaft und Stillleben. Ein Umstand, den Busch im englischen 18. Jahrhundert verortete, was aber, wie er ja selber festhielt, bereits im 17. Jahrhundert (vor allem in den Niederlanden oder allgemeiner auch in Westeuropa) vorbereitet wurde. Davon zeugen eine Reihe seiner früheren Publikationen, die sich beispielsweise mit Rembrandt befassen.

Während seiner Dissertation entwickelte Busch seine Stärke in der Ikonografie, was in den 1980er-Jahren, durch das Interesse an *Strukturen* nicht unbedingt abgelöst, sondern paritätisch ergänzt wurde. Der berühmteste Schauspieler des englischen 18. Jahrhunderts David Garrick, ein »Heros« von Busch, muss nicht zwischen der Komödie und der Tragödie wählen. Er kann ja beides miteinander verbinden, ohne Mühe. Die Motivwanderung bei William Hogarth gerät eben nie gänzlich in den Hintergrund, sondern hat stets ihren Platz, wie auch das Interesse für ästhetische Phänomene, das nicht jenseits der Geschichte situiert ist, sondern in fruchtbare Interaktion mit ihr gestellt werden kann.

Buschs anfängliches ikonografisch-ikonologisches Interesse wurde einerseits durch seinen ersten Lehrer in Tübingen und später in Bonn, Günter Bandmann, stimuliert und andererseits durch den Aufenthalt am Warburg Institute in London. Dort spielte die kritische Präsenz eines Ernst Gombrich ebenfalls eine Rolle für ihn. Auch der spätere Austausch mit Max Imdahl in Bochum verfestigte sicherlich diese Tendenz.

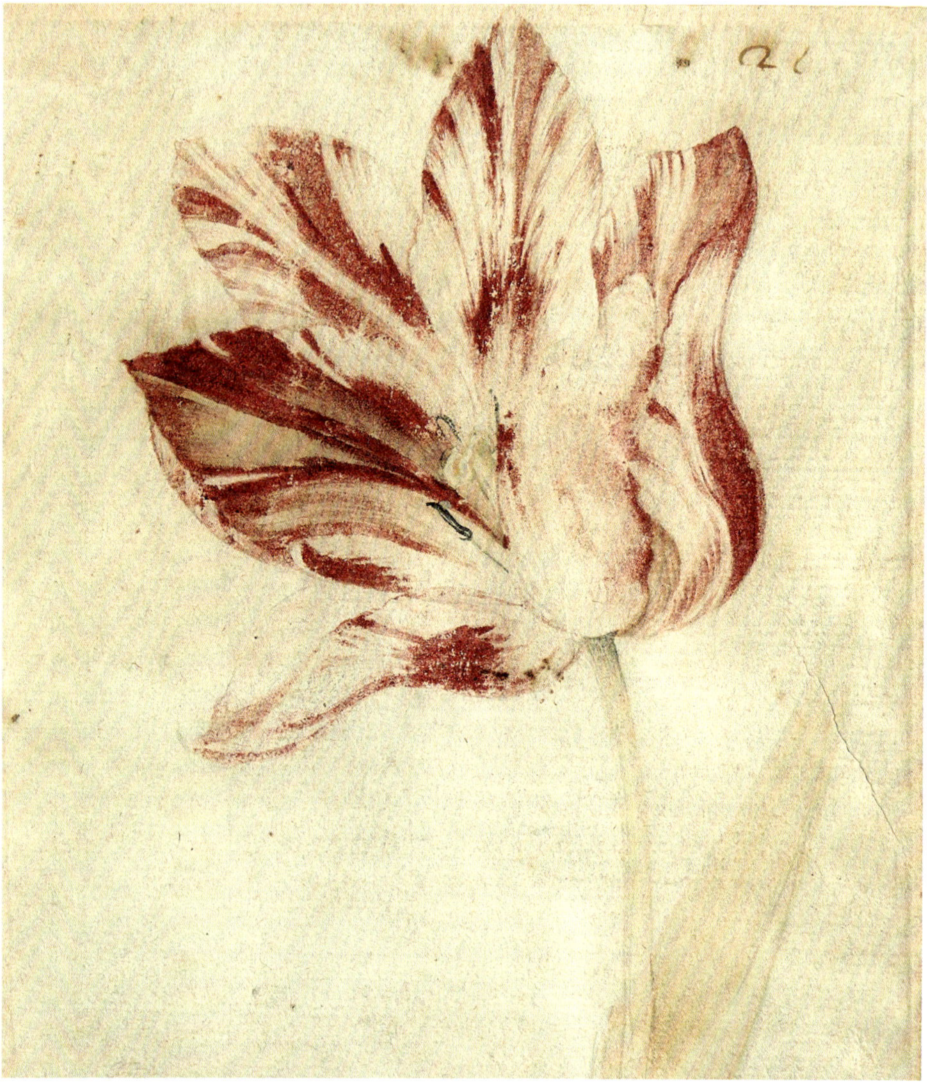

Jacob Marell
Seite aus einem Tulpenbuch, um 1636/47

Aquarell über Grafitstift auf Papier, 16,1 × 14 cm

Vielleicht wäre die Strukturanalyse eines Hans Sedlmayr hier eine denkbare Analogie zu Buschs Pendeln zwischen Ikonografie bzw. Ikonologie und Ästhetik. Allerdings stellt Busch Sedlmayr, ideologisch gesprochen, mit seinem *Sentimentalischen Bild* regelrecht auf den Kopf. Den negativen Eigenschaften der Moderne im kulturpessimistischen und reaktionären *Verlust der Mitte* werden die positiven Eigenschaften der Modernität seit dem 18. Jahrhundert gegenübergestellt (siehe vor allem das Kapitel *Der notwendige Verlust der Mitte*). Das »Sentimentalische« oder »Unklassische« nimmt hier seine Gestalt an.

Aber zurück zur Tulpe: diese hat eine breite emblematische Tradition erfahren, die in Zusammenhang mit verschiedenen ethischen und Vergänglichkeitsmotiven gebracht wurde, sei es in den Emblembüchern der reformierten Niederländer Jacob Cats und Roemer Visscher oder gar des deutschen Joachim Camerarius. Diese Dimension kommt Werner Busch sicherlich entgegen, wenn er sich die zarte Zeichnung anschaut, auch wenn auf der Bildoberfläche keine direkten Anspielungen vorhanden sind. Weder ein Text noch irgendeine bildinterne Assoziation helfen hier weiter. Allein der bloße Zustand der Tulpe und ihre damit einhergehende Visualisierung haben Aussagekraft.

Einige Tulpen in den Emblemen nehmen das gesamte Spektrum der Existenz visuell in Anspruch (von der Blüte zum Verfall). Nicht zu vergessen ist hier die Tulpenkrise als Analogie zum Zustand der Tulpe im Bild bzw. im Emblem. Im Fall des vorliegenden Blattes wird ein Zwischenzustand angesprochen, der die semantische Offenheit eines »sowohl als auch« miteinbezieht.

Das *Florilegium* aus Frankfurt am Main von Emanuel Sweerts, ein Zeitgenosse von Marell, erscheint wie eine blumige *Chirologia* von John Bulwer: eine Art Bilderatlas, der Blumen in ihren verschiedenen Zuständen kachelartig visualisiert, dokumentiert und kommentiert. Marell muss dieses Kompendium gut gekannt haben, denn er übernimmt selbst in seinen Aquarellen ohne Text dieses Prinzip, zeigt allerdings nur eine Tulpe pro Blatt. Würde man diese Aquarelle wie ein Buch durchblättern, entstünde ein Daumenkino der einzelnen Zustände der Blume. Es gibt aber auch Momente, wo Marell sowohl Text als auch Tulpen immer doppelt auf einer Seite zusammenbringt, ein bravouröses intermediales Spiel.

Das Tulpenblatt hält also auch eine Metasemantik für den Kunsthistoriker bereit: Die Bildfläche von Marells Tulpe ist durch die minutiöse Beobachtungsgabe des Künstlers gefüllt, sodass die Semantik des Blattes auch eine Semantik des sehenden und beschreibenden Auges ist, ganz im Sinne von Svetlana Alpers Buch *The Art of Describing*, das für Busch eine Rolle gespielt hat. Alpers argumentierte allerdings etwas schematisch für das Primat des nordischen, bzw. besser gesagt des niederländischen Sehens, als hätten Künstlerinnen und Künstler außerhalb der Niederlande keine Augen. Sicherlich steht auch der deutsche Marell in dieser von Alpers beschriebenen Tradition: seine Zeit in Utrecht spielt dabei eine bedeutende Rolle und natürlich auch die Tatsache, dass er der Lehrer von Maria Sibylla Merian war. Die Fortsetzung einer solchen Tradition, vor allem im deutschsprachigen Raum des 18. und 19. Jahrhunderts, ist für Busch von besonderem Interesse.

Die Tulpe, die sich von etwas Fremd-Importiertem (aus Asien) zu etwas Holländischem verwandelte, hätte hingegen weniger das Interesse von Busch geweckt. Die Wanderung der Dinge, hier der Tulpe, gehörte eben nicht zum Typus der Wanderung, die Busch in seinen Forschungen aufgespürt hat. Im Mittelpunkt, sowohl für Marell wie für Busch, steht vielmehr die Naturbeobachtung.

Somit ist bereits der nächste Aspekt genannt, der Busch an dieser Tulpe sicherlich faszinierte: der epistemische Gehalt dieser Naturdinge und die Naturbeobachtung seitens des Künstlers mit oder ohne Hilfsinstrumenten. Hier geht es um eine Tradition, die sich in den Niederlanden herausgebildet hat und von da aus im westeuropäischen Raum, aber keinesfalls ausschließlich, Verbreitung fand. Denn das Blatt impliziert vermutlich auch eine Naturbeobachtung im Sinne des *natura naturans*-Prinzips, was auch im vielfach zitierten *naar het leven* (nach dem Leben) enthalten ist, und womit sich Busch auch in seinem *Unklassischen Bild* auseinandergesetzt hat. Darin schälte er einen Nukleus für eben diese unakademische Kunsttheorie eines unkonventionellen Bildtypus heraus. Das »Werden« im Bild durch das visualisierte Stadium eines Zwischenzustandes ist ein Bildprozess, der in Zeit und Raum stattfindet.

Einer der jüngsten Aufsätze des Sammler-Kunsthistorikers lautet: *Wie kann die Darstellung bloßer Bäume bildwürdig werden?* Die analoge und rhetorische Frage in diesem Kontext wäre: Ist eine bloße Tulpe bildwürdig?

Ausgewählte Literatur

Svetlana Alpers: *The Art of Describing. Dutch Art in the Seventeenth Century*, Chicago 1983.

Gerhard Bott: *Ein Stück von allerlei Blumenwerk, ein Stück von Früchten, zwei Stück auf Tuch mit Hecht. Die Stillebenmaler Soreau, Binoit, Codino und Marrell in Hanau und Frankfurt 1600–1650*, Hanau 2001.

Werner Busch: *Das sentimentalische Bild. Die Krise der Kunst im 18. Jahrhundert und die Geburt der Moderne*, München 1993.

Werner Busch: *Das unklassische Bild. Von Tizian bis Constable und Turner*, München 2009.

Werner Busch: *Wie kann die Darstellung bloßer Bäume bildwürdig werden? Von Cozens zu Nerly*, in: Claudia Denk, Kai Uwe Schierz und Thomas von Taschitzki (Hrsg.): *Reframing Friedrich Nerly. Landschaftsmaler, Reisender, Verkaufstalent*, Berlin 2022, S. 180–195.

André van der Goes (Hrsg.): *Tulpomanie. Die Tulpe in der Kunst des 16. und 17. Jahrhunderts*, Ausstellungskatalog, Dresden (Kunstgewerbemuseum, Staatliche Kunstsammlungen), Zwolle 2004.

Anne Goldgar: *Tulipmania. Money, Honor, and knowledge in the Dutch Golden Age*, Chicago 2007.

»Ein großes Tier«

Peter Geimer

Guillaume Delisles Paris-Plan von 1716 (im Maßstab von 1:10.000) ist der erste streng nach Norden ausgerichtete Plan der Stadt: auf ihm teilt die Seine die Stadt nicht wie bis dahin üblich als waagerechte Linie, sondern in der bis heute geläufigen Diagonalen. Als Astronom, Geograf und Mitglied der königlichen Akademie der Wissenschaften hielt Delisle sich einiges auf die Genauigkeit seiner Messungen zugute. Das dem Plan zugrunde gelegte Triangulationsverfahren beruhte auf Messungen von den höchsten Punkten der Stadt aus – dem *Observatoire*, dem *Palais du Luxembourg*, den Türmen von *Notre-Dame*, der *Bastille*, den Toren der Stadt. Delisles Vorgänger hatten ihre Pläne ausgehend von den Winkeln einzelner Straßenzüge konstruiert, sodass einmal unterlaufene Messfehler sich im weiteren Verlauf der Arbeiten potenzierten und das Gesamtbild verzerrten. Wie alle Karten so verfolgte auch diejenige Delisles eine strategische Absicht: sie sollte einen kartografischen Standard begründen, auf dessen Grundlage sich zweifelsfrei bestimmen ließ, welche der beiden Metropolen wohl die größere sei: Paris oder London?

Wer das heutige Paris kennt, wird die Grundstruktur der Stadt auch auf dem Plan von 1716 mühelos entziffern können: eine nördliche und eine südliche Stadthälfte, geteilt durch die Seine in ihrer Mitte; im Norden und Osten eine den Stadtkörper im Halbkreis umgebende Ringstraße; in der Mitte der Seine die *Île de la Cité* mit ihren Wahrzeichen *Notre-Dame* und *Sainte-Chapelle*. Das historische Überdauern dieser Grundstruktur kann die späteren Verwandlungen des Stadtbilds aber nicht vergessen lassen. Eine Karte repräsentiert den Raum, aber zugleich ist sie auch ein Schnitt durch die Zeit. Im Falle der Karte Delisles erfasst dieser Schnitt die kurze Zeitspanne, in welcher der Hof unter Philippe d'Orléans nach Paris zurückgekehrt war, bevor Ludwig XV. ihn erneut nach Versailles verlegte. Gäbe man heutigen Paris-Besuchern die historische Karte Delisles an die Hand, könnten sie sich mit ein wenig Geschick in einzelnen Arealen der Stadt zurechtfinden. Aber sehr bald würde ihr Aufenthalt in völliger Orientierungslosigkeit enden: Zahllose der eingezeichneten Bauwerke gibt es nicht mehr, andere sind an ihre Stelle getreten, und längst ist der Stadtraum bis weit über die Ränder der Karte hinausgewachsen. Die am äußersten nördlichen Punkt der Karte eingezeichnete Kirche *Notre-Dame de Lorette* – links neben dem »F« von »Faubourgs« – wurde durch einen gleichnamigen Neubau ersetzt und liegt heute am Fuß der belebten *Rue des Martyrs*, die dritte der Seine-Inseln (*Île Louviers*) ist mit dem Festland verschmolzen, das Flüsschen Bièvre, das sich auf dem Plan Delisles noch durch den Südosten der Stadt schlängelt, wurde am Beginn des vergangenen Jahrhunderts zugeschüttet.

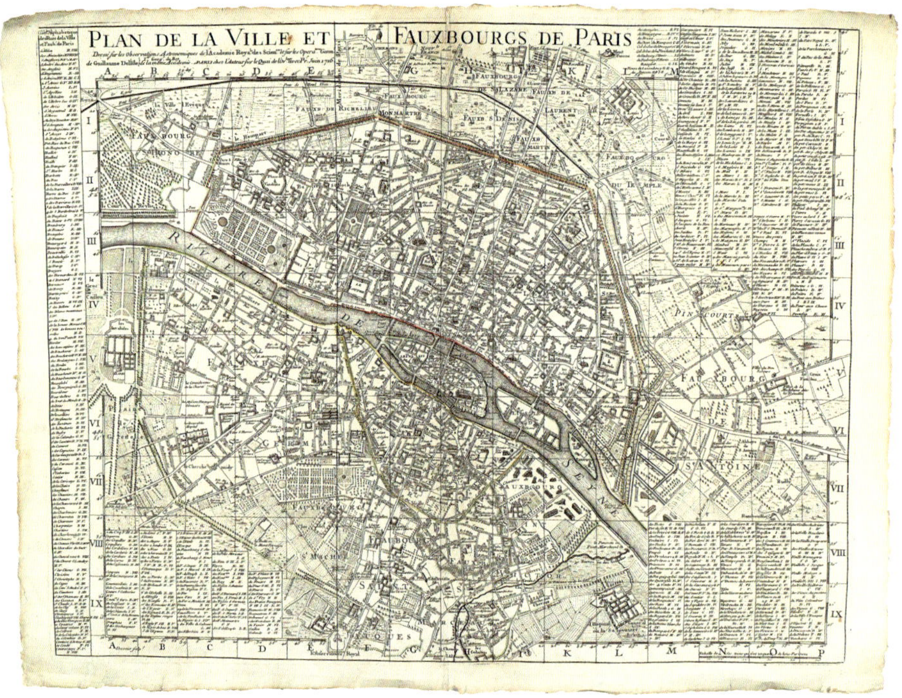

Guillaume Delisle
Plan de la Ville et Faubourgs de Paris, 1716

Kupferstich auf Papier, 63 × 48,5 cm

Wie alle Karten so stellte die Karte Delisles aber bereits zum Zeitpunkt ihrer Entstehung eine Abstraktion dar. »Ein Kunstwerk« – und das gilt auch für die Artefakte der Kartografie – »ist nicht Abbild der Wirklichkeit, sondern es verarbeitet Wirklichkeit im künstlerischen Formungsprozeß« (Busch 1987, S. 24). Der abstrahierende Blick von oben – eigentlich: die Imagination eines solchen, damals noch unmöglichen Blicks – erzeugt Ordnung und Übersicht, wo ein Durchstreifen der Straßen von Paris jene Unbändigkeit offenbart hätte, die zwei Jahrzehnte zuvor Charles Rivière Dufresny in seinen *Amusements sérieux et comiques* beschrieben hatte. Der imaginäre Reisende aus dem fernen Siam, den Dufresny durch die Straßen der Stadt schlendern lässt, entziffert Paris als Lebewesen – ein frühes Beispiel jener Metaphorik, die das Wesen einer Stadt als quasi-organisches Eigenleben beschreibt: »Wenn ich Ihr Paris sehe [...], so glaube ich ein großes Tier zu sehen; die Straßen sind Adern, in denen das Volk zirkuliert« (Dufresny, zitiert nach Stierle 1993, S. 73). Die kartografische Ordnung bannt dieses Tier: seine Beweglichkeit ist fixiert, der Körper vielfach beschriftet. Aber ein Rest seiner Unbändigkeit lebt auch in den zwei Dimensionen der Karte noch fort. Im Süden wurde das Gehege bereits durchbrochen. Der Rahmen ist zu eng für das pulsierende Gebilde, und auch die in Reih' und Glied formierten Schriftkolonnen können sein Wuchern nur vorläufig im Zaum halten.

Ausgewählte Literatur

Jean Boutier: *Les Plans de Paris des origins (1493) à la fin du XVIIIe siècle*, Paris 2002.

Werner Busch: *Kunst und Funktion – Zur Einführung in die Fragestellung*, in: ders. (Hrsg.): *Funkkolleg Kunst. Eine Geschichte der Kunst im Wandel ihrer Funktionen*, München und Zürich 1987, S. 5–25.

Karlheinz Stierle: *Der Mythos von Paris. Zeichen und Bewusstsein der Stadt,* München und Wien 1993.

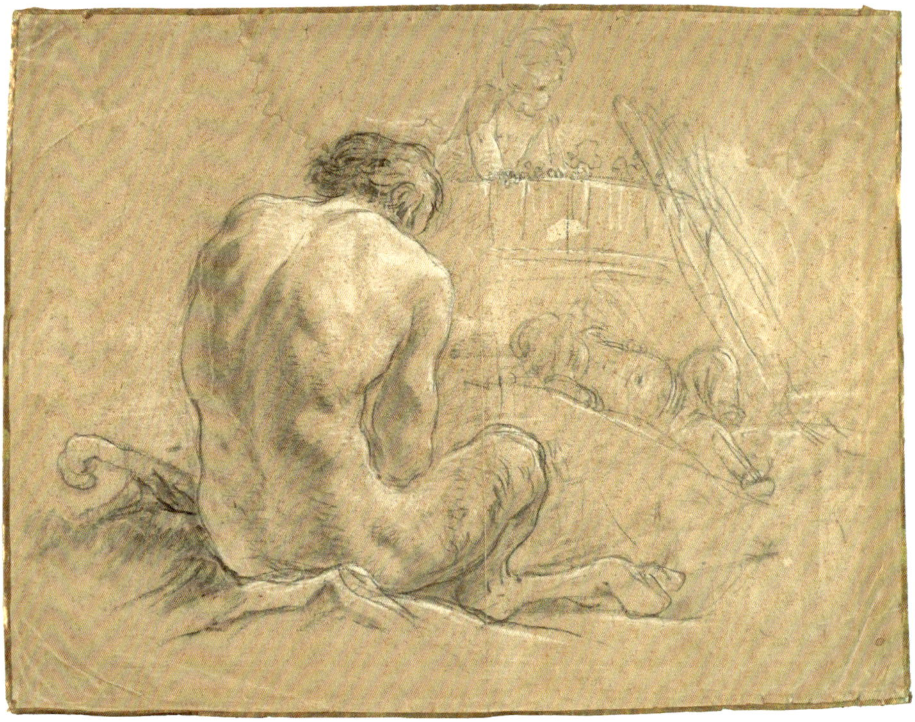

François Boucher (?)
Sitzender Kentaur mit Kind, um 1735/40

Schwarze Kreide, weiß gehöht, auf Papier, 34,8 × 46 cm

Fass und Faun. Über eine Zeichnung des 18. Jahrhunderts

Oliver Jehle

Aus dem Blattzentrum leicht nach links verschoben, sitzt ein Faun, ein Mischwesen aus Mensch und Ziegenbock, auf dem Boden. Als gehörnter Waldgeist könnte er durchaus die Schalmei spielen, durch Getreidefelder streichen und das Wachstum der fruchttragenden Pflanzen überwachen, aber die Zeichnung inszeniert stattdessen eine Phase der Ruhe und des Innehaltens: Es ist Mittag. Der Faun sitzt auf Wurzeln und Stöcken. Rau ist die Beschreibung des Ortes, weder ein anmutiger Schauplatz noch ein *locus amoenus* wird in der zeichnerischen Gestaltung aufgerufen, in dem noch das ferne Echo der Hirtengesänge zu hören wäre.

Das Interesse an der klassischen Mythologie mag im fortgeschrittenen 18. Jahrhundert bereits erlahmt sein, doch wendet sich der Zeichner des sitzenden Fauns dem überkommenen Textmaterial ebenso zu wie geprägten Bildformeln dieses Sujets: Das Versprechen des Mythos, seine Sinnlichkeit und sein poetisches Potential, erotisch konnotierte und dabei spielerisch leichte Unterhaltung zu bieten, würde die schwarze und weiße Kreide leichter über das heute braune Büttenpapier gleiten lassen. Hier aber waltet die *Trauer der Vollendung* (Wyss 1985). So erscheint im Mittelgrund schemenhaft ein Holzfass, an dem zwei Knüppel lehnen – als hätten Faun und Eroten die ehedem mit Weinreben umflochtenen *Thyrsoi* nun aus den Händen gelegt. Still ist es geworden, denn das Bacchanal ist längst vorüber. Mit Blick auf den trauernden Faun sehen wir uns einem »Formexperiment mit dem sprechenden Kontur« gegenüber – einer zeichnerischen Chiffre und zugleich einem »Mittel [...], Psychisches anschaulich werden zu lassen« (Busch 1997, S. 64).

Jean-Honoré Fragonard inszeniert die Beziehung von Faun und Eroten freudvoller und fängt das Mischwesen heiter wie in einem Tagtraum ein (Abb. 1): spielerisch, neckend und mit der Leichtigkeit fließender Linien, jenem *contour ondoyant*, der Claude-Henri Watelets *Dictionnaire des arts* von 1792 zufolge besonders geeignet sei für die Darstellung von Kindern (Watelet 1792, S. 465). So umschreibt Fragonards Feder den kindlichen Faun als *hybrida ludens* und lenkt unseren Blick auf die heitere Spätphase des Rokoko – als tanzte das Fabelwesen mitten hinein in die nächste *fête galante*. Denn nur ein kunstvoll erdachtes Wesen, das dem Reich der Natur und dem der Fantasie zugleich entspringt, vermag, »das energetische Potential der Natur und ihr Vermögen zur erfindungsreichen Wandelbarkeit« (Oster 2010, S. 80) tänzerisch einzufangen.

Diese artifiziell gesteigerte Natur zeigt sich für den Kunstkritiker Denis Diderot vor allem in ihrer unerschöpflichen Fähigkeit zur Originalität. Deshalb reichert unser

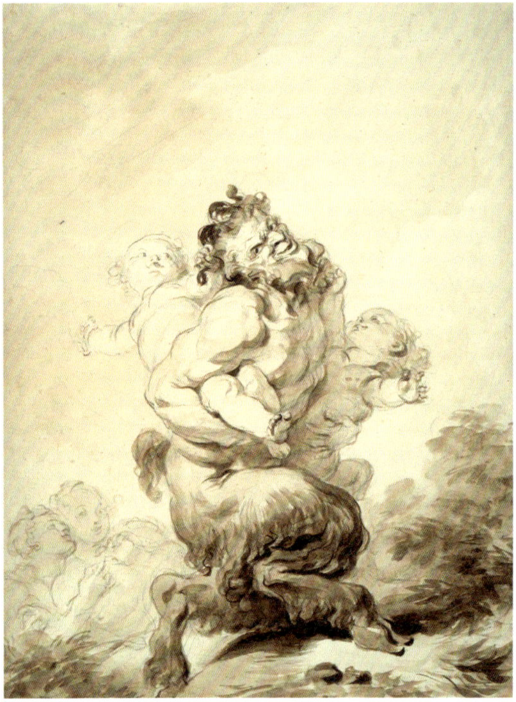

Abb. 1 | Jean-Honoré Fragonard, *Ein Satyr von zwei Putten geneckt*, um 1774/1780, Pinsel in Braun, laviert, über Grafitstift auf Papier, 46 × 34,9 cm, Yale University Art Gallery, Connecticut

Künstler Elemente der Natur und des Fantastischen in den Bahnen mythologischer Erzählungen an und entfaltet Anklänge einer Narration: So stützt sich auf dem Blatt aus der Sammlung Busch ein Erote auf den Rand des niedrigen Fasses als wollte er jeden Moment aus diesem hölzernen Behältnis herausklettern, während ein zweiter auf dem ansteigenden Boden liegt und zu schlafen scheint. Mit gesenktem Kopf und den rechten Arm nah an den Oberkörper geführt, spricht die geschlossene Kontur des hockenden Fauns für eine Handlung, die seiner vollen Aufmerksamkeit bedarf.

Unser Faun wird in seiner Gestaltung sehr bewusst an Verstand und *giudizio* gebunden: Die kopierende Aneignung der antiken und neuzeitlichen Kunstsprachen war dem 18. Jahrhundert eine *conditio sine qua non* geworden, galten kanonisch gewordene Werke gleichsam als Allgemeingut, das nicht zuletzt durch die druckgrafische Vervielfältigung umfassend verfügbar und so Teil eines weitgespannten Bildgedächtnisses wurde. Deshalb scheint in der Zeichnung des Fauns die Rückenansicht des *Torso vom Belvedere* auf, ein hellenistisches Original, dem sich viele widmeten, nicht zuletzt Francisco Goya. In seinem *Italienischen Skizzenbuch* hielt der Spanier 1771 mit festem Strich den Torso fest – aus der Rückenperspektive, wobei Goya die Figur von hinten rechts und von unten nach oben verkürzt darstellte, als hätte er sich direkt auf den Boden gesetzt, um sie zu zeichnen. Auf diese Weise konnte er die kräftige Muskulatur des Rückens und des rechten Beins der Skulptur wirkungsvoll wiedergeben, die er auch dank der gedrehten Haltung der klassischen Figur und des subtilen Lichteinfalls in ihrer ganzen Kraft und Spannung einfing. Statt fehlender Gliedmaßen präsentiert unser Zeichner die geschlossene Form eines sitzenden Fauns, ohne dass durch diese Ergänzung die Erinnerung an den versehrten Leib ganz getilgt würde. Leuchtet aus dem Blatt das Andenken an die versehrte Antike, an Herkules, der vom Helden zum Gott aufsteigt, klingt Johann Joachim Winckelmanns theatralische Schilderung in seiner *Geschichte der Kunst* nach: »[V]on den Schlacken der Menschheit mit Feuer gereinigt«, erlangt Herkules so »Unsterblichkeit und den Sitz unter den Göttern« (Winckelmann 1913, S. 329). Qua Feuer wird aus dem Helden ein Gott, aus dem Akt der Verbrennung eine deifikatorische Handlung. Für das Frontispiz des *Discours sur les sciences et les arts* wählte Jean-Jacques Rousseau einen Satyr, der ungestüm auf eine brennende Fackel zuläuft: »Der Satyr, sagt eine alte Fabel, wollte das Feuer küssen und umarmen, als er es zum ersten Mal sah«, schreibt er in einer Erklärung des Bildmotivs, und weiter: »doch Prometheus rief ihm zu: Satyr, du wirst dem Bart an deinem Kinn nachweinen, denn es brennt, wenn man es berührt.« (Rousseau [1750] 1964, S. 17). Verführt durch das Spiel der Flammen, kommt der Unwissende dem Feuer zu nah, eine mögliche Vergöttlichung des Mischwesens rückt Rousseau jedoch in weite Ferne. Füllte man die Leerstelle unserer Zeichnung und blickte man dem Faun nun für einen Moment ins Gesicht, würde vielleicht deutlich werden, wie leidenschaftlich er sich den Flammen genähert hat. Vielleicht blickt der Faun in unserer Zeichnung gerade in eine spiegelnde Scherbe, um den Verlust seines Bartes zu betrauern. Dass ein solch gebrannter Satyr für alle Menschen einstünde, die sich von wärmendem Glanz und flackernden Oberflächen verführen lassen, ohne den tieferen Inhalt auch nur zu erahnen, davon berichtet nicht zuletzt Rousseau.

Rufen der *Torso vom Belvedere* und Rousseaus Frontispiz die Kraft des Feuers auf, verglimmt nun der Funke: Obgleich die Anverwandlung eines antiken Artefakts inszeniert und auf die Kraft der Mythologie vertraut wird, ist diese Zeichnung ganz und gar erkaltet. Ihre Wahrheit ist die semantische Leere, auf die das suchende Auge trifft. So eröffnet das querformatige Blatt qua Linien, Schraffuren und Weißhöhungen eine Welt des Scheins – denn niemand glaubt mehr an Faune und Eroten. Das Reich des Dionysos ist erloschen, die Bacchanalien verklungen; und nur die Kunst vermag über diesen Verlust zu trösten. Darin liegt die Melancholie des hockenden Fauns, die Müdigkeit der Mittagsstunde, in der der *Torso vom Belvedere* aufscheint – nicht als Erinnerung an die Vergöttlichung des Heroen, sondern als mahnende Erinnerung an die Antike, die keine Lebenswirklichkeit mehr ist.

Ausgewählte Literatur

Werner Busch: *Das Capriccio und die Erweiterung der Wirklichkeit*, in: Ekkehard Mai und Joachim Rees (Hrsg.): *Kunstform Capriccio. Von der Groteske zur Spieltheorie der Moderne*, Köln 1997, S. 53–81.

Andrea Gottdang: *Die getäuschte Erwartung. Witz und Ironie bei Giambattista Tiepolo*, in: *Artibus et Historiae*. Bd. 20, Nr. 40 (1999), S. 151–168.

Angela Oster: *Rokoko in der Tradition der französischen Kunstkritik. Von der langue de rocaille Denis Diderots zur rocaille des plis bei Edmond und Jules de Goncourt*, in: dies. (Hrsg.): *Das ›andere‹ 18. Jahrhundert. Komparatistische Blicke auf das Rokoko der Romania*, Heidelberg 2010, S. 65–97.

Jean-Jacques Rousseau: *Discours sur les sciences et les arts (1750)*, in: Bernard Gagnebin und Marcel Raymond (Hrsg.): *Jean-Jacques Rousseau. Œuvre complètes*, Bd. 3, Paris 1964.

Claude-Henri Watelet: *Dictionnaire des arts de peinture, sculpture et gravure*, Bd. 1, Paris ^{2}1792.

Johann Joachim Winckelmann: *Geschichte der Kunst des Altertums*, München o.J. (Reprint: Berlin und Wien 1913).

Beat Wyss: *Trauer der Vollendung. Von der Aesthetik des Deutschen Idealismus zur Kulturkritik an der Moderne*, München 1989.

Jackson übersetzt Veronese. *Die mystische Vermählung der hl. Katharina von Alexandrien*

F. Carlo Schmid

Die Geschichte der Druckgrafik und die englische Kunst des 18. Jahrhunderts bilden zwei zentrale Forschungsgebiete Werner Buschs. Der Druckgrafik englischer Künstler dieser Epoche widmete er sich seit seiner Dissertation immer wieder, etwa den Chiaroscuro-Holzschnitten John Baptist Jacksons im Zusammenhang mit seinen Forschungen zum Helldunkel in der bildenden Kunst. Die Chiaroscuro-Technik war nach der Renaissance langsam in Vergessenheit geraten, wurde aber im 18. Jahrhundert an Orten revitalisiert, in denen Jackson zeitweilig lebte. In London erhielt er seine Ausbildung, war dann in Paris tätig und ging 1731 nach Venedig, wo er den Kontakt zu Antonio Maria Zanetti suchte, der bereits seit den zwanziger Jahren Chiaroscuro-Holzschnitte druckte. Es kam aber zu keiner Zusammenarbeit zwischen den beiden, sodass Jackson in der Lagunenstadt selbständig blieb und mit seiner Weiterentwicklung der Chiaroscuro-Technik eine eigene Position in der Geschichte der Druckgrafik errang.

Meist druckte er von vier Holzstöcken vom Hellen ins Dunkle, wobei er nach Möglichkeit auf den Einsatz von Strichplatten verzichtete. Prinzipiell beschränkte er sich auf bräunliche oder bläuliche Töne in ihren unterschiedlichen Abstufungen. Da er mit stark angefeuchteten Papieren arbeitete, entstanden bei den Überlagerungen der frischen Farben zahlreiche *Valeurs*. Mit einer gewissen Übertreibung behauptete er in seinen beiden Traktaten, die er 1752 respektive 1754 nach seiner Rückkehr nach London 1745 veröffentlichte, er hätte bis zu zehn Schattierungen erzielt. Er druckte mit speziellen Pressen unter hohem Druck, wodurch ein markantes Relief im Papier entstand, das für seine Grafiken signifikant ist. Bei einigen druckte er abschließend sogar mit ein bis zwei Stöcken blind, also ohne Farbe, um die Prägung noch zu verstärken. Goethe benannte dieses Charakteristikum seines Stils 1818 in seinem Aufsatzkonzept *Jakson, der Formschneider* anschaulich, wenn er schrieb, dass sich »das durch die Druckerstöcke gequälte Papier in runzlichen Wannen niedersenkt«.

Ein Hauptwerk Jacksons formieren seine ungewöhnlich großformatigen Chiaroscuro-Holzschnitte nach 17 Gemälden mit religiöser Thematik von Tizian, Veronese, Tintoretto und Bassano, die sich in Venedig beziehungsweise Padua befanden. Er arbeitete von 1739 bis 1743 an der Suite und publizierte sie 1745 unter dem Titel *Titiani Vecelii, Pauli Caliarii, Jacobi Robusti et Jacobi de Ponte opera selectiora a Joanne Baptista Jackson, Anglo, ligno coelata et coloribus adumbrata*. Jackson hob hervor, dass seine Folge Wiedergaben nach »besonders auserlesenen« Werken umfasse, die von ihm »in Holz geschnitten und farbig

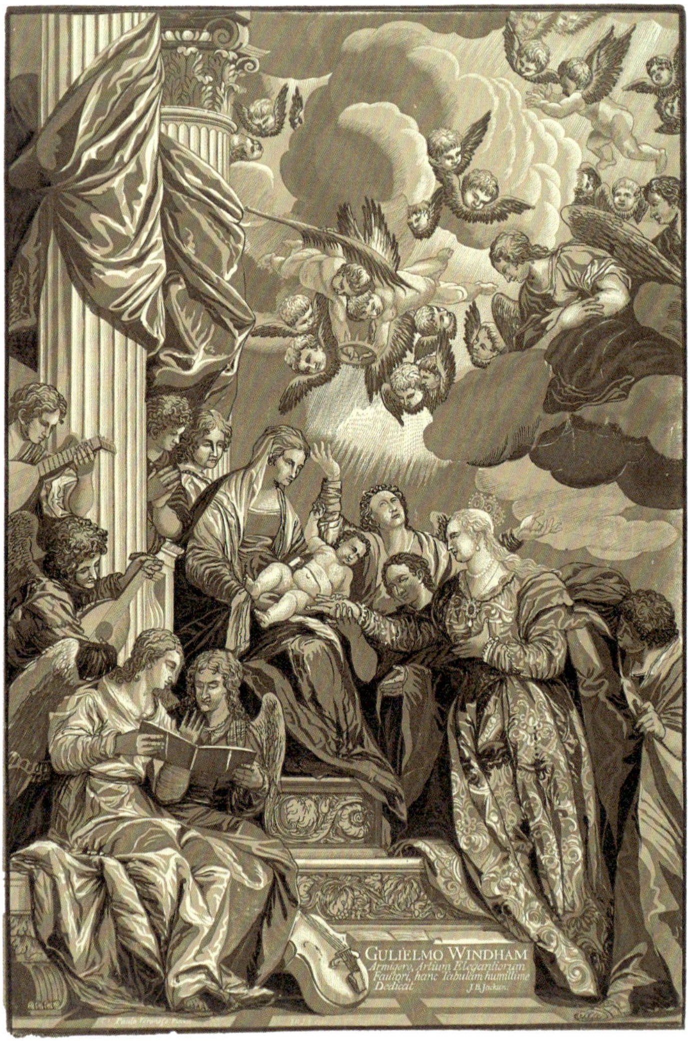

John Baptist Jackson nach Paolo Cagliari, genannt Veronese
Die mystische Vermählung der hl. Katharina von Alexandrien, 1740

Chiaroscuro-Holzschnitt von vier Blöcken auf Büttenpapier, 56 × 37,8 cm

schattiert« gedruckt seien. Damit wies er auf die von ihm getroffene, sorgfältig überlegte Auswahl der Gemälde einerseits und die zahlreichen Tonstufen seiner Technik andererseits hin. Grundsätzlich wollte er demonstrieren, wie gut der farbige, aber grisailleartige Chiaroscuro-Holzschnitt, der ursprünglich zur Reproduktion oder Imitation lavierter Federzeichnungen gedient hatte, sich auch zur Gemäldewiedergabe eignet, die bis dato dem Kupferstich vorbehalten gewesen war. Viele Gemälde, die Jackson für die *Opera selectiora* auswählte, lagen bereits in Kupferstichwiederholungen vor, die ihm Orientierung boten und den Connaisseurs Vergleiche zwischen den Reproduktionen in unterschiedlichen grafischen Techniken ermöglichten. Die innovative Form der Gemäldewiedergabe war somit prestigeträchtig, sowohl für den Künstler selbst wie auch für seinen wichtigsten Mäzen, den Geschäftsmann und Kunstsammler Joseph Smith, der seit 1700 in Venedig lebte und dort von 1744 bis 1760 als englischer Konsul fungierte. Weitere Unterstützung für sein Projekt erhielt Jackson durch Subskribenten und englische Reisende auf ihrer Grand Tour, denen er im Gegenzug Grafiken zueignete.

1740 druckte er, wie stets seitenrichtig, von vier Blöcken *Die mystische Vermählung der hl. Katharina von Alexandrien* nach einem Gemälde Veroneses. Diese Grafik gehört zu der kleinen Gruppe von Reproduktionen innerhalb der *Opera selectiora*, die Jackson in zwei verschiedenen Farbvarianten realisierte, denn die meisten druckte er ausschließlich in Braun. Werner Busch besitzt in seiner Sammlung beide Farbvarianten. Neben jener in braun-grauen Tönen erwarb er ein zweites Exemplar in blau-grünlicher Farbigkeit, welches er in seinem Buch *Das unklassische Bild* ganzseitig farbig abbildete. Außerdem fügte er eine Detailaufnahme im Streiflicht hinzu, um das für Jackson wichtige geprägte Relief zu veranschaulichen. Beide Farbvarianten druckte Jackson zeitgleich, aber nicht unbedingt in gleich hoher Auflage. Die blau-grünliche Version ist in diesem Fall die eher übliche, findet sich öfter in Museen und wurde in den vergangenen Dekaden entsprechend häufiger als die Fassung in Brauntönen im Kunsthandel angeboten. Schon zu Anfang der Chiaroscuro-Technik druckten Künstler einzelne ihrer Grafiken in unterschiedlichen Farben, etwa Ugo da Carpi seine beiden Blätter *Der Tod des Ananias* und *Diogenes*. Jacksons Farbskala orientierte sich an solchen Renaissance-Werken. Es musste Grafikkenner reizen, seine beiden subtil nuancierten Farbversionen zu vergleichen, ihre Schattierungen bewusst wahrzunehmen und zu entscheiden, welche Variante die angemessenere grafische Übersetzung des zugrundeliegenden Gemäldes war. Dies verlangte genaues Betrachten bei geschärften Sinnen. Für Jackson selbst war es eine intellektuelle Herausforderung, die mitunter üppige Farbigkeit seiner Gemäldevorlagen in einen auf wenige Farbklänge eines Grundtons reduzierten Chiaroscuro-Holzschnitt zu übertragen, das gilt auch für seine Fassungen der *Mystischen Vermählung der hl. Katharina von Alexandrien*.

Der Legende nach war Katharina die Tochter des Königs Costus von Zypern. Um die schöne und hochgebildete Prinzessin warben viele Freier, von denen sie keinen akzeptieren wollte, weil sie ein Einsiedler auf Jesus Christus als richtigen Bräutigam hingewiesen hatte. Nach ihrer Taufe erlebte sie in einer visionären Schau die Eheschließung mit dem Jesuskind. Später erlitt sie in Alexandria den Märtyrertod und wurde von der Kirche in den Kreis der Vierzehn Nothelfer erhoben.

Neben ihrem Martyrium war ihre mystische Vermählung ein Sujet, das oft in der bildenden Kunst dargestellt wurde, so im Altarbild für die Augustinerinnen-Klosterkirche *Santa Caterina dei Sacchi* in Venedig. Veronese malte diesen Altar um 1575 und variierte dabei kompositorisch Tizians *Madonna des Hauses Pesaro* in *Santa Maria Gloriosa dei Frari*. Heute, nachdem das Gemälde in napoleonischer Zeit vom Staat konfisziert worden war, wird es in den *Gallerie dell'Accademia* ausgestellt. Für ein Nonnenkloster ist die Thematik einer mystischen Vermählung naheliegend, ist doch jede Ordensfrau eine Braut Christi und erhält deshalb bei ihrer Profess einen Ehering überreicht. So finden sich im Kosmos der katholischen Heiligen weitere, die Visionen mystischer Vermählungen erlebten, etwa die hl. Katharina von Siena oder die hl. Rosa von Lima.

Veronese zeigt in seinem Altargemälde wie die Madonna mit dem Jesusknaben auf einem durch Treppenstufen erhöhten Thron vor Säulen mit Draperien sitzt. Assistenzfiguren umgeben die beiden, zwei der im Himmel schwebenden Engel halten einen Palmzweig und eine Krone, die auf das künftige Martyrium der hl. Katharina vorausweisen. Die Heilige kniet auf den Treppenstufen und wird von Jesus den Ehering, den er mit der rechten Hand emporhält, an den Ringfinger gestreift erhalten. Sie trägt eines ihrer der Legende nach stets prächtigen Gewänder, die ursächlich dafür sind, dass die Schneiderinnen und Modistinnen der Pariser Modehäuser nach ihr *Catherinettes* genannt werden. Bei aller Genauigkeit gibt es in Jacksons grafischer Übersetzung Abweichungen von der Vorlage, etwa bei dem sich auf die Szene senkenden Himmelslicht, das im Chiaroscuro-Holzschnitt strahlenförmig ausläuft. Eine weitere Veränderung ist die auffällige Widmung der Grafik an William Windham, der 1739 bis 1740 Italien bereist hatte, an der ersten Stoßstufe. Im Gemälde ist sie ungestaltet, während die beiden anderen mit Ornamenten verziert sind. Indem Jackson diese leere Fläche im Chiaroscuro-Holzschnitt mit der Dedikation füllte, die mit seinem Namen endet, glich er die drei Stoßstufen einander gestalterisch an und optimierte seinem Verständnis nach Veroneses *Concetto*. Jackson wusste, dass jede grafische Reproduktion eines Kunstwerks eine Interpretation mit Abwandlungen ist. Sein Anspruch war es gleichwohl, trotz mitunter mutigen Abweichungen von der Vorlage, oder gerade dadurch, deren Essenz treffend zu vermitteln.

Dass von den Chiaroscuro-Holzschnitten Jacksons ausgerechnet die Darstellung der hl. Katharina von Alexandrien in zwei Exemplaren ihren Weg in die Sammlung Werner Buschs gefunden hat, ist eine sinnhafte Fügung, denn sie ist nicht nur die Schutzheilige vieler unterschiedlicher Handwerkergruppen, sondern auch jene der Universitäten und der Gelehrten.

Ausgewählte Literatur

Werner Busch: *Helldunkel. Kunst als Erscheinung*, in: Anne Röver-Kann (Hrsg.): *Intimität der Gefühle. Eugène Carrière zum 100. Todestag*, Ausstellungskatalog, Bremen (Kunsthalle Bremen) u.a., Bremen 2006, S. 96–102.

Werner Busch: *Das unklassische Bild. Von Tizian bis Constable und Turner*, München 2009.

Jacob Kainen: *John Baptist Jackson. 18th-Century Master of Color Woodcut*, Washington 1962.

Christian Tico Seifert: *John Baptist Jackson: un incisore inglese a Venezia*, in: Orsola Braides, Giovanni Maria Fara und Alessia Giachery (Hrsg.): *L'arte di tradurre l'arte. John Baptist Jackson incisore nella Venezia del Settecento*, Ausstellungskatalog, Venedig (Biblioteca Nazionale Marciana), Florenz 2024, S. 15–35.

Evelyn Wöldicke: *Die Renaissance einer vergessenen Technik. Clairobscur-Holzschnitte im 18. Jahrhundert*, Dissertation, Freie Universität, Berlin 2014, diss.fu-berlin.dediss/receive/FUDISS_thesis_000000097284 [abgerufen am 30.07.2024].

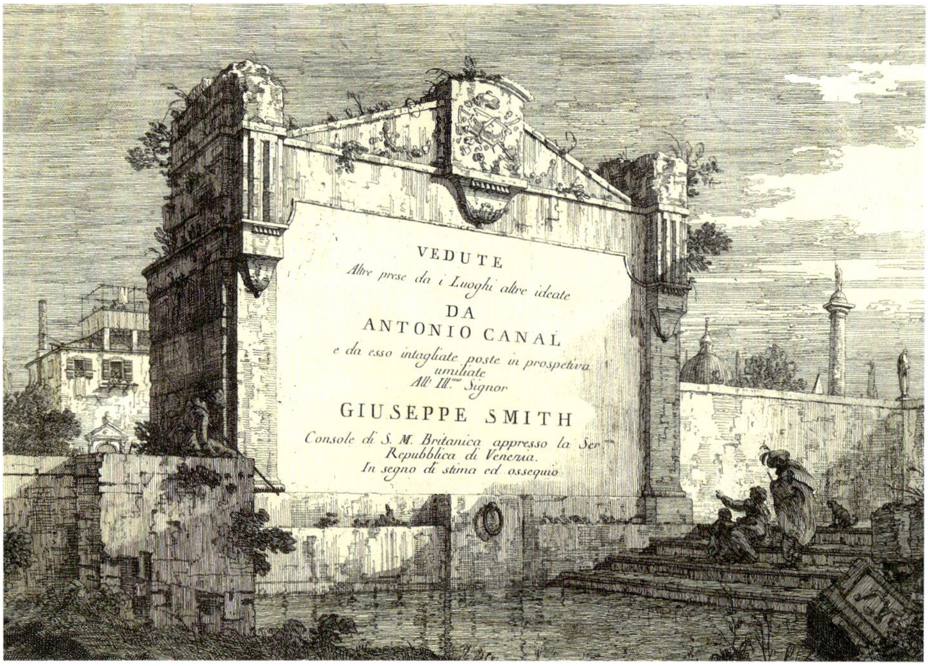

Antonio Canaletto
Titelblatt der Serie Vedute, altre prese da i luoghi, altre ideate*,* 1740/43

Radierung auf Papier, 29 × 42,5 cm

Das sentimentalische Monument

Wolfgang Kemp

Werner Busch unterschied sich von seinen Tübinger Konstudenten der Kunstgeschichte darin, dass er Kunst auch für ein besitzbares und nicht nur für ein erforschbares Gut hielt. Dem studentischen Salär entsprechend kaufte er nicht Gemälde wie sein Vater, sondern schöne Grafiken, meist aus dem 18. Jahrhundert. Was nahelag, da er über Hogarth arbeitete, aber wenn ich mich richtig erinnere, galt sein Sammlerinteresse eher französischen und italienischen Arbeiten, war mehr den *Peintres graveurs* als den Sozialreportern vom Schlage Hogarth zugewandt. Er hatte einen Verbündeten in einem aufgeweckten wissenschaftlichen Assistenten, der über mehr Geld verfügte und den Hinweisen Buschs folgte, und ich habe Abende im Gedächtnis behalten, bei denen die beiden ihre neuesten Erwerbungen vorführten und besprachen. Meist handelte es sich um Konvolute oder Serien, die es noch zu teilen galt. Buschs Interesse an Fragen des Seriellen und Zyklischen, an den Strategien, den vielen Bildern neue Ordnungen zu geben, am schicksalhaften 18. Jahrhundert, das alles fing früh an, und vielleicht hat er damals schon das Blatt in seinen Besitz gebracht, das ich hier kurz vorstellen möchte.

Man kann sich eigentlich kein Werk ausdenken, das Buschs frühen Forschungen mehr entsprach: das Titelblatt eines grafischen Radierungszyklus, geschaffen in Venedig von dem Venezianer Antonio Canal, gewidmet aber Joseph Smith, dem englischen Gesandten in Venedig, der wichtigsten Figur im Leben dieses Künstlers, unverzichtbar in seinen Rollen als Sammler, Händler, Agent, Ideengeber. Die Serie der 31 Veduten dürfte in den frühen 1740er-Jahren entstanden sein, den Zeitpunkt ihrer Veröffentlichung wissen wir nicht. 1740 war ein Jahr von einschneidender Bedeutung für Canal und Smith. Der Österreichische Erbfolgekrieg (1740–1748) unterbrach den Zustrom englischer Reisender und potentieller Sammler. Canal zog bekanntlich 1746 nach England und blieb dort neun Jahre lang, um seinen wichtigsten Kunden nahe zu sein.

Der Bruch von 1740 gab sicher auch Anlass, die erprobten Motive freier zu arrangieren und Abstand von topografischer Berichterstattung zu nehmen. Der Titel V*edute, altre prese da i luoghi, altre ideate* verweist in diese Richtung. Elf Blätter von 31 geben sich durch ihre Unterschriften als »vor Ort aufgenommen«, aber alle Ansichten sind aus dem topografischen Grundstock geschaffen, den der Künstler zwischen Venedig und Padua fand. Um an eines von Buschs großen Forschungsthemen anzuschließen: Das Sammelalbum ist ein Capriccio aus Blättern mit verschiedenem Wahrheitsanspruch. Es setzt einerseits die Tradition der Venedig gewidmeten Veduten-Serien in Grafik fort. Den Anfang machten 1703 die 104 Radierungen Carnevalis. Andererseits war seit

Callot der Begriff und die Kunstform des Capriccio als einer Sammlung unverbundener, freier Inventionen eingeführt. Für Canal gilt eine künstlerische Strategie, die auch die topografischen Gegebenheiten »kapriziösen« Abweichungen unterwirft. Das ist oft nachgewiesen worden. Für unser Titelblatt sei vermerkt, dass die rechts erscheinende Stadtsilhouette der Ausschnitt aus einem Capriccio zum Thema Padua ist. Werner Busch würde an dieser Stelle sagen: der leicht abgewandelte Ausschnitt aus einem Capriccio... Der kapriziöse Grundantrieb wird auch aus dem Gegensatz ersichtlich, den die beiden Vedutenfragmente bilden: links eine ländliche Villa, rechts eine Stadt, beide Komponenten mit so verschiedenen Maßverhältnissen und Abständen gegeben, dass man nicht auf die Idee kommen kann, die Szenen könnten einen räumlichen Zusammenhang bilden. Die beiden Bildausschnitte verweisen aber korrekt auf die thematische Einteilung der 31 Ansichten in städtische und ländliche Szenen.

Am kapriziösen Modus nimmt das Hauptelement der Komposition, die riesige Inschriftenwand insofern teil, als eine derart große, sauber verputzte Fläche kaum denkbar ist, so naturalistisch auch ihre Einbettung in Ambiente und Lichtführung erfolgt und so sehr auch das ganze Beiwerk aus Rahmung und Dreiecksgiebel ihr dienstbar gemacht ist. Bedenkt man die Vorgabe, dass es sich um ein selbsttragendes Gebäude mit einer gewissen Tiefe handeln soll, hat man das kapriziöse Maximum der Naturalisierung erreicht und fängt an, Vorstellungen über mögliche Inhalte zu entwickeln. Links ist dem Titelbau ein Wächter mit langem Stab beigegeben. Und die ersten Leser und Betrachter sind auch schon da. Die klassische Kombination aus Zeigefigur und aufnahmebereiten Rezipienten steht rechts bereit. Alles ist getan, um den Wahrheitsgrad der Hauptsache zu stärken.

Nun handeln wir aber von der Einführung eines anderen Modus in den kapriziösen Gesamtkontext. Und dies ist der monumentale Modus. Venedig war und ist keine Stadt der Inschriften. Der detailverliebte Canal hätte sie uns nicht vorenthalten; als er dann für eine Zeit nach Rom übersiedelte, kopierte er prompt die Inschriften der Triumphbögen. Er versucht auf dem Titelblatt also die Einbettung eines – kurz gesagt – römischen Modus in einen venezianischen, die Verschränkung von Antike und Jetztzeit.

Die Inschriftenwand ist einerseits übergroß und andererseits nicht korrekt in frontaler Ansicht gegeben. Canal hat sie leicht ansichtig gesetzt, *posto in prospettiva*, wie es im Titel in Bezug auf die gesamte Bilderfolge heißt. Was nicht mehr besagt, als den Umständen unterworfen zu sein und sich nicht aus eigener Macht zur Geltung zu bringen. Und der oblique Modus ist auch in die Titulatur eingezogen. Das Genus »Vedute« und die Namen Antonio Canal und Giuseppe Smith sind in Antiqua und groß gesetzt, der Rest ist in Kursive gegeben. Kursiv ist die Schriftart, die der Radiernadel liegt. Werner Busch könnte uns sagen, ob die klassischen Lettern nicht mit der Kaltnadel eingeritzt wurden. Kursiv und oblique sind essentielle Qualitäten, wenn Radierung und Capriccio zusammenarbeiten. Wenn – und das ist jetzt ein wenig ein Wagnis – ein monumentales Gebilde, eine klassische Form der Kommunikation in den Zustand des Sentimentalischen übersetzt werden soll. Das war Buschs Zentralbegriff und das Titelwort in dem berühmten Buch über den Transformationsprozess in der Malerei des 18. Jahrhunderts. Sentimentalisch nannte Schiller eine Haltung des reflektierten Umgangs mit den großen, vor allem den antiken Vorbildern. Reflektiert kommt vom lateinischen *flectere*, wenden, lenken: Canal lenkt und wendet die große Inschriftwand leicht von uns ab. Die Betrachter im Bild sehen, lesen, reflektieren sie korrekt.

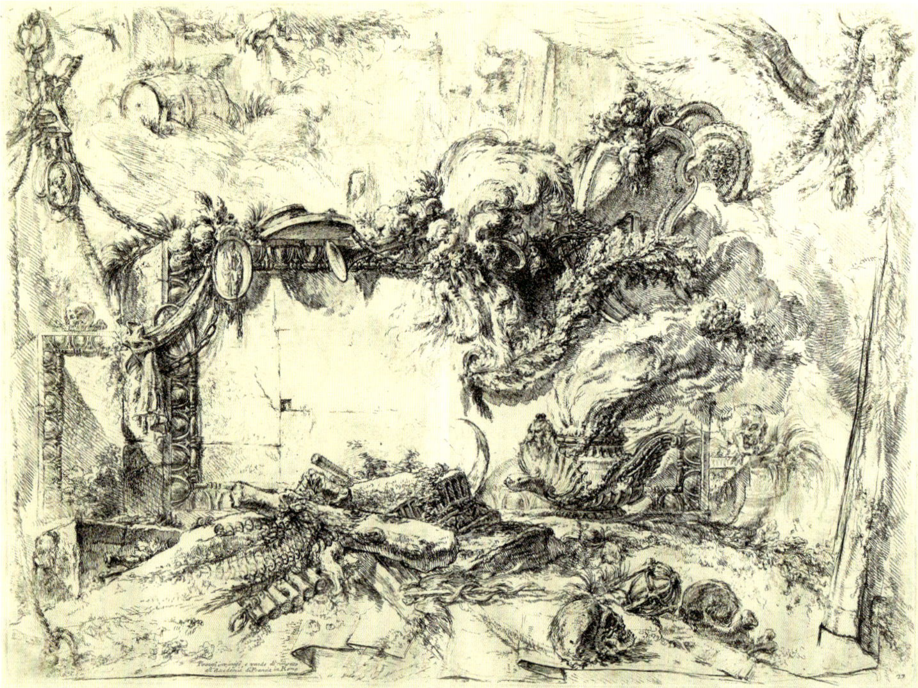

Giovanni Battista Piranesi
Grotteschi (Die große Tafel), um 1745/49

Radierung auf Papier, 39,5 × 54 cm

Piranesis schöpferische Materie. Die *Affiche* als Realität

Horst Bredekamp

Die letzte der vier von Giovanni Battista Piranesi um 1745 geschaffenen Radierungen der *Grotteschi* geriert sich als *Affiche*. Das Blatt des Bildes im Bild ist rechts außen eingerollt, und am unteren Rand überlagert es sich in mehreren Faltungen. Auf den ersten Blick scheint daher eine Radierung auf einem schwer definierbaren Grund zu liegen, bei dem es sich nicht um einen Tisch handelt, sondern um eine unruhige, natürliche Bodenstruktur. Bei genauerer Betrachtung aber erweist sich, dass dieses eingefaltete und eingerollte Blatt sich nicht etwa vom Hintergrund absetzt, sondern vielmehr mit ihm verbunden ist. Am rechten wie auch am unteren Bildrand laufen die schraffierten Gebilde vom Untergrund in das Blatt über, als wäre dieses vollständig transparent. Diese Aufhebung der Trennung von Wirklichkeit und Kunst lässt das Verfahren einer Metamorphose erkennen, die im Prinzip keine ist, denn Objekt und Subjekt des Dargestellten fallen zusammen.

In diese Paradoxie sind die Motive eingespannt. Auf dem verwitterten Grabmal, das auch als Altar zu deuten ist, erscheinen zahlreiche Zeichen des Triumphes und dessen Vergänglichkeit. Hierzu gehören im Vordergrund Architekturfragmente, eine Panflöte und eine Herkules-Keule, ein Merkur-Stab, eine Sanduhr und zwei verwesende Schädel. Rechts vor dem Altar steht eine Vase, aus der heraus dicht aufsteigender Rauch nach hinten in die Tiefe quillt. Ein aus einem Spalt des Marmorblockes ausgehender Eichenlaubstrang zieht sich parallel zu diesem Qualm nach rechts oben hoch.

Auf der gegenüberliegenden Seite geht von einem im Vordergrund unten links befestigten Ring aus ein Tau zu einem links oben befestigten Ring, an dem eine Reihe von Utensilien hängen. Eine schwere Metallkette zieht sich von diesem Ring aus nach rechts über die von einem Säulenstumpf und einer Trompete bedeckte Mensa des Grabaltares, um sich in einem monströsen Gemisch aus Federn und Pflanzensträngen fortzusetzen. Diese überwuchern die Trümmer eines Rennwagens, von dem eine Flanke des Korbes sowie zwei Räder zu sehen sind. Das vordere ist als Medusenschild konzipiert. Von diesen Rädern geht ein Tau aus, an das ein bizarrer Pegasus gebunden ist, der in einen schwindsüchtigen Stier mutiert. Auf der gegenüberliegenden Seite erscheinen Weinfässer, eine Hand, die Flüssigkeit aus einer Karaffe schüttet sowie weitere Architekturteile.

Insgesamt ergibt sich ein Theater der Fantasie, das sich bislang der Deutbarkeit entzogen hat, und möglicherweise liegt hierin der Sinn. Die Einbildungskraft geht hier offenbar über jene Grenze hinaus, jenseits der die einzelnen Motive nicht mehr in einen sinnfälligen Zusammenhang gebracht werden können.

Ein allgemeiner Schlüssel lag in Maurizio Calvesis Versuch, die vier Radierungen der *Grotteschi* mit den von dem neapolitanischen Philosophen Giovanni Battista Vico hypostasierten vier Weltaltern zu verbinden. Ohne dass allen Verweisen gefolgt werden muss, liegt eine solche Beziehung, wie Norbert Miller dies bekräftigt hat, doch auf der Hand. Die Grabesbühne lässt an den Altar auf dem Frontispiz von Vicos *Neuer Wissenschaft* denken, und die Requisiten im Vordergrund scheinen jener Reihe realer Hieroglyphen zu entsprechen, die vor diesem Block aufgereiht sind. Aber bei Piranesi sind diese Zeichen der Zivilisation als Symbole der Vergänglichkeit durcheinandergeschichtet. Insbesondere die Totenschädel erscheinen auch an anderen Stellen des Blattes als Merkmale der *Vanitas*.

All diese Motive könnten auf jenes letzte Weltalter von Vicos Universalgeschichte verweisen, das durch die »Barbarei der Reflexion« geprägt ist. In dieser Epoche verzetteln sich die Menschen in bindungslosen Reflexionen, der Bezug zwischen Worten und Objekten geht verloren, die parzellierten Gemeinschaften und Individuen verlieren jeden Zusammenhalt, und die Gesellschaft löst sich auf, sie stirbt ab.

Aber aus diesen Zeichen der Auflösung gewinnt Piranesi eine gegenteilige Dynamik. Wie zwischen Wirklichkeit und Papier kein kategorialer Unterschied besteht, so steigt aus dem Feuergefäß ein Rauch auf, der sich mit den Arabesken des Eichenzweiges verbindet, um an dessen Ende in den Wolken aufzugehen. Aus diesem Prinzip des Überwucherns des Marmors in die beweglichen organischen Formen der Pflanzen und der Atmosphäre erwächst jene Überbrückung elementarer Stofflichkeit, die alle Wirklichkeit als eine Bewegungslatenz definiert, die sich jedem Gedanken eines Endes entgegenstellt. Damit aber bezeugt das letzte Blatt der *Grotteschi* nicht etwa das Ende von Vicos Weltaltern in der Barbarei einer bezugslosen Reflexion, sondern vielmehr die Rückkehr zu einer Sinnlichkeit, aus der sich alles Leben neu gestaltet.

Für Piranesi, der als junger Mann im Amt zur Regulierung des Wassers von Venedig gearbeitet hatte, war dieses Element von entscheidender Bedeutung. Seine fünf Tafeln mit Inschriften aus den 1748 publizierten *Antichità Romane* zeigen mit seinen Muschelformen, die sich am unteren Bildrand zu Wellen auftürmen, die Grundbestimmung aller Mischformen im proteushaften Wasser (Abb. 1). Die Wellenbewegungen und die Atmosphäre der Wolken bilden die beiden Bestimmungen jenes Elementes, welches das Prinzip der Bewegung definiert. Über das Beziehungsgeflecht zwischen Vico und Nicola Salvi, dem Erbauer des Trevi-Brunnens in Rom, sowie Piranesi wird dieser Zusammenhang auch persönlich bekräftigt.

1730 erschien Vicos stark veränderte zweite Auflage seiner *Scienza Nuova* mit einer Widmung an Papst Clemens XII. Im selben Jahr wurde der Wettbewerb um die Errichtung des Trevi-Brunnens entschieden. Als Piranesi seine *Grotteschi* schuf, war dieser Brunnen im Bau. Seine schäumenden Wasser, wie sie Piranesi immer wieder in seinen Darstellungen von Wasserfällen visioniert hat, bezeugten Frank Fehrenbach zufolge jene Philosophie der Atomistik, die in den wuchernden Formen der Rocaille und der Gischt

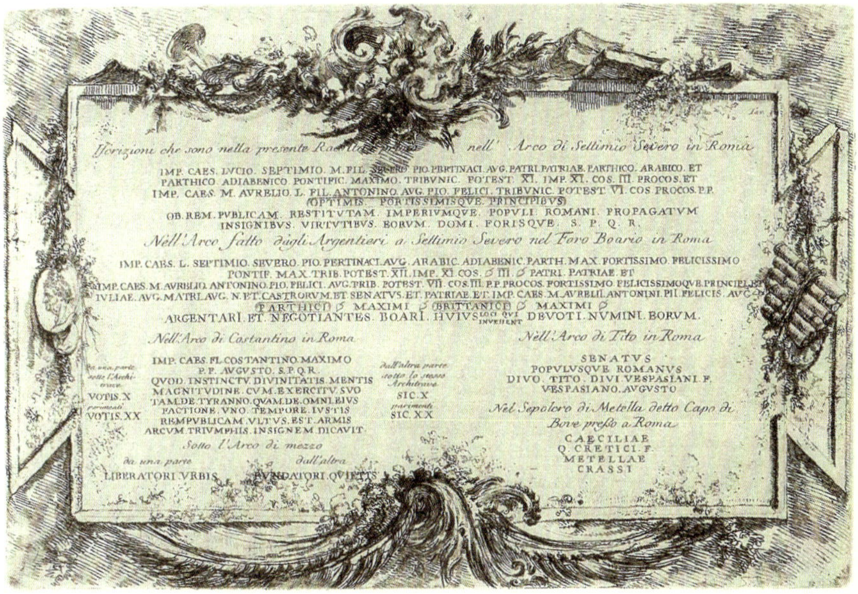

Abb. 1 | Giovanni Battista Piranesi, *Iscrizioni che sono nella presenta Raccolta...* (sog. Abschrift mehrerer alter lateinischer Inschriften), 1748, Radierung auf Papier, 24 × 36 cm

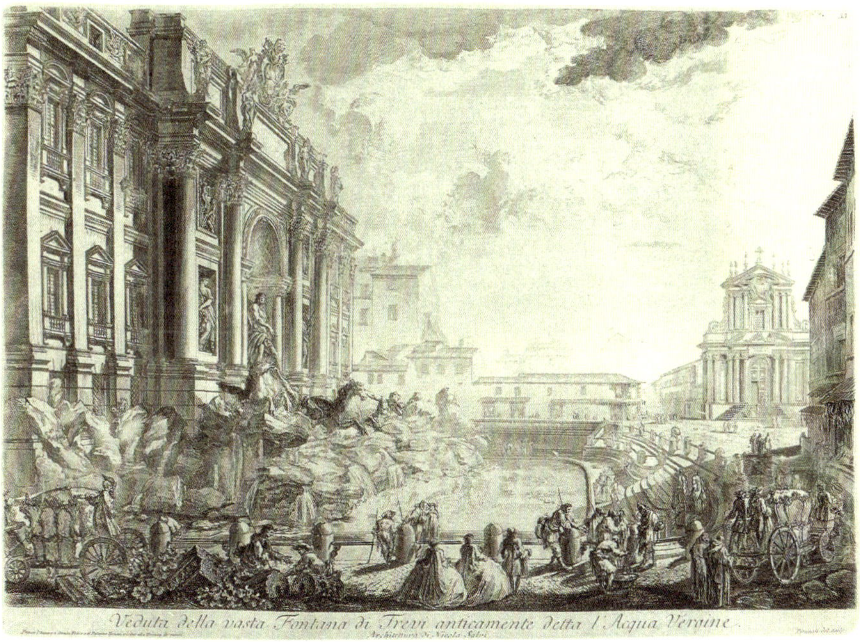

Abb. 2 | Giovanni Battista Piranesi, *Veduta della vasta Fontana di Trevi anticamente dette l'Acqua Vergine* (sog. Fontana di Trevi, früher Acqua Vergine), um 1740/vor 1778, Radierung auf Papier, 38 × 55 cm

des Wassers eine Wiederkehr der Naturphilosophie des Lukrez verband. All dies muss Piranesi zutiefst beeindruckt haben. Sein seitlicher Blick auf diese Schauwand, deren korinthische Ordnung sich mit groben Felsformationen verbindet, lässt die Häuser im Mittelgrund und die darüberliegenden Wolken wie in einem matten Filter erscheinen, der durch die aufsteigende Gischtwolke bewirkt wird (Abb. 2).

Blatt vier der *Grotteschi* hat Werner Busch in seine Geschichte des *Capriccio* als Medium der ultimativen Einbildungskraft gestellt, die mit Blick auf Nero an ihr tatsächliches Ende kam und in der Serie der *Carceri* ihren Schlusspunkt fand. Im letzten Blatt der *Grotteschi* aber kippen diese Zeichen des Endes der Einbildungskraft in ein materielles Theater der Elemente, welches die Requisiten der Vergänglichkeit benötigt, um das ewige Wuchern der Metamorphosen und der unentwegten Beweglichkeit der Kultur und der *natura naturans* zu offenbaren.

Die Gegenwart wirkt wie eine Erfüllung jener »reflexiven Barbarei«, in der Vico zufolge die Virtualität als Spaltungsraster aller Begriffe in ihr eigenes Glasperlenspiel der Bindungsfreiheit treibt. Aber bei ihm transgrediert die Zeit der reflexiven Barbarei in eine neue Verdichtung, eine sinnliche Welterfahrung, in der sich die Worte mit dem Bezeichneten und die Repräsentanten mit dem Repräsentierten wieder verbinden. Dies war die Philosophie des Trevi-Brunnens, der diesen sinnlich gebundenen Zusammenschluss propagierte. Der am rechten und unteren Bildrand des vierten Blattes der *Grotteschi* verdeutlichte Zusammenfall von Wirklichkeit und Papier, von Natur und Affiche zielt auf denselben, die reflexive Spaltung überwindenden, proteushaften Charakter einer aktiven Materie.

Ausgewählte Literatur

Horst Bredekamp: *Fortuna als neue Wissenschaft*, in: *Leviathan. Berliner Zeitschrift für Sozialwissenschaft* 47/1 (2019), S. 74–85.

Werner Busch: *Die graphische Fassung Capriccio – der letztlich vergebliche Versuch, die Phantasie zu kontrollieren*, in: Ekkehard Mai (Hrsg.): *Das Capriccio als Kunstprinzip. Zur Vorgeschichte der Moderne von Arcimboldo und Callot bis Tiepolo und Goya. Malerei – Zeichnung – Graphik*, Ausstellungskatalog, Köln (Wallraf-Richartz-Museum) u.a., Mailand 1996, S. 55–81.

Luigi Ficacci: *Giovanni Battista Piranesi. The Complete Etchings. Gesamtkatalog der Kupferstiche. Catalogue raisonné des eaux-forts*, Köln u.a. 2000.

Frank Fehrenbach: *Compendia Mundi. Gianlorenzo Berninis Fontana dei Quattro Fiumi (1648–51) und Nicola Salvis Fontana di Trevi (1732–62)*, München und Berlin 2008.

Peter Miller: *Archäologie des Traums. Versuch über Giovanni Battista Piranesi*, München und Wien 1978.

Jürgen Trabant: *Giambattista Vico – Poetische Charaktere*, Berlin und Boston 2019.

Manuela Sanna und Vincenzo Vitiello (Hrsg.): *Giambattista Vico: La Scienza Nuova. Le Tre Edizioni del 1725, 1730 e 1744*, Mailand 2012.

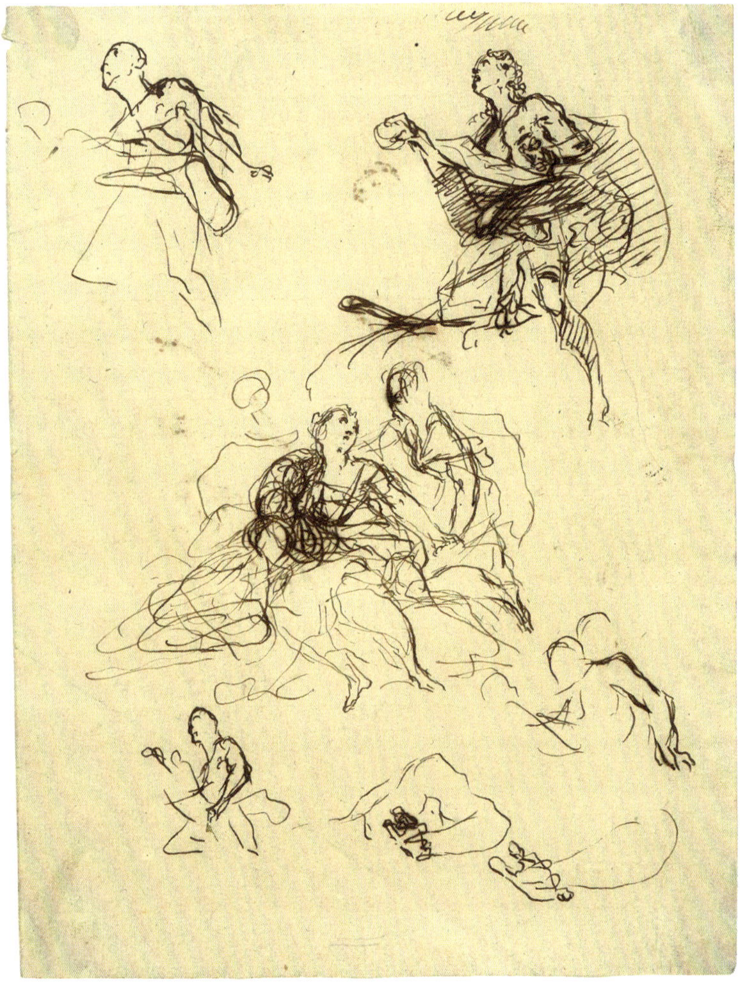

Österreichisch (?), Daniel Gran zugeschrieben
Skizzen für ein Deckenfresko, um 1750

Feder auf Papier, 22,4 × 16,9 cm

Hand-Werk und Linienspiel

Karin Gludovatz

Was wohl Werner Buschs Interesse geweckt haben mag, als er dieses Blatt mit Federskizzen Anfang der 1970er-Jahre bei einem Londoner Kunsthändler erwarb? Die vermutlich im österreichischen oder süddeutschen Raum um die Mitte des 18. Jahrhunderts entstandene und Daniel Gran zugeschriebene Zeichnung zeigt aller Wahrscheinlichkeit nach Entwürfe für ein Deckenfresko. Doch sind die Figuren mit keinerlei Attributen ausgestattet und insofern nicht näher zu bestimmen, offen bleiben muss also auch, ob sie Teil eines profanen oder sakralen Programms sein sollten. Im Vergleich mit ausgeführten Fresken der Zeit und Region darf man aber zumindest annehmen, dass die drei weiblichen Gestalten im Zentrum Personifikationen darstellen. Auf den ersten Blick ergeben sich wenig Verbindungen zu Buschs Forschungsinteressen, die in den frühen 1970er-Jahren primär Rembrandt, Hogarth und der Frage nach bürgerlichen Kunstprinzipien galten, von denen also der spätbarocke Entwurf für eine absolutistischen Ansprüchen verpflichtete Monumentalmalerei aus katholischen Landen denkbar weit entfernt war.

In Hinblick auf die Ikonografie wenig auskunftsfreudig, ist das Blatt umso sprechender, wenn man das Augenmerk auf die Zeichnung oder konkreter darauf richtet, was diese uns über den Akt des Zeichnens und den Prozess des Entwerfens verrät und das könnte die Neugier des sammelnden Kunsthistorikers durchaus geweckt haben. Indem wir die Wege der skizzierenden Hand über das Papier nachverfolgen, tritt die Genese der männlichen Figur Schritt für Schritt hervor. Ausgangspunkt war vielleicht die Gruppe der Frauen, die im Zentrum der Seite platziert ist. Zu ihren Füßen ist eine erste Skizze des Mannes angelegt, dessen Kopf zuerst zu hoch angesetzt wurde und der so nunmehr über zwei angedeutete Häupter verfügt. Der zweite Versuch dürfte die stark verkleinerte Skizze links unten sein, in der das Verhältnis von Stoff und Körper so ungeklärt ist, dass die Figur nachgerade auf der Draperie zu reiten scheint. Der dritte findet sich in der oberen Ecke darüber: der Kopf nunmehr angehoben, die Haltung des Arms unentschieden sowohl nach hinten gestreckt wie auch abgewinkelt, Gewand und Beine nur angedeutet. Artikulierter erscheint die Figur schließlich in der rechten oberen Ecke ein viertes Mal. Beide Arme sind gebeugt, die rechte Hand hält den opulenten Stoff der Draperie, der sich durch ihren Zugriff bauscht. Die Haltung des linken Arms ist nunmehr geklärt, er ist im rechten Winkel mit offener Hand nach vorne gerichtet.

In ihrem Werden verweist die Figur auf die geplante Anordnung im Fresko, auch wenn wir keine Entwurfsstudie zur Verifizierung haben: Die sitzende Position der vierten Version wird durch einen Stein auf abfallendem Boden plausibilisiert, was dafür spricht, dass die Verortung des Mannes wohl in der Randzone vorgesehen war, von der aus der Untergrund in das Bildfeld ragen sollte. Darüber könnten, vielleicht auf einer Wolkenbank, die drei Frauen gedacht gewesen sein, wie die Gestaltung des männlichen Protagonisten, durch seinen in den Nacken gelegten Kopf, den nach oben gerichteten Blick und seine Positionierung unterhalb der Gruppe schon in der ersten Version nahelegt. Stellt man sich also die Frage, in welcher Formation die Figuren von der Fläche des Blattes auf das imaginierte Himmelsgewölbe der Decke gelangten oder gelangen sollten, müsste man die Zirkulation der Figur nur fortsetzen und sie im Gedanken in die rechte untere Ecke schieben, um das Motiv zu vervollständigen. Die mittig platzierte Frau hat ihrerseits den Blick erhoben und hätte so im Fresko eine weitere visuelle Verbindung hergestellt, auf dem Blatt aber adressiert sie nun den Jüngling, der seinerseits in seiner »falschen« Positionierung den Blick nicht zu den Personifikationen, sondern in die Leere jenseits des Blattrands richtet.

Der Zeichner entwickelt seine Skizzen mit dem Ziel der Übertragung auf das Deckenbild, doch wie er sie anlegt, schafft auch eine Ordnung auf dem Blatt, in der die Personifikationen das Zentrum bilden und die vier Stadien der Einzelfigur um sie herum jeweils in den Ecken platziert sind. Insofern mag die Verortung der einzelnen Zeichnungen unter inhaltlichen Gesichtspunkten »verrutscht« sein, auf formalästhetischer Ebene folgt sie einer inneren Logik. Das Bemühen um die Ausgewogenheit des Arrangements der Skizzen geht soweit, dass der untere Rand noch mit Studien zur Anlage des linken Arms und der geöffneten Hand gefüllt wurde, obwohl auch direkt darunter Platz gewesen wäre, die Armhaltung zu konkretisieren, da offenbar nur so in der Gesamtkomposition der Dominanz der ausformulierten Figur am oberen Rand etwas entgegengesetzt werden konnte. Das Skizzenblatt wird hier nicht nur als Hilfsmittel verstanden, sondern als zumindest so eigenständig angesehen, dass es wert war, es in eine an ästhetischen Kriterien orientierte Ordnung zu bringen. Auch wenn es wohl kaum als Werk gesehen wurde, schien es offenbar dennoch relevant, es in sich abzuschließen.

Der Prozess des Zeichnens und der Formfindung entwickelt sich im Uhrzeigersinn, womit er dem temporalen Ablauf folgt. Wir wissen nicht, ob das Fresko, das diese Skizzen vorbereiten sollten, je umgesetzt wurde, ob es im Zeichen einer allegorischen oder einer sakralen Zeit gestanden hätte. Die Zeichnung selbst aber gehorcht allererst der Zeit des Hand-Werks, die nicht primär bestimmt wird vom Voranschreiten der Zeiger, sondern durch die immanente Zeitlichkeit von Praktiken, Werkzeugen und Materialien. Wie lange braucht es jeweils, auf unterschiedlich beschaffenen Untergründen Striche zu setzen, wie lange, bis die Stärke der Linie nachlässt, weil die von der Spitze aufgenommene Tinte zu Neige geht, wie lange, bis das Papier die Flüssigkeit aufsaugt und sie nicht mehr durch Unachtsamkeit verwischt werden kann. Es dauert mitunter, bis der Grund für eine Zeichnung bereitet ist, aber es ist nur ein Moment der Ungeschicklichkeit, in dem ein Tintentropfen auf dem Blatt landet und die Linien verunklärt. Die Zeit des Hand-Werks ist geprägt durch die Zeitlichkeit der Tinte und der Feder, des Bildträgers und der Finger, der Sonnenstrahlen und des Kerzenlichts. Die Zeit des Hand-Werks ist unhintergehbar und immer ein Faktor bei der Anfertigung von Kunst.

Die Striche auf diesem Blatt sind nicht selten ungelenk, etwa bei der Hand des Jünglings, nervös, indem sie immer wieder ansetzen, um doch nicht die idealen Konturen zu finden, gelegentlich wirr, etwa bei den Kleidern der Personifikationen, und bilden bisweilen regelrechte Knäuel aus. Sie sind aber auch kraftvoll, etwa in den Schraffuren, manchmal entschieden und meist ungestüm. In jedem Fall ist hier jemand mit wenig Nähe zur akademischen Zeichenpraxis am Werk, mit Werner Busch gesprochen könnte man sagen: jemand fern der klassischen Auffassung zeichnerischer Formgenerierung, dafür mit offensichtlicher Neigung zu nicht-fixierenden Linien und einer Tendenz, prekäre Partien, etwa in Hinblick auf die Anatomie, mit Schraffuren und Linienknäueln zu überspielen. Jedenfalls setzt dieser Künstler nicht auf die disziplinierende Kraft der Konturen und darin unterscheidet er sich nicht nur von Daniel Gran, sondern auch von anderen skizzierenden und zeichnenden Freskenmalern wie etwa Paul Troger, Franz Anton Maulbertsch oder Martin Johann Schmidt.

In diesen Skizzen sind die Linien und Striche ihrer obligatorischen Aufgabe des Bezeichnens zumindest partiell enthoben. Sie verselbständigen sich, verdichten sich an einer Stelle oder laufen ins Leere an einer anderen, als würden sie sich ostentativ der Formfindung entziehen. Diese scheint sich schließlich mehr *en passant* zu ergeben als dass sie ein zielgerichteter Akt wäre. Im Kleinen bricht hier ein Konflikt zwischen Funktionen und Möglichkeiten der Zeichnung auf – und zeigt sich ein Einblick in das Ringen um Form, das hinter den formvollendeten Fresken an den Decken von Kirchen, Klöstern und Palästen des 18. Jahrhunderts verborgen bleibt.

Ausgewählte Literatur

Werner Busch: *Das unklassische Bild. Von Tizian bis Constable und Turner*, München 2009.

Eckhart Knab: *Daniel Gran*, Wien und München 1977.

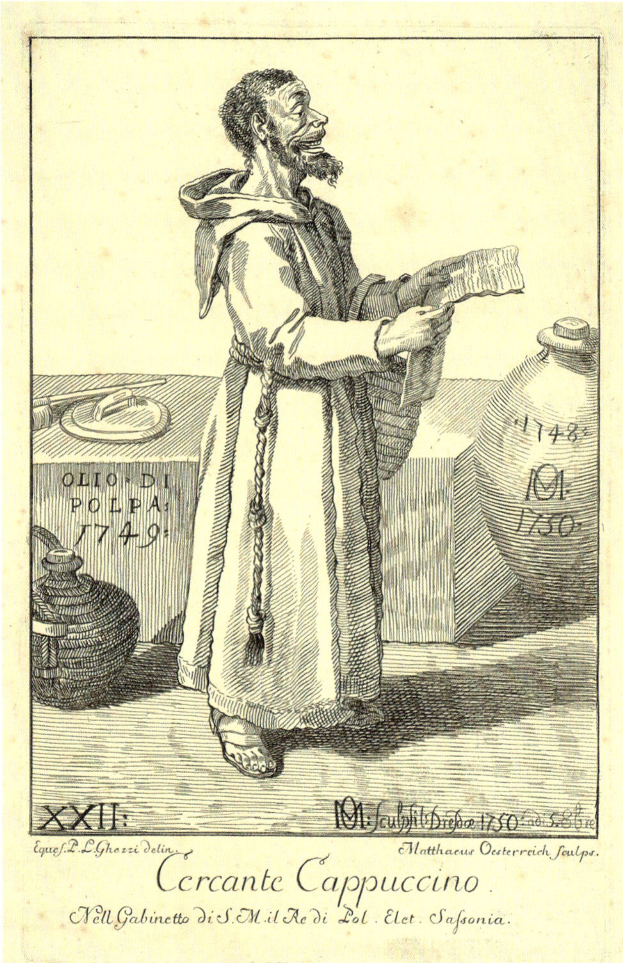

Matthias Oesterreich nach Pier Leone Ghezzi
Cercante Cappuccino, 1750

Radierung auf Papier, 30 × 21 cm

Mönch, Kardinal, Künstler, Arkadier. Porträtkarikaturen von Matthias Oesterreich, 1750

Ulrike Boskamp

Ein Bettelmönch vom Kapuzinerorden hält mit beiden Händen einen hochformatigen, beschrifteten Bogen, von dem er mit Inbrunst abliest oder -singt. Auffällig ist sein großer Kopf mit groben Gesichtszügen, auch der geöffnete Mund scheint übergroß, aus seinem ungepflegten Bart locken sich einzelne Haare heraus. Der Mann steht in einem angedeuteten Vorratsraum oder Laden, der durch Gegenstände und Materialien nur andeutungsweise deutlich charakterisiert wird: ein metallener Deckel und ein (Schöpf-?) Gerät auf einer mit »OLIO DI POLPA« (Olivenöl) bezeichneten Kiste, eine in Stroh eingeflochtene Flasche, eine Einkaufstasche, ebenfalls aus Stroh, ein großes Tongefäß, ein Seil, das dem Mönch als Gürtel dient. Auf Kiste und Gefäß geben drei Jahreszahlen, 1748, 1749, 1750, die Jahrgänge des Öls, wohl der Zeichnung, sowie der Grafik an. Das Bild ist seltsam enigmatisch, und der italienische Titel »Cercante Cappuccino« bietet keinerlei Anhaltspunkt für ein Verständnis.

Es handelt sich bei diesem Blatt um die Nummer XXII einer Serie von 24 grafisch reproduzierten Porträtkarikaturen mit einem vorangestellten Titelblatt, der *Raccolta dei XXIV Caricature*, die Matthias Oesterreich 1750 in Dresden veröffentlichte. Als Vorlagen dienten Zeichnungen von Pier Leone Ghezzi, im Hauptberuf Hofkünstler am päpstlichen Hof und nebenbei ein gefragter Porträtkarikaturist für Grandtouristen in Rom. Zur Entstehung der *Raccolta* ist Folgendes bekannt: Matthias Oesterreich, der 1749 von einem fünfjährigen Italienaufenthalt zurückgekehrt war, hatte Ghezzi in Rom kennengelernt, der auch von ihm eine Porträtkarikatur anfertigte. Auf diesem 1749 gezeichneten Blatt vermerkte Ghezzi, er habe eine Serie von Federzeichnungen für den römischen Kardinal Giovanni Francesco Albani angefertigt, daraufhin habe der sächsische Kurfürst und polnische König August III. diesen um die betreffenden Zeichnungen gebeten und zugleich Oesterreich mit ihrer grafischen Reproduktion beauftragt, die dieser erstaunlich gut ausgeführt habe. Ob August III. die Originalzeichnungen ankaufte, oder ob Ghezzi Kopien für den Dresdner Hof anfertigte, ist unklar, zumal Ghezzi seine eigenen Arbeiten recht häufig kopierte. Die der *Raccolta* zugrundeliegenden Zeichnungen befinden sich heute in einem Klebeband im Dresdner Kupferstichkabinett. Gudula Metze hat festgestellt, dass eine Datierung um 1749 für die Mehrzahl der Blätter plausibel scheint, denn ein Großteil der Dargestellten kann dem direkten Umfeld des Kardinals Albani in dieser Zeit zugeordnet werden. Vier Blätter bilden Ausnahmen: zwei ältere Zeichnungen Ghezzis von 1722, die sich bereits in der Dresdner Sammlung befanden (Nr. IX und Nr. XVII), sowie zwei weitere, die Personen aus dem Umfeld des Dresdner Hofs darstellen (Nr. XIX und Nr. XXIII). Eine weitere Ausnahme bildet unser Bettelmönch, der bisher nicht näher identifiziert werden konnte. Die Wahrscheinlichkeit ist allerdings hoch, dass er ebenfalls in engem Bezug zum Hof oder Haushalt Albanis stand.

Beim Vergleich von Druck und zeichnerischer Vorlage zeigt sich, dass Oesterreich präzise war – dennoch gibt es Abweichungen. Ghezzis Darstellung ist links ein wenig beschnitten, seine stets parallelen Schraffuren an einigen Stellen zu Kreuzschraffuren verstärkt, und an mehreren Stellen wurde Schriftliches hinzugefügt: die dritte Datierung, 1750, mit Oesterreichts verschlungenen Initialien »MO« auf dem Tongefäß, sowie eine weitere Signatur am unteren Rand rechts, wo es heißt, »MO: sculpsit Dresdae 1750: adi 5. 8bre« (von MO radiert in Dresden am 5. Oktober 1750), sowie links unten die Nummerierung in großen römischen Ziffern. Besonders die letzteren erscheinen ohne jede Sorgfalt unordentlich hingekritzelt. Unterhalb des Bildrandes ist die gewohnte Ordnung einer Reproduktionsgrafik eingehalten. Hier sind Zeichner, Radierer sowie die Sammlung in wohlgesetzten Lettern angegeben, ebenso wie der Titel. Auch dieser ist allerdings gegenüber der Vorlage verändert, denn auf den zugrunde liegenden Ghezzi-Zeichnungen sind die Namen der Porträtierten vermerkt, für dieses Blatt: »Frà Atanasio dalla Fara Cercante Cappuccino«.

Matthias Oesterreich hat seiner Serie ein kurioses Titelblatt hinzugefügt, das ebenfalls in der Sammlung von Werner Busch vorhanden ist. Darauf hat er sein eigenes Karikaturporträt – nach der bereits erwähnten Zeichnung Ghezzis –, fröhlich triumphierend oben auf die Titelkartusche gesetzt. Asymmetrisch umspielt von Ranken und Lorbeerzweigen erinnert diese an das Emblem der römischen *Accademia dell' Arcadia*, und dies ist wohl kein Zufall: In der Anordnung der Karikaturen macht der *Custode Generale d'Arcadia* den Auftakt, der Dichter und Mönch Michele Giuseppe Morei, der von 1743 bis 1766 als Oberhirte dieser literarischen Vereinigung fungierte. Deren Mitglieder hielten Versammlungen in einem eigens dafür angelegten Garten in Rom ab, bezeichneten sich als Hirten und Hirtinnen (»Pastori«), und erhielten neue, erfundene Namen. Es war eine illustre Gesellschaft, der sowohl die (männlichen) Angehörigen der Familie Albani angehörten, mit der der sächsische Hof enge Verbindungen pflegte, als auch das sächsische Kurprinzenpaar Christian Friedrich und Maria Antonia. Von den fünfundzwanzig Porträtkarikaturen der *Raccolta* – inklusive Titelblatt – zeigen allein 17 Mitglieder der *Accademia*. Zu ihnen gehört auch Matthias Oesterreich, der während seines Italienaufenthalts 1744–1749 in die *Accademia* aufgenommen worden war, dabei den Namen »Telefano Igemonio« erhalten hatte und sich hier selbstbewusst einordnet. Diejenigen Dargestellten, die keine Mitglieder der *Accademia* waren, gehörten entweder dem Haushalt des Kardinals oder dem Umkreis Augusts III. an.

Der einzige Unbekannte bleibt unser Bettelmönch Atanasio dalla Fara. So bedauerlich dies ist, es ist bei diesem Blatt fast erwartbar, und genau das macht es interessant. Dabei geht es um die Gattung der Porträtkarikatur und ihre sich wandelnde Bedeutung.

Werner Busch hat mit einiger Überraschung festgestellt, dass Porträtkarikaturen seit dem 17. Jahrhundert primär am päpstlichen Hof angefertigt wurden und dort dem privaten Amusement eines beschränkten Personenkreises dienten. Gezeichnet wurden sie zumeist von den offiziellen Hofkünstlern. Für die Zeichnungen, die der *Raccolta* zugrundeliegen, ist durch Ghezzi selbst genau so ein Kontext überliefert. Eine grafische Vervielfältigung solcher Bilder widerspricht also im Grunde ihrem privaten Charakter. Aber ab 1730 wurden Porträtkarikaturen (nach Ghezzi) reproduziert, zuerst von Arthur Pond in London, dann von Matthias Oesterreich, zunächst in Rom, dann mit der *Raccolta* auch in Dresden. Bereits mit ihrem Export nach Sachsen hatte die originale Serie Ghezzis zumindest teilweise ihre Bedeutung verloren, denn zum Goutieren von Porträtkarikaturen gehörte das Erkennen der Ähnlichkeit einer Zeichnung mit der dargestellten Person und damit das Verständnis der karikaturesken Übertreibung. Aufgrund der traditionell engen Beziehungen zur Familie Albani konnten am sächsischen Hof sicherlich zumindest einige der karikierten Personen wiedererkannt werden. Aber eine solche, wiederum intime, Rezeption der *Raccolta* scheint nicht, oder nicht ausschließlich, beabsichtigt gewesen zu sein, trotz ihrer Herstellung auf Befehl von August III. Denn diese Serie wurde, wie die Titelkartusche verrät, auch kommerziell vertrieben und beliebigen Kunstinteressierten beim »Hofbuchhändler Georg Conrad Walther in Dresden« zum Kauf angeboten. Gudula Metze hat vorgeschlagen, dass Oesterreich auf das dadurch entstehende Problem einer Rezeption ohne Kenntnis der Porträtierten reagierte, indem er die Namen der Dargestellten ganz wegließ oder nur die auf den Ghezzi-Zeichnungen überlieferten generischen Berufsbezeichnungen als Titel einsetzte, wie beim *Cercante Cappuccino*. Durch die so von den Personen abstrahierte Fassung hätte er sowohl Rücksicht auf die Dargestellten und Auftraggeber der ursprünglichen Zeichnungen gezeigt als auch eine bessere Verkäuflichkeit der Grafiken ermöglicht. Dies bedeutete allerdings zugleich eine komplette Umwertung und Umnutzung der Porträtkarikatur, denn eine solche Rezeption widersprach der ursprünglichen Intention und Funktion dieser Gattung. Der Spaß am Wiedererkennen der Porträtierten verlor seinen Sinn gegenüber dem Goutieren einer Kunstform, eines Künstlers und seines Stils. Für diesen Übergang von einem privaten zu einem kennerschaftlichen Umgang mit der Porträtkarikatur bildet das Karikaturporträt Atanasio dalla Faras mit seiner verlorenen Bedeutung ein geradezu perfektes Beispiel, zumal es mit dem angedeuteten Bildraum und der Tätigkeit des Porträtierten eine derjenigen Mischformen repräsentiert, in denen sich um die Jahrhundertmitte Porträtkarikatur und szenische Bildsatire annäherten. Werner Busch hat die Entstehung der neuzeitlichen Karikatur auf eine Fusion dieser Gattungen zurückgeführt, und der *Cercante Cappuccino* aus seiner Sammlung bildet hierfür ein Argument und einen Beleg.

Ausgewählte Literatur

Werner Busch: *Die graphische Gattung Capriccio. Der letztlich vergebliche Versuch, die Phantasie zu kontrollieren*, in: Ekkehard Mai und Joachim Rees (Hrsg.): *Das Capriccio als Kunstprinzip*, Ausstellungskatalog, Köln (Wallraf-Richartz-Museum) u.a., Mailand 1996, S. 55–82.

Werner Busch: *Die klassizistische Karikatur als Voraussetzung für Gottfried Schadows Zeichnungen*, in: Cord-Friedrich Berghahn und Conrad Wiedemann (Hrsg.): *Berlin 1800. Deutsche Großstadtkultur in der klassischen Epoche*, Hannover 2019, S. 175–196.

Gudula Metze: *(Fast) römische Druckgraphik aus Dresden. Die radierten Karikaturen nach Pier Leone Ghezzi und ihre Vorlagen*, in: dies. und Iris Yvonne Wagner (Hrsg.): *Begegnungen mit Rom*, Ausstellungskatalog, Dresden (Kupferstich-Kabinett, Staaatliche Kunstsammlungen), Dresden 2016, S. 54–69.

Nina Schepkowski: *»Der Küster im Tempel des Friedens«. Matthias Oesterreich und die Dresdner Kunstsammlungen*, in: Thomas Ketelsen und Martin Schuster (Hrsg.): *Carl Heinrich von Heineken in Dresden und auf Schloß Altdöbern*, Dresden 2018, S. 122–139.

Zynischer Witz als tödliche Kritik. Zu William Hogarths *Time Smoking a Picture*

Gertrud Koch

»The Greek quotation that runs along the upper frame of the painting, taken (somewhat mangled) from the Florilegium of Johannes Stobaeus, reads: ›For time is not such a great craftsman, but he weakens all he touches‹.«
(Lippincott 1999, S. 179)

»Ein Zitat des antiken Komödiendichters Krates (5. Jh. v. Chr.) auf dem Bilderrahmen erläutert: ›Chronos ist nicht gerade ein weiser Künstler, der alles (was er berührt) schwächer macht‹.«
(Staatsgalerie Stuttgart)

In *Time Smoking a Picture* nimmt Hogarth satirischen Bezug auf die zeitgenössische Mode in der englischen Malerei, durch den robusten Auftrag von Firnis und das Einräuchern der Leinwand, das frisch gemalte Bild mit künstlichen Spuren des Alterns zu nobilitieren, und es damit in einer Art von Mimikry seinen Vor-Bildern, den Alten Meistern, anzupassen. Vater Chronos hingegen wird als Zerstörer dieser noblen Zauberei vom edlen Alten auf vielen Ebenen ins Bild gesetzt. Die Bedeutung dieser satirischen Darstellung ist leicht zu entschlüsseln und kunsthistorisch abgesichert als Hogarths Stellungnahme zur Mode der Malerei seiner Zeit und seiner kritischen Selbstpositionierung zu dieser. Das Urteil über die Malerei wird im Zeitstrahl des Chronos verdichtet: das Neue, als das falsche Alte, kann nicht überleben und stirbt früh ab, das falsche Alte kann nicht altern und somit auch nicht leben. Der malereikritische Diskurs, der in der Allegorie von Chronos eingetragen wird, hat aber noch einen weiteren Rahmen im buchstäblichen Sinne. Denn auf dem Rahmen des dargestellten Bildes, das Chronos mit seiner Sense durchbohrt, findet sich dem griechischen Zitat in lateinischer Schrift der (latinisierte) Name des Autors vorangestellt: »Crates«. Außerdem ist »See Spectator, Vol: II: Page 83« angegeben. Man kann diese Inschriften als doppelte Rahmung verstehen, als diejenige unter der Hogarth selbst sein Bild als Ganzes entworfen hat. Während der Hinweis auf den seinerzeit bejubelten *Spectator*, der täglich erschien, mindestens zwei Aspektierungen erlaubt, wird es mit dem Krates-Zitat deutlich komplexer. Dem Artikel im *Spectator* ist ein lateinisches Zitat aus Vergils *Aeneis* als Motto vorangestellt: »... Animum pictura

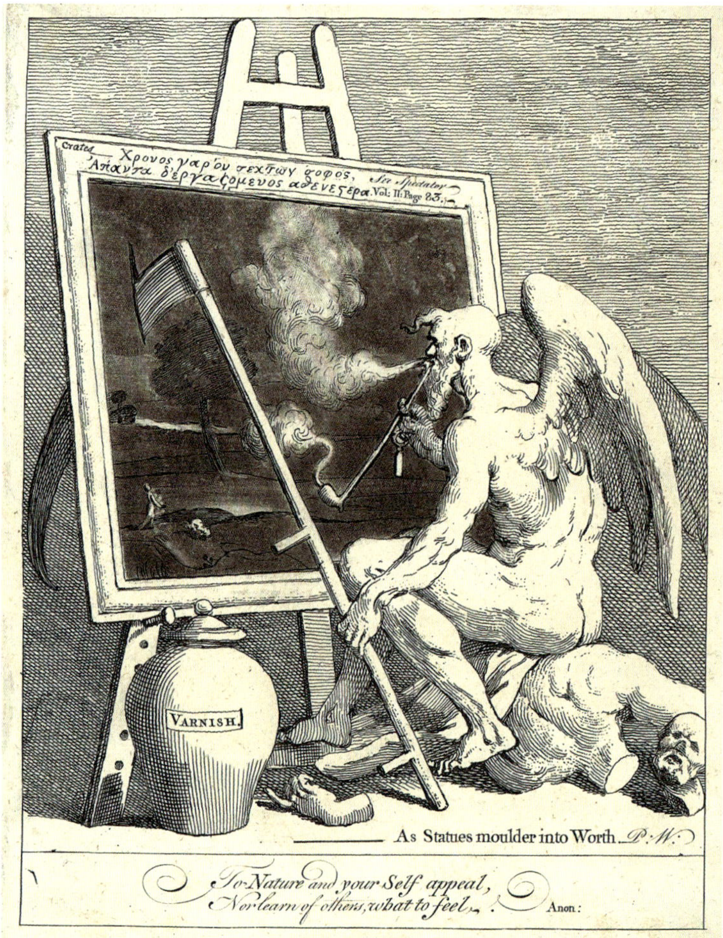

William Hogarth
Time Smoking a Picture, 1761

Kupferstich, Radierung und Mezzotinto auf Papier, 24 × 18,5 cm

pascit inani«. Eine Aussage, die – folgt man der altphilologischen Literatur – in sich doppeldeutig ist. Im Kontext, in den Vergil sie stellt, charakterisiert sie sowohl Bilder als körper- und substanzlos, verweist aber zugleich auf die Zuschauerposition, von der aus Bilder in ihrer Flüchtigkeit (ent-)täuschen, leere Versprechen sind. Dem Motto folgt die Beschreibung eines Traumes von einem Galeriebesuch, in dem die Alten Meister die dargestellten Figuren lebendig werden ließen, während die neuen Maler als Allegorien schlechter Eigenschaften im Gewande unterschiedlicher Nationalitäten vorgestellt werden (der gewandte Franzose, der leidenschaftliche Italiener und der tumbe Deutsche dürfen da nicht fehlen – alle werden auch über ihre Kostüme vorgestellt). Chronos bildet die Schlussfigur, die ins Aufwachen aus dem Traum führt. Signifiziert wird Chronos »by the long Lock of Hair upon his Forehead« – und dieses ikonische Zeichen übernimmt Hogarth als Bildzitat aus dem Traum des *Spectator* in Gestalt einer mächtigen Tolle, die in die Stirn von Chronos fällt.

Nun lassen sich die Verweise auf Literatur und Bildende Kunst, von der Antikenrezeption bis zu den Zeitgenossen Hogarths, in endlosen Operationen reiterieren, ganz im Sinne von Werner Buschs Konklusion seiner Arbeiten zu Hogarth, dass dieser ein Vorbote moderner Malerei sei, gerade weil er die Unendlichkeit von Sinn- und Zeichenbezügen aufmacht, von Imitation und Zitation statt Abbildung und Referenz – Satire und Karikatur sind hier nur die formative Schwelle, die in das Neuland einer nicht mehr einsinnigen Kunst führt. Allerdings zu einem Preis, folgert Busch in einem Aufsatz von 1996: »Was blieb ihm schließlich, als er Mythos und Religion als Kunstthemen abgeschafft hatte und auch die zeitgenössischen Moralthemen seiner Meinung nach die Gesellschaft nicht wirklich zu bessern vermochten? Im Alter offenbar nur tiefer Pessimismus, der nicht selten in Depression umschlug« (Busch 1996, S. 35).

Das Zitat von Krates über die Zeit (*chronos*), die an den Kunstwerken nagt und sie in Bedeutungslosigkeit auflöst, verführt über den Wortsinn hinaus, den Hogarth in seiner Karikatur der zeitgenössischen Mode kunstvoller Alterung der Leinwand als kunstkritisches Urteil ausführt, aber auch zu einer weiteren Volte. Zur Frage, welche Rolle der Zynismus als antike Philosophie und in seinen popularisierten Maximen im 18. Jahrhundert hier einnehmen könnte und ob er eine spezifisch britische Variante von Humor begünstigt hat. Kurz: Gibt es Affinitäten zu den Zynikern, die Krates zu Hogarths Signatur machen? Vor allem sein berühmterer Vertreter Diogenes war im 18. und 19. Jahrhundert eine zentrale Figur, die ähnliche Paradoxien in der Darstellung aufwies, wie sie für Hogarths *moral subjects* typisch waren: In der Karikatur der Figur in der Tonne wurde zugleich eine moralische Haltung der Überlegenheit des vor ihm stehenden Machthabers karikiert. Der Witz fällt zurück an Diogenes. Die zynische Schule zeichnete sich durch eine konsequent individualisierte Ethik aus. Maxime ist die Selbstsorge, die Sorge um Andere lenkt ab von der Pflicht zur Selbstsorge und muss gemieden werden. Im 18. Jahrhundert erlebt der Zynismus eine Blütezeit und erfreut sich in der Ästhetik als Operation der Komik und des Witzes einer besonderen Wertschätzung. Gerade die Doppelform der radikalen Kritik von Moral, Institutionen, Werten, die als bloße Instrumente der Macht und Eigenermächtigung umfunktioniert werden, gibt Karikatur und Satire als Domänen des Komischen und des Witzes eine besondere Bedeutung. Begriffliche Positionen tauchen als Kostümierung auf, sind aber keinesfalls als Allegorie einsinnig festgelegt. So scheint es nicht immer klar zu sein, ob die moralischen Begriffe selbst oder ihre Umhängung als Kostüm in die Kritik geraten. Handelt es sich also um eine moralische Kritik oder eine Kritik der Moral? Werner Busch hat in seiner weiter oben zitierten These eine Art Radikalisierung bei Hogarth beschrieben, die in der Radikalisierung der Kritik doppelt trifft und damit vielleicht näher am Zynismus landet, dem die Welt ja im zynischen Denken zum schlechten Witz wird, der Ernst geworden ist und sich dem Handeln entzieht. Die Flucht in die Tonne wird dann zur Tragödie des zu Ende gedachten liberalen Individualismus, Chronos wieder zur Figur der Melancholie. Die Satire als Form der Gesellschaftskritik kann kein Handeln mehr erblicken, sie ist der Galgenhumor der Gesellschaft und ihrer *moral subjects*. In einer faszinierenden Analyse des britischen *cynicism* in der Postmoderne hat Timothy Bewes diesen Zirkel von der radikalen Kritik ins *void* der Handlungslosigkeit beschrieben. Einige Dekaden nach Werner Buschs Definition von Hogarth als modern taucht er möglicherweise als unglücklicher Postmoderner wieder auf. Ein britischer Kritiker hat im Rahmen einer zeitgenössischen Lektüre die Formel geprägt vom *cynicism* als »anti-reactionary without being progessive«. Eine Definition, die auf das verstellte Ende am Ausgang des radikalen liberalen Individualismus auch heute noch zu treffen scheint.

Ausgewählte Literatur

Timothy Bewes: *Cynicism and Postmodernity*, London 1997.

Werner Busch: *Nachahmung als bürgerliches Kunstprinzip. Ikonographische Zitate bei Hogarth und in seiner Nachfolge*, Hildesheim 1977.

Werner Busch: *Lektüreprobleme bei Hogarth. Zur Mehrdeutigkeit realistischer Kunst*, in: Joachim Möller (Hrsg.): *Hogarth in context: ten essays and a bibliography*, Marburg 1996, S. 17–35.

Kristen Lippincott (Hrsg.): *The Story of Time,* London 1999.

David Mazella: *Diogenes the Cynic in the Dialogues of the Dead of Thomas Brown, Lord Lyttelton, and William Blake*, in: *Texas Studies in Literature and Language*, 48 (2006), S. 102–22.

Sharon Stanley: *Retreat from Politics: The Cynic in Modern Times*, in: *Polity* 39 (2007), S. 384–407.

Staatsgalerie Stuttgart, Online-Katalog, Verf.: P.-C. Stoica: https://www.staatsgalerie.de/de/sammlung-digital/time-smoking-a-picture [abgerufen am 20.05.2024]

So nah und genau wie möglich. Cochin zeichnet das Bildnis eines *Gentilhomme*

Thomas W. Gaehtgens

Wenn wir auch eine leichte Unsicherheit über die Identität des Dargestellten behalten, über den Zeichner dieses Bildnisses, Charles-Nicolas Cochin fils, haben wir volle Gewissheit. Das Werk führt uns in die Epoche der französischen Aufklärung und an einen kleinen Ort nord-östlich von Paris, Gandelù, in dem intensiv über künstlerische Fragen diskutiert wurde. Als Cochin sein Modell mit seinem Rötelstift festhielt, vollzog sich ein entscheidender Wandel in den ästhetischen und kunstpolitischen Vorstellungen in Frankreich, die für den Porträtisten das Ende seines einflussreichen Wirkens einleiteten.

Der stehend als Halbfigur dargestellte ältere Herr blickt den Betrachter direkt an. Die Figur, in diagonaler Ansicht festgehalten, füllt den Bildraum fast ganz aus. Der Zeichner ist ihm nahegerückt, um die Details von Kopf und Kostüm genau wiedergeben zu können. Den Hintergrund bildet eine neutrale, gleichwohl leicht vibrierende Folie aus kurzen Strichen und Punkten. Licht fällt von links vorn auf Gesicht und Oberkörper.

Die besondere Aufmerksamkeit des Betrachters richtet sich bei Porträts meist auf das Gesicht. In diesem Fall hat der Zeichner sich aber um Genauigkeit in der Wiedergabe aller Details bemüht. Mit kleinen, zarten Strichen vergegenwärtigte er den Kopf des Dargestellten in seiner vollen Plastizität. Ihm gelang es, die hohe Stirn, die aufmerksam den Betrachter fixierenden Augen, die kräftige Nase, den kleinen Mund mit fleischigen Lippen, die unter dem Kinn herabhängenden Hautfalten des älteren Mannes sowie die minutiös in ihren bewegten Locken nachgezeichneten Haare der Perücke auf genaueste Weise abzubilden. Mit kühler, sachlicher, fast fotografischer Präzision ist die Physiognomie festgehalten, ohne jeglichen gefühlsmäßigen Ausdruck seines Vorbilds. Der Mann betrachtet uns, nicht starr, sondern ruhig und distanziert, aber ohne emotionale Anteilnahme. Man kann sich kaum vorstellen, dass Zeichner und Gezeichneter während der Sitzung miteinander gesprochen haben.

Dieselbe Aufmerksamkeit, die der Zeichner dem Gesicht widmete, gilt auch dem Rock. Er trägt ein schlichtes Gewand mit schmalem, hochstehendem Kragen. Die beiden oberen Knöpfe sind geschlossen. Der Porträtierte schiebt seine rechte Hand, um sie zu wärmen, in die geöffnete Jacke. Knöpfe, Knopflöcher und Falten des Stoffes bilden ein bewegtes Licht- und Schattenspiel. Attribute, die ihn identifizieren könnten, sind dem Mann nicht beigegeben. Er präsentiert sich dem Betrachter jedoch durch seine distinguierte, aufrechte und würdige Haltung als *Gentilhomme* oder als Mitglied der adeligen Gesellschaft.

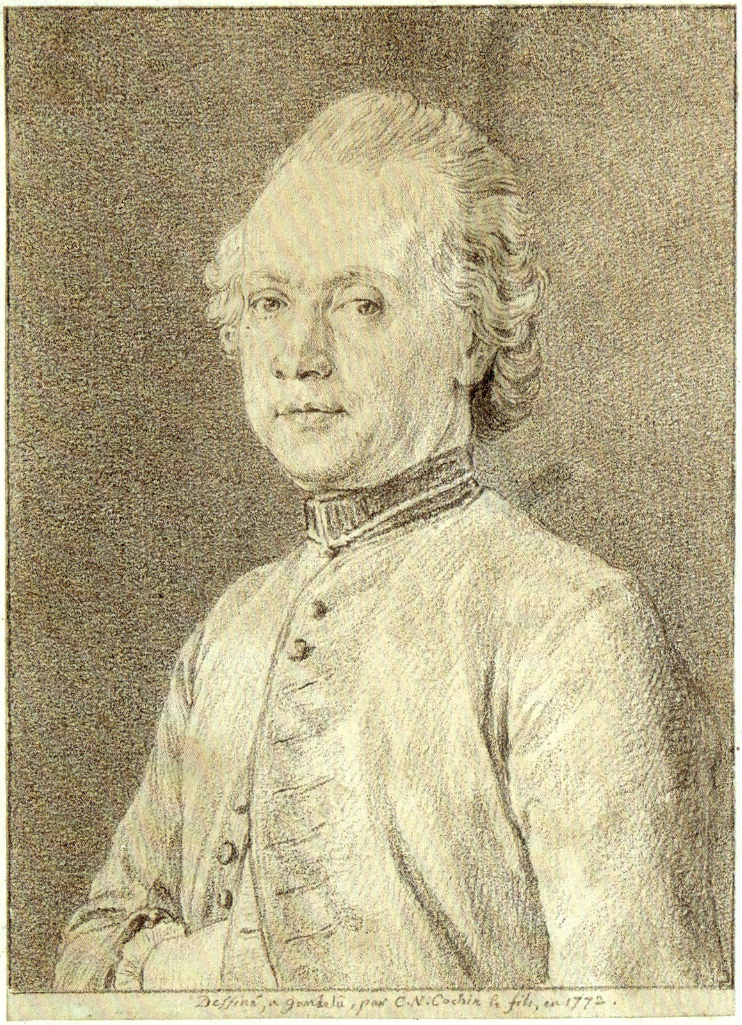

Charles-Nicolas Chochin fils
Bildnis des François Pommyer (?), 1772

Rötel auf Papier, 13,2 × 9,7 cm

Das Blatt ist keine Studie oder Vorzeichnung, etwa für ein Gemälde. Es ist vollständig durch den Rötelstift ausgefüllt und bildet ein in sich geschlossenes Kunstwerk. Die Schrift am unteren Rand des Blattes in einer freigelassenen Leiste außerhalb des Bildfeldes hält mit dem für das Porträt benutzten Rötelstift den Autor, den Ort und das Datum der Entstehung fest. Signaturen werden gewöhnlich innerhalb des Bildes angebracht. Hier erscheint die Angabe eher als eine Erläuterung, wie der Titel einer Illustration: *Dessiné, a Gandelù, par C. N. Cochin le fils, en 1772.*

Wer war Cochin? Charles-Nicolas Cochin fils war einer der renommiertesten Zeichner, Kupferstecher und Radierer des französischen 18. Jahrhunderts. Er spielte jedoch über seine künstlerische Tätigkeit hinaus auch eine wegweisende kunsttheoretische und kunstpolitische Rolle. Nach der Ausbildung bei seinem Vater und anderen Spezialisten der grafischen Künste fand er sehr bald Anerkennung und wurde bereits 1741 assoziiertes, 1751 ordentliches Mitglied der *Académie Royale de Peinture et de Sculpture*. Nach einer Reihe von Illustrationen historischer Bücher, die ihn auch in Verbindung zum königlichen Hof brachten, verbreitete er die Zeremonien und Feste unter Ludwig XV. in großformatigen, technisch brillanten Kupferstichen.

Gemeinsam mit dem Architekten Jacques-Germain Soufflot und dem Abbé Jean-Bernard Le Blanc wurde er ausgewählt, den Marquis de Marigny, Bruder der Madame de Pompadour und zukünftigen *Directeur des bâtiments du Roi*, 1749/51 auf seiner Grand Tour nach Italien zu begleiten. Sein 1758 erschienener Reisebericht sollte das Kultbuch für Reisende nach Italien in der zweiten Hälfte des 18. Jahrhunderts werden. Nach seiner Rückkehr wirkte Cochin als Berater von Marigny auf den wichtigsten Positionen, zunächst als Konservator der königlichen Zeichnungssammlungen, dann vor allem höchst einflussreich als Generalsekretär der Akademie. In dieser Funktion leitete er Marigny in allen personellen und kunstpolitischen Fragen. Cochin inspirierte den Kulturminister Ludwigs XV. zu einer ästhetischen Neuorientierung der Architektur und bildenden Künste im Sinne der Vorbilder, die die Antike sowie die italienische Kunst der Renaissance und des 17. Jahrhunderts boten. Die verspielten Werke der Régence und des Rokoko sollten zugunsten des »grand goût«, wie er bereits die Epoche Ludwigs XIV. bestimmt hatte, und vor allem durch die Unterstützung der Historienmalerei überwunden werden. Cochin blieb, neben dieser einflussreichen Tätigkeit, weiterhin als Zeichner, Stecher und Illustrator tätig. Eine große Anzahl von Porträts, meist als Medaillons im Profil, sind überliefert. Befreundet mit den sogenannten »philosophes«, vor allem mit Denis Diderot und Jean-François Marmontel, entwarf und stach er das Titelblatt (1764/72) für die *Encyclopédie* von Denis Diderot und Jean-Baptiste d'Alembert.

Cochin unterhielt, diplomatisch geschickt, enge Beziehungen zu den Künstlern, mit deren eifersüchtigen Ansprüchen, insbesondere bei der Vergabe von Stipendien, Wohnungen und der Aufnahme ihrer Werke in den regelmäßig stattfindenden Salons, er umzugehen hatte. Er war sich aber auch der politischen Dimension seiner Aufgaben bewusst und befreundete sich mit dem Conseiller-Clerc des Parlaments, dem Abbé

François-Emmanuel Pommyer, den er zum *Associé libre* der *Académie* ernennen ließ, um sich bei juristischen Fragen abzusichern. Im Januar 1771 entstand in Paris eine konstitutionelle Krise, als sich das Parlament dem königlichen Willen zugunsten des Duc d'Aiguillon widersetzte und der Kanzler René-Nicolas Maupeou das Parlament auflöste. Pommyer zog sich ins Exil auf sein Landgut in Gandelù zurück, wo er, vor allem in den Sommermonaten, seine Freunde, unter ihnen viele Künstler, empfing. 1771 hielt Cochin, der Gandelù häufig besuchte, Pommyer auf einer Zeichnung in ganzer Figur auf einem Stuhl sitzend fest.

In den 1770er-Jahren vollzog sich ein Umbruch in der Akademie. Der Marquis de Marigny gab sein Amt auf und nach einem kurzen Übergang übernahm 1774 der Conte d'Angivillier die Position des *Directeur des Bâtiments*. Er leitete mit dem *Premier Peintre du Roi et Directeur de l'Académie,* Jean-Baptiste Pierre, weitgehende Reformen und eine neue staatspolitische Orientierung im Sinne moralischer Aufgaben, vor allem der Historienmalerei, ein. Cochin verlor seinen Einfluss, blieb aber künstlerisch weiterhin tätig. Er vertrat durch eine Reihe von Schriften seine ästhetische Überzeugung. Die Künstler sollten weniger einem Ideal, etwa der Antike oder der Renaissance, oder der Genauigkeit historischer Details als vielmehr dem Naturvorbild folgen, wie er es in der hier besprochenen Rötelzeichnung und vielen anderen auf virtuose Weise verwirklichte.

Bleibt die Frage nach dem Dargestellten, die leider nicht mit aller Sicherheit zu beantworten ist. Neil Jeffares' Forschungen zur Provenienz von Cochins Porträts der Familie ergaben, dass es sich möglicherweise um François Pommyer, den ältesten Bruder von François-Emmanuel, handeln könnte. Das Blatt gehörte zu einer Serie von Zeichnungen nach Familienmitgliedern, die in Gandelù entstanden. Unter ihnen befand sich auch eine Zeichnung mit dem Bildnis von François-Emmanuel, die Cochin ebenfalls 1772 signierte. Um 1900 noch in der Sammlung von Mme Theurier-Pommyer gelangten die Blätter dann in den Kunsthandel. Erworben durch den Direktor der Kunsthalle Bremen, Günter Busch, befindet sich die Zeichnung heute in der Sammlung seines Sohnes, Werner Busch.

Ausgewählte Literatur

Neil Jeffares: *La Tour, L'abbé Pommyer*, in: *pastellists.com* http://www.pastellists.com/Essays/LaTour_Pommyer.pdf#search=%22la%20tour%20pommyer%22 [abgerufen am 29.04.2024]

Christian Michel: *Charles-Nicolas Cochin et l'Art des Lumières*, Rom 1993.

Roger Portalis: *Les Dessinateurs d'Illustrations au dix-huitième Siècle*, Bd. 1, Paris 1877.

Roger Portalis und Henri Béraldi: *Les graveurs du 18e siècle*, Bd. 1, Paris 1880.

Wolf Stubbe (Bearb.): *Zeichnungen Alter Meister aus deutschem Privatbesitz*, Ausstellungkatalog, Bremen (Kunsthalle Bremen) u.a., Hamburg 1966.

Ludwig Tavernier: *Das Problem der Naturnachahmung in den kunsttheoretischen Schriften Charles Nicolas Cochins d. J.*, Hildesheim u.a. 1983.

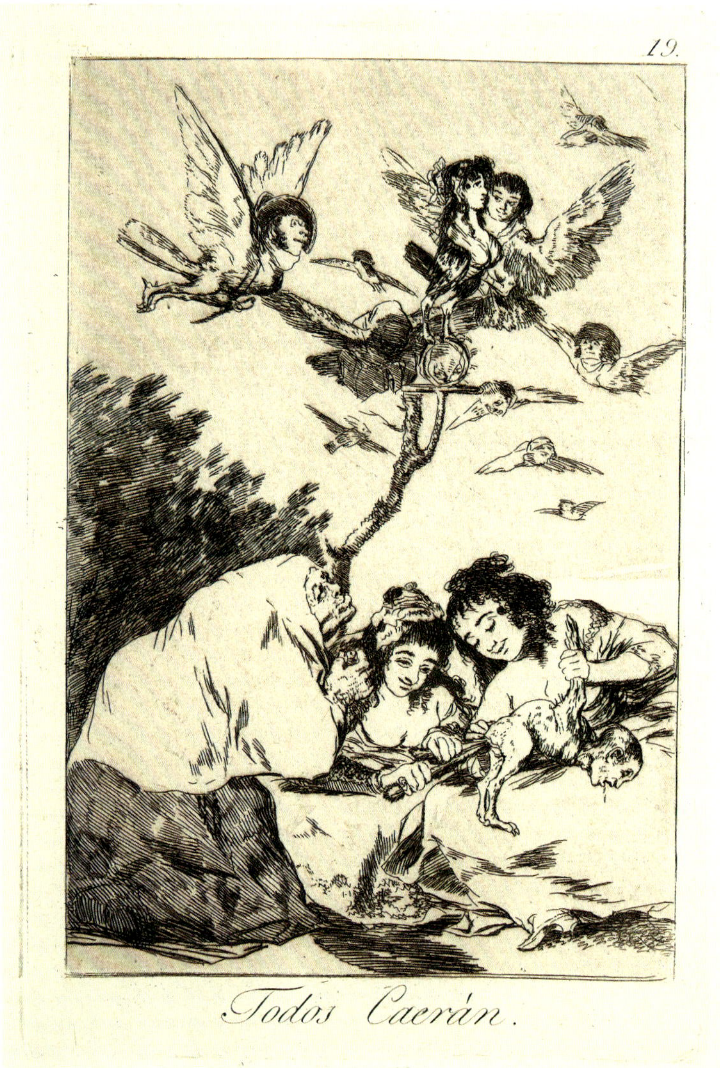

Francisco Goya
Alle werden fallen (Capricho 19), 1799

Radierung und Aquatinta auf Papier, 21 × 14,5 cm

Spezifisch universell – universell spezifisch

Sven Beckstette

Todos caerán – Alle werden fallen ist das neunzehnte Blatt einer Serie von *launigen Themen* (*asuntos caprichos*) von Francisco Goya, die der spanische Künstler 1799 herausgebracht hat. In den achtzig Radierungen des als *Caprichos* bekannt gewordenen Werkes behandelt Goya menschliche Laster und Irrtümer und zeigt satirisch Vorurteile und Betrügereien auf, ohne dabei spezifische Beispiele aufzugreifen. Vielmehr geht es Goya um allgemeine Vorkommnisse seiner Gegenwart, die – wie er betonte – jedoch allesamt seiner Eingebung entspringen. Goya, zum Zeitpunkt der Veröffentlichung erster Hofmaler des spanischen Königs, produzierte die Serie im Selbstauftrag und verkaufte sie in einem Laden neben seinem Haus. Er kündigte ihr Erscheinen in zwei Zeitungsanzeigen an, in deren Text der Künstler seine intellektuellen und handwerklichen Fähigkeiten hervorhob, die in den Radierungen und ihren Motiven zum Ausdruck kommen. Zugleich wandte er sich an eine zahlungskräftige Kundschaft aus dem entstehenden, aufgeklärten Bürgertum, dem sich Goya selbst zugehörig fühlte.

Ausgeführt sind die Blätter der *Caprichos* in der damals neuartigen Technik der Aquatinta. Die Serie lässt sich in drei Gruppen einteilen: Nach einem Selbstporträt des Künstlers kommen fünfunddreißig Radierungen, in denen menschliche Verfehlungen im Vordergrund stehen. Darauf folgen sechs Blätter mit Eselsallegorien, in denen vor allem der Stand des Adels angegriffen wird. Mit *Capricho 43* beginnt schließlich ein neuer Abschnitt, dessen Motive der Traum- und Fantasiewelt entstammen.

Unter jedem Motiv steht eine kurze Beschriftung. Hierdurch wird eine Text-Bild-Beziehung aufgebaut, die jedoch nicht zum tieferen Verständnis der Motive beiträgt, im Gegenteil: Durch die Textebene verkompliziert sich die Lesart der Bildebene, wodurch sich ein Paradox ergibt. Zwar betonte Goya, dass es sich um universelle Themen handele; durch die Legenden eröffnet sich jedoch ein Feld an Assoziationen, die die Blätter noch vieldeutiger werden lassen als der ohnehin schon irritierende Einsatz von Linien und Formen, Perspektiven und Gebärden. Diese Ambiguität, eine Folge der gesellschaftlichen Umbrüche in Europa nach der französischen Revolution, hat schon bei den Zeitgenossen des Künstlers zu zahlreichen, oft widersprüchlichen Entschlüsselungsversuchen geführt.

Capricho 19 ist mit *Todos caerán* unterschrieben und zeigt einen ungewöhnlichen Vogelfang. Eine alte Frau mit einer Pfeife und zwei junge Gefährtinnen haben einen seltsamen Lockvogel an einem Baum befestigt, handelt es sich bei dem Köder doch um ein Mischwesen aus Vogelleib und dem dekolletierten Oberkörper einer Frau. Ähnliche Chimären in Gestalt gefiederter Männer kommen angeflogen und umschwirren das weibliche Geschöpf. Attribute deuten darauf hin, dass die Vogelmänner aus unterschiedlichen Schichten stammen – vom Adel über den Klerus bis zur Bauernschaft und zum Bürgertum. Der Zweck dieser Jagd zeigt sich in der Tätigkeit der beiden jungen Frauen am Fuße des Baumes: Sie spießen mit sanft-lächelndem Gesicht einen gerupften Männervogel auf, der sich qualvoll übergibt. In Beziehung zur Bildunterschrift *Todos caerán – Alle werden fallen* – ließe sich das Blatt fatalistisch so deuten, dass Männer unabhängig von ihrem sozialen Status den sexuellen Reizen der Frauen verfallen, was ihnen immer wieder zum Verhängnis wird. Die Frauen ihrerseits nehmen alle Männer gleichermaßen und ohne Mitleid aus. Soweit die klischeehafte Vorstellung von Geschlechtern.

Unter den *Caprichos* ist der Druck mit der Nummer 43, der den Übergang von der realen Welt über die Allegorie zu den Gespinsten des Traumes markiert, das heute wohl bekannteste Blatt der Serie mit einem reichen Nachleben in Kunst, Literatur und Musik. In der Goya-Rezeption des 19. Jahrhunderts ist es jedoch *Capricho 19*, das die vielfältigsten Kommentare und Interpretationen provoziert hat. Dies liegt auch daran, dass das Werk als eine Allegorie der Prostitution und ihrer Folgen verstanden und mit entsprechend zweideutigem Vokabular beschrieben wurde.

Auch wenn Goya betont hat, dass seine Motive nicht auf realen Personen und Ereignissen beruhten, versuchten einige Kommentatoren historische Lesarten herzustellen. Dies gilt auch für *Capricho 19*. So zog der anonyme Verfasser einer Deutung, die heute im Norton Simon Museum in Pasadena aufbewahrt wird, in seinem Beitrag eine Verbindung zur spanischen Königin Maria Luisa und ihrem Liebesleben: »Die gerupften Gestalten, die, kaum dass sie sich emporgeschwungen haben, fallen, stellen die zahlreichen Liebhaber der Königin dar, die sich – von Don Juan Pignatelli bis hin zum Friedensfürsten – lächerlich gemacht haben, die einen aus Dummheit, die anderen aus Eitelkeit« (Jacobs/Klingenberger/Preyer 2017, S. 696).

Diese Auslegung wird von anderen Kommentatoren deutlich in Frage gestellt. In seiner Monografie zu Goya schreibt Richard Oertel 1907 zu Interpretationen in diese Richtung: »Wie weit solche Deutungsversuche mitunter über die Wahrheit hinausschossen, geht daraus hervor, daß auch die Blätter 19 und 20, wo Dirnen im Beisein von Kupplerinnen den als Vögel mit Menschenköpfen dargestellten Liebhabern die Federn bis zur Nacktheit ausrupfen, um sie dann mit einem Besen zum Hause hinauszujagen, auf die Liebschaften der Königin bezogen wurden. Diese pflegte bekanntlich säuberlicher mit ihren Günstlingen umzugehen, sie nicht auszubeuten, sondern im Gegenteil zu Macht und Einfluss zu bringen« (Jacobs/Klingenberger/Preyer 2017, S. 712f.).

Auf eine andere historische Interpretation bezog sich Werner Busch in seiner Goya-Biografie von 2018. In dieser Auslegung lässt sich das Blatt aufgrund der Ähnlichkeit des weiblichen Vogelwesens mit der Herzogin von Alba, als Goyas persönliche Sicht auf die Adelige verstehen, zumal auch die Züge eines Männervogels an das Gesicht des Künstlers erinnern. Einige Zeit an ihrem Hof verbringend, war Goya zunächst fasziniert von der Schönheit und Freizügigkeit der Herzogin. Seine Einstellung zu ihr wandte sich jedoch wohl aufgrund einer narzisstischen Kränkung, die er unter anderem in den *Caprichos* verarbeitete. Über Radierung 19 schreibt Busch: »Die auf die Herzogin bezogenen *Caprichos* dagegen sind eindeutig. So kann es kaum einem Zweifel unterliegen, dass Goya sich selbst und die Herzogin von Alba auf *Capricho 19* dargestellt hat. Sie hockt als eine Art Harpyie, als Lockvogel auf einem Baum, umschwirrt von Männervögeln, von denen der größte mit Goyas Kopf sich ihr im Fluge nähert, doch sie ist von ihm abgewandt. Der Menschenkopf eines anderen Vogels, offensichtlich auch mit Porträtzügen, ist näher bei ihr, er scheint bei ihr »gelandet« zu sein. Es ist nicht unwahrscheinlich, dass Goya mit ihm Manuel Godoy gemeint hat, der zur unmittelbaren Entstehungszeit der *Caprichos* 1797/98 der neue Liebhaber der Herzogin war – was die Königin, die Anspruch auf ihren Günstling erhob, mit rasender Eifersucht erfüllte und sie alles unternehmen ließ, um die Verbindung zu hintertreiben. [...] Bei Goya steht die Herzogin von Alba, als Harpyie auf kommendes Unheil verweisend, auf einer Art Kugel, womit offenbar auf das wetterwendische Glück verwiesen werden soll. Sie im Milieu der Prostituierten zu verankern und dennoch als Goyas Objekt der Begierde zu deklarieren, kann verdeutlichen, wie sehr Goya ihr verfallen war, und zugleich, wie sehr ihn ihre vermeintliche Untreue verletzt hat« (Busch 2018, S. 61ff.).

Ausgewählte Literatur

Werner Busch: »*Goya und die Tradition des ›capriccio‹*«, in: Max Imdahl (Hrsg.): *Wie eindeutig ist ein Kunstwerk?*, Köln 1986, S. 41–73.

Werner Busch: *Goya*, München 2018.

Helmut C. Jacobs, Mark Klingenberger und Nina Preyer: *Die handschriftlichen Kommentare zu Goyas Caprichos, Edition, Übersetzung, Deutung*, Würzburg 2017.

José López-Rey: *Goya's Caprichos. Beauty, Reason & Caricature*, 2 Bde., Princeton 1953.

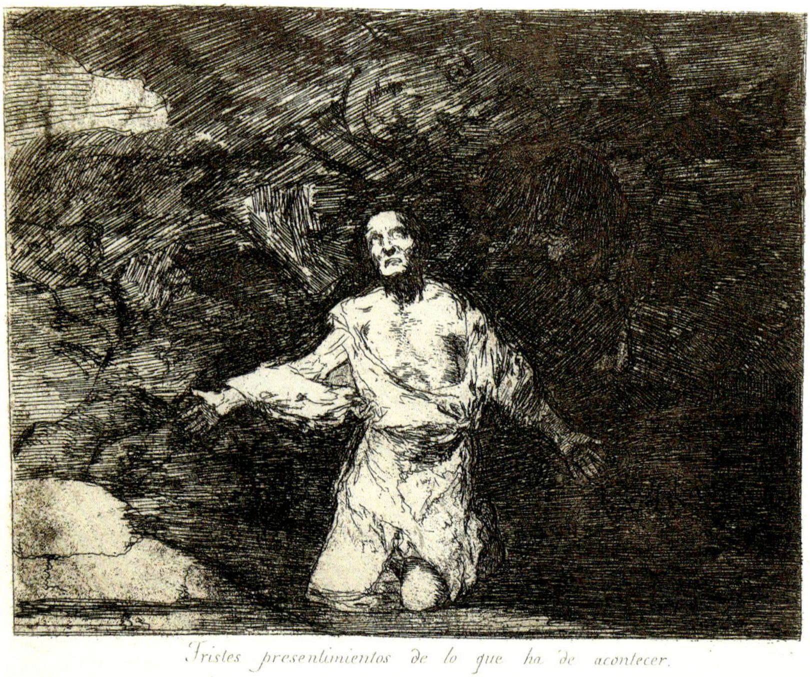

Francisco Goya
Traurige Vorahnungen von dem, was kommen wird, 1863

Radierung, Kupferstich und Kaltnadel, 17,5 × 22 cm

Francisco Goya: *Traurige Vorahnungen*

Oskar Bätschmann

Francisco Goyas schreckliche Radierungen über die grausamen Verbrechen im Krieg von 1808 bis 1814, zwischen der spanischen Bevölkerung und den französischen Besatzern, entstanden zwischen 1810 und 1815. Dem Freund Ceán Bermúdez schenkte Goya 1823 die Kollektion von 85 Blättern, die vermutlich vom Empfänger bezeichnet wurde mit *Fatales consequencias de la sangrienta guerra en España con Bonaparte y otros caprichos enfaticos – Fatale Folgen des blutigen Krieges in Spanien gegen Bonaparte und andere ergreifende Einfälle.* Dazu erhielten die Blätter Beschriftungen, die eine Frage oder eine Bemerkung formulieren, einen kritischen oder ironischen Kommentar abgeben, eine Aufforderung oder auch einen entsetzten Ausruf wiedergeben. Die Beschriftungen, die dem Rezipienten zugeschrieben werden, sind keine Titel, sondern Begleittexte, die den verstörenden Eindruck der Darstellungen verstärken. 1863 publizierte die königliche *Academia de Nobles Artes de San Fernando* in Madrid 83 Radierungen unter dem Titel *Los Desastres de la Guerra,* der von ihr gesetzt wurde. Die Reihenfolge der Blätter ist nicht von Goya vorgegeben. Doch die Darstellung, die von der Akademie an den Anfang gesetzt wurde, scheint mit ihrer Bezeichnung diese Position zu rechtfertigen: *Tristes presentimientos de lo que ha de acontecer – Traurige Vorahnungen von dem, was kommen wird.*

Die männliche Gestalt in hellem Kleid, die frontal auf dem bloßen Boden neben einem Felsblock kniet, die Arme ausbreitet und flehentlich in die Höhe blickt, wird von Goya 1819 wiederholt in der Figur des Christus im Garten Gethsemane (1819, Madrid, Escuelas Pías de San Antón). Die beiden Verse im Matthäus-Evangelium 26, 38–39 lauten (nach einer der zahlreichen spanischen Übersetzungen): »Entonces Jesús les dice: Mi alma está muy triste hasta la muerte; quedanos aquí, y velad conmigo [...]. Y yéndose un poco más adelante, se postró sobre su rostro, orando, y diciendo: Padre mío, sí es posible, pase de mí este vaso; pero no como y quiero, sino como tú.« (»Meine Seele ist betrübt bis an den Tod; bleibet hier und wachet mit mir! Und er ging hin ein wenig, fiel nieder auf sein Angesicht und betete und sprach: Mein Vater, ist's möglich, so gehe dieser Kelch an mir vorüber; doch nicht wie ich will, sondern wie du willst.«) In zwei kleinen Darstellungen des weiß gekleideten knienden Jesus, die um 1819 datiert werden, ließ Goya einen tröstenden Engel erscheinen, gemäß der Tradition, die sich auf Lukas, 22, 39–46 stützt.

In der Radierung Nr. 27, *No se puede mirar – Man kann es nicht anschauen,* zeigt Goya Figuren, die im undurchdringlichen Dunkel einer Höhle auf den Knien gegen die anonymen Gewehrläufe vergeblich um Schonung flehen (Abb. 1). Anders als bei Christus im Garten Gethsemane kommt kein Engel zu den Verzweifelten, um sie zu trösten und zu stärken. Im ersten Blatt der *Desastres* ist das Dunkel durch den Kontrast der hellen Figur mit den wilden Strichlagen erzeugt. Zwei, drei Zonen sind etwas heller gelassen, sodass man unheimliche, fratzenartige Monster zu sehen meint. Gegenüber dem Entwurf des ersten Blattes in Rötel, der sich im Prado in Madrid befindet, wird das Dunkel in der Radierung mit engen Strichlagen zu einer wabernden höllischen Finsternis gesteigert.

In seinem Aufsatz von 1989 hat Werner Busch den verbreiteten Gethsemane-Typus an das historische Ende der klassischen Bilderzählung gesetzt: »Dieser Kniende mit den ausgebreiteten Armen hat keine Attribute, ihn trifft kein Strahl, er kann weder auf das Jenseits, noch auf das Diesseits hoffen.« (Busch 1989, S. 140) Das Gethsemane-Motiv, eine Chiffre, die einsetzbar sei für viele Bedeutungen, bezeichne zuerst »das namenlose individuelle Opfer« (ebd.). Mit diesem Motiv des unschuldig Gemarterten eröffnet Goya in den *Desastres* seine Anklage und seinen Protest gegen den Krieg.

Die bildlichen Proteste gegen den Krieg setzen mit dem frühen 16. Jahrhundert ein und werden trotz der sichtbaren Vergeblichkeit unermüdlich wiederholt. Große Anklagen stammen von Rubens, Callot, Goya, dann von Kollwitz, Dix und vielen anderen. 1937 zeigte Picasso in Paris seine Anklage gegen die Vernichtung der baskischen Stadt Guernica durch deutsche und italienische Geschwader. Picasso bezog sich sowohl auf Goyas *Desastres* wie auf das Gemälde *Die Schrecken des Krieges*, das Rubens während des Dreißigjährigen Krieges für Florenz malte (Abb. 2). Die Hauptfigur der mythologischen Allegorie des Rubens ist der gerüstete Kriegsgott Mars, der von der Furie Alekto getrieben und vergeblich von Venus zurückgehalten wird. Voraus fliegen Pest und Hunger, die

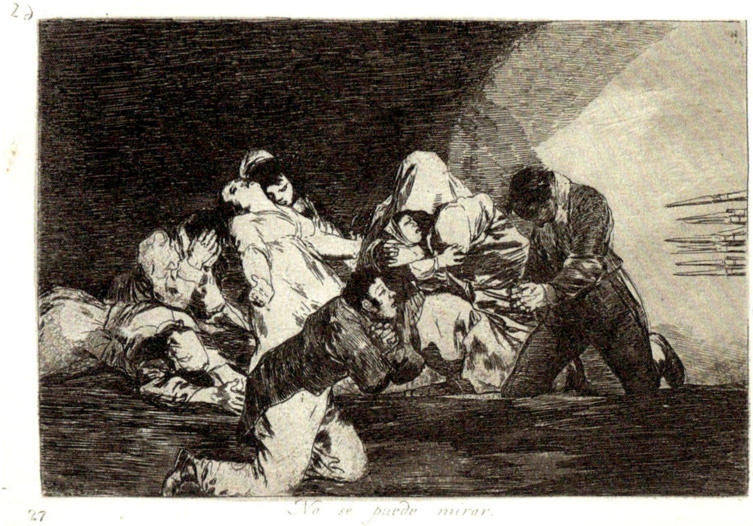

Abb. 1 | Francisco Goya, *Man kann es nicht anschauen*, 1810/1815, Radierung und Kaltnadel auf Papier, 14,5 × 21 cm, National Gallery of Art Washington, Rosenwald Collection

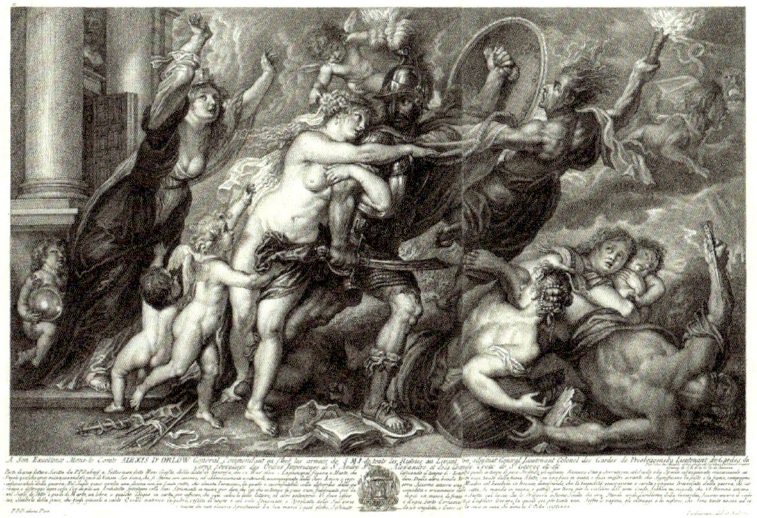

Abb. 2 | Ferdinando Gregori, *Die Schrecken des Krieges* (nach Peter Paul Rubens), 1771, Radierung auf Papier, 42 × 63,5 cm, Staatsgalerie Stuttgart, Graphische Sammlung

unvermeidlichen Folgen des Krieges. Mars ist der Zerstörer der Menschen, der Musik, der Gelehrsamkeit und der Architektur. Vor dem geöffneten Kriegstempel jammert Europa im Trauerkleid.

Im Gegensatz zu Rubens deckte Callot auf seiner Schaubühne des Krieges ohne Schonung für das Publikum die entsetzlichsten Grausamkeiten der Soldaten und der rächenden Bevölkerung auf. Die Soldaten kämpfen, brandschatzen, plündern, vergewaltigen, und die Bevölkerung sucht verzweifelt sich zu wehren, erschlägt die Soldaten und fleddert die Gefallenen. Die 18 Radierungen der *Grandes misères de la guerre* von Callot, die 1633 publiziert wurden, sind die Anregungen für Goya, sich mit den grausamen Geschehnissen in Spanien zu beschäftigen und die Szenen zu einer großen Anklage zusammenzuführen.

Ausgewählte Literatur

Bazon Brock und Gerlinde Koschik (Hrsg.): *Krieg und Kunst*, München 2002.

Werner Busch: *Das Ende der klassischen Bilderzählung*, in: Michael Fehr und Stefan Grohé (Hrsg.): *Geschichte, Bild, Museum. Zur Darstellung von Geschichte im Museum,* Köln 1989, S. 27–166.

Werner Busch: *Goya*, München 2018.

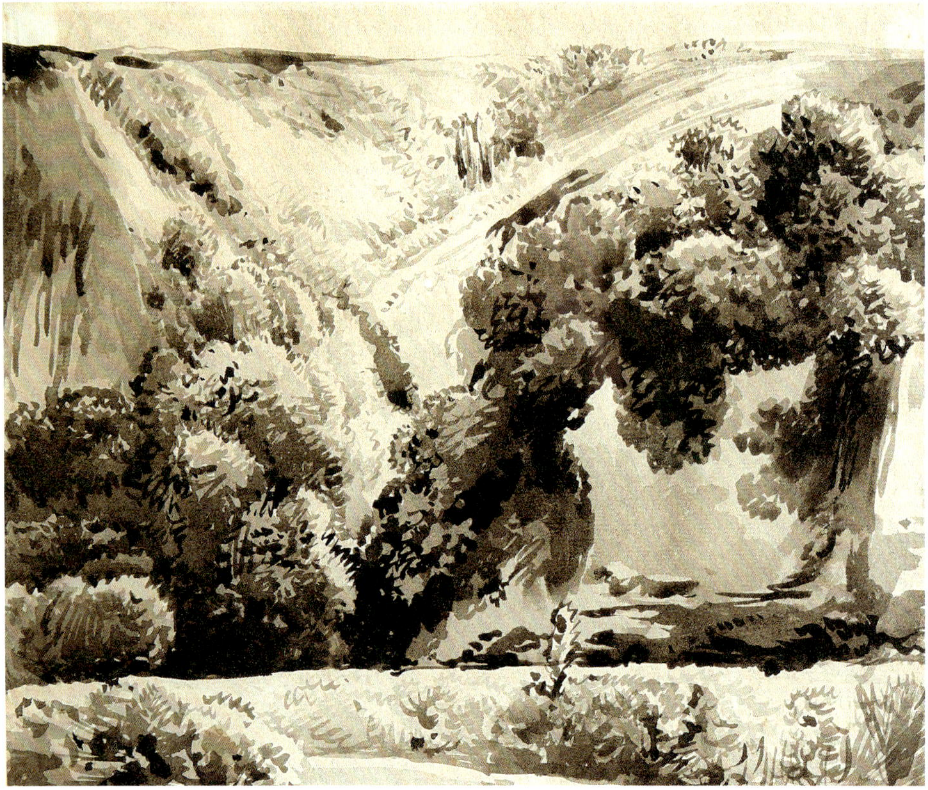

Franz Kobell
Landschaftsgrisaille, um 1800

Pinsel in Braun auf Papier, 17,8 × 21,3 cm

Lichtspiele. Zu einer Pinselstudie von Franz Kobell

Markus Bertsch

Wir blicken auf eine ungemein modern wirkende Terrainstudie, die allerdings bereits in den Jahren um 1800 entstand. Das offene Gelände eines Höhenzugs zeigt einen talartigen Einschnitt und bricht im hinteren Vordergrund beiderseits abrupt über Steilwände nach unten ab. Bäume und Buschwerk besetzen die zum Teil senkrechten Böschungshänge, an deren Fuß wir uns einen Wasserlauf imaginieren können, der jedoch unserem Blick entzogen bleibt. Der sich an die Bildschwelle anschließende Nahbereich zeigt einen horizontal gelagerten, im Licht der Sonne stehenden Wiesenstreifen. Auffallend ist ferner die zu den seitlichen Blatträndern hin völlig offene Struktur der Zeichnung, die sich dadurch als dezidierter Ausschnitt aus einem landschaftlichen Kontinuum zu erkennen gibt.

Es ist in erster Linie das Weben des Lichts, das in seiner Intensität den wiedergegebenen Dingen erst ihr Leben einhaucht. Daran haben die starken Hell-Dunkel-Kontraste maßgeblichen Anteil. Besonders deutlich zeigt sich dies im Bereich der Abbruchkante mit ihrem sich in der Vegetation verfangenden Licht-Schatten-Spiel. Wir können registrieren, dass das Licht in dieser Zeichnung merklich an Eigenwert gewinnt und sich von seiner traditionellen Funktion, die wiedergegebenen Dinge prägnant erscheinen zu lassen, emanzipiert hat.

Kein bestimmter Gegenstand drängt sich auf und beschäftigt unsere Aufmerksamkeit. Vielmehr geht es um einen stimmungsvollen Gesamteindruck. Dabei wirkt es so, als habe der Zeichner unmittelbar auf die Natur reagiert und diese in ihrer Erscheinungsweise im sich verändernden Licht auf dem Blatt fixiert. Wissen tun wir das aber nicht. Womöglich handelt es sich hierbei auch um eine Arbeit, die in raumzeitlicher Entfernung vom Naturvorbild entstand.

Mit zupackendem Pinselstrich, der von Frische und Spontaneität zeugt, setzte der Zeichner den Landschaftsausschnitt auf das Blatt. Die Handschrift mit den kürzelartigen, zum Teil gezackten und schlaufenförmigen Schwüngen ist derart charakteristisch, dass sich eine künstlerische Zuordnung verlässlich vornehmen lässt. So handelt es sich bei dem vorliegenden Blatt unverkennbar um eine Arbeit von der Hand Franz Kobells. Mit einer schieren Fülle vergleichbarer Pinselstudien, die zu einem wesentlichen Teil um 1800 entstanden sein dürften, bereicherte der Künstler den skizzenhaften wie spontan anmutenden zeichnerischen Modus jener Jahre um eine maßgebliche, überaus eigenständige Facette.

Wie auch Goethe 1749 geboren und in Mannheim zunächst unter den Fittichen seines neun Jahre älteren Künstlerbruders Ferdinand aufgewachsen, setzte Kobell zunächst sein Studium an der dortigen Zeichnungs-Akademie fort, ehe er 1778 mit einem Italienstipendium in der Tasche sechs Jahre das Sehnsuchtsland bereiste. Prägend für seinen landschaftlichen Zugriff waren neben der unmittelbaren Naturerfahrung die damals kanonisierten Vorbilder des 17. Jahrhunderts, die ihm bereits vor seinem Italienaufenthalt als geradezu mythische Größen vor Augen standen. Neben Annibale Carracci, Nicolas Poussin und Salvator Rosa zählte zu diesen insbesondere Claude Lorrain, in dessen Werk sich nicht nur für Goethe die Landschaftsgattung vollendete. Auf deren Grundlage erschloss sich Kobell einen idealen Darstellungsmodus, der für ihn zeitlebens verbindlich bleiben sollte.

Seit 1785 in München ansässig und schließlich zum Hofmaler ernannt, wird ab den 1790er-Jahren die Auseinandersetzung mit der landschaftlichen Umgebung der Residenzstadt für Kobell zu einem maßgeblichen Betätigungsfeld. In seinem zeichnerischen Schaffen stechen insbesondere die bereits erwähnten Pinselstudien heraus, die sich zu verschiedenen Motivgruppen wie – so auch im vorliegenden Fall – Böschungen oder Strömungsstudien bündeln lassen, die Kobell variantenreich auf das Papier setzte.

Was die für das Werk von Kobell bezeichnende Argumentation über unterschiedliche Modi und Ausdrucksformen von Landschaft anbetrifft, gibt der bereits erwähnte Claude einen veritablen Ahnherrn ab. Seine ausgesprochen kühnen, für die Zeit ungemein modernen Pinselzeichnungen markieren einen deutlichen Gegensatz zu vielen seiner Landschaftsgemälde, deren einzigartiger Stimmungsgehalt sich stets einer wohlkalkulierten kompositorischen Anlage verdankt. Eine durchaus vergleichbare Spannung eignet auch dem Schaffen von Kobell.

Werner Busch hat sich den Spezifika der Zeichenkunst nicht nur im Rahmen seiner kunsthistorischen Forschungstätigkeit vielfach gewidmet, sondern diese auch zum integralen Bestandteil seiner universitären Lehre gemacht. Untrennbar damit verbunden sind auch seine erhellenden Überlegungen zum künstlerischen Werkprozess. Stets betrachtet er dabei die von ihm analysierten Kunstwerke aus ihrer Entstehungszeit heraus, um sie in Form von ästhetischen, historischen, soziokulturellen oder naturwissenschaftlichen Kontextbildungen zum Sprechen zu bringen. Im Zusammenhang mit seinen Forschungen zur Ölskizze konnte Busch plausibel machen, dass die damit verbundene, sich unmittelbar und spontan gebende Wirklichkeitssicht bei verschiedenen Künstlern geradezu konträr zur ihrem »offiziellen« Werk steht. Die so zutage tretende Spannung fasste er über die Pole von »privat« und »öffentlich«. Vergleichbare Funktionsbestimmungen nahm Busch auch hinsichtlich des Werkprozesses und seiner Stadien vor, die ein Spektrum ausloten, das die Pole von »dienend« bis »autonom« absteckt.

Dieses begriffliche Instrumentarium lässt sich gewinnbringend auf unser Ausgangsobjekt anwenden, die Pinselzeichnung Franz Kobells. Das Blatt ist Teil einer umfangreichen Werkgruppe, die jedoch allenfalls in einem eher losen Zusammenhang zum restlichen Schaffen des Künstlers steht und damit bereits in seiner Teilautonomie erfahrbar wird. Der Zeichner stößt in diesen Blättern zu einer für ihn neuartigen

Durchdringung einer eher unprätentiösen Natur vor, die ihren Reiz nicht dem Repertoire der dargestellten Gegenstände, sondern der Erscheinungsweise der wiedergegebenen Dinge im Licht verdankt. Mit dieser bezeichnenden Schwerpunktverlagerung, die im Laufe des 19. Jahrhunderts immer mehr an Fahrt aufnehmen sollte, schrieb sich Kobell dem Prozess der Moderne ein.

Ausgewählte Literatur

Richard W. Gassen (Bearb.): *Kobell. Handzeichnungen und Druckgraphik der Künstlerfamilie Kobell aus städtischem Kunstbesitz*, Ausstellungskatalog, Ludwigshafen (Stadtmuseum Ludwigshafen), Ludwigshafen 1987.

Bärbel Hamacher (Bearb.): *Von Mannheim nach München – Die Künstlerfamilie Kobell*, Ausstellungskatalog, Mannheim (Museum für Kunst-, Stadt- und Theatergeschichte des Reiß-Museums) u.a., München 1993.

Thomas Herbig (Hrsg.): *Franz Kobell. Ein Landschaftszeichner um 1800. Aquarelle, Zeichnungen, Radierungen*, Ausstellungskatalog, Traunstein (ARTS Traunstein – Städtische Galerie) u.a., Stein 1997.

Andreas Strobl (Bearb.): *Franz Kobell (1749–1822). Ein Zeichner zwischen Idylle und Realismus*, Ausstellungskatalog, München (Staatliche Graphische Sammlung München in der Pinakothek der Moderne), München 2005.

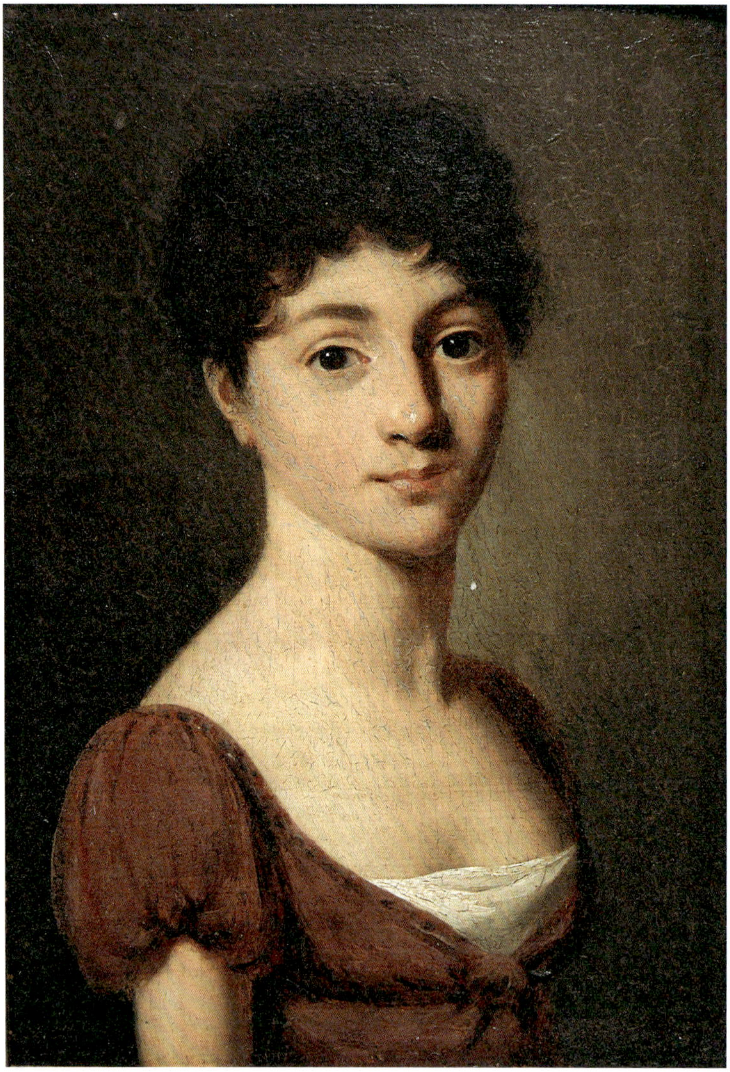

Martin Drolling (?)
Frauenbildnis, um 1810

Öl auf Holz, 17,6 × 12,4 cm

Eine Frage der Zuschreibung. Die Unbekannte von der Seine und die post-revolutionäre Selbstdarstellung weiblicher Modelle in der französischen Porträtkunst

Stephanie Tasch

Ein wacher Blick, dem man sich nur schwer entziehen kann – und doch, die junge Frau bleibt bisher eine Unbekannte. Werner Busch hat das Frauenporträt dem elsässischen Maler Martin Drolling zugeschrieben, aber zunächst stellt sich natürlich die Frage: wie kommt die junge Frau in seine Sammlung? Erworben von Günter Busch in Paris, ist sie ein Erbstück und steht mit anderen Werken französischer Künstler zunächst einmal für dessen ästhetische und kunstgeografische Vorlieben. Die Zuschreibung hingegen – an einen eher obskuren, also nur mit einigem kunsthistorischen Scharfsinn zu ermittelnden Maler der Zeit um 1800, ist dann ganz und gar Werner Busch, und man stellt sich sein Vergnügen bei der Suche und die Schilderung der Spurensicherung nur zu gerne vor. Wobei die Frage nach der Autorschaft wohl auch deshalb tentativ bleibt, weil das Gemälde nicht signiert zu sein scheint und – so lässt sich vermuten – auch die Bildrückseite keine Anhaltspunkte für Zuschreibung und genaue Datierung (»um 1810«) oder die Provenienz des Gemäldes liefert. Die Annäherung an den mutmaßlichen Autor und sein Werk eröffnete dann eine ganz eigene Spurensuche – eine Hommage an Werner Busch mit unterschiedlichen Perspektiven und Bezügen kunsthistorischer, künstlerbiografischer, kulturhistorischer oder kunsttechnologischer Art. Hinzugefügt sei, dass diese Annäherung durch die Autorin ausschließlich über online verfügbare Informationen erfolgte und schließlich alle typischen Eigenschaften einer digitalen Jagd *down the rabbit hole* aufzuweisen begann. Martin Drolling (auch Drelling, Drölling, Drolling *père*) war Genre- und Porträtmaler, ausgebildet zunächst in Schlettstadt/Sélestat (etwa 40 Kilometer südwestlich von Straßburg/Strasbourg), dann in Paris, wo er seine Ausbildung autodidaktisch durch das Kopieren holländischer und flämischer Malerei im Louvre fortsetzte. Für seine Karriere – er wurde zeitlebens nicht in die *Académie Royale* aufgenommen – so charakteristisch wie für seinen Nachruhm in der Kunstgeschichte offenbar nur bedingt förderlich war seine Tätigkeit als Porzellanmaler von 1798 bis 1806 in der Manufaktur von Christophe Dihl und Antoine Guérhard und von 1802 bis 1813 in der Manufaktur von Sèvres. Er stellte regelmäßig im Salon aus, sein Werk wurde in der Druckgrafik rezipiert und verbreitet, seine Werke finden sich in französischen Regionalmuseen ebenso wie im Louvre – auch die Kunsthalle Bremen besitzt ein Stück von seiner Hand. Sein vielleicht bekanntestes Gemälde, das Kücheninterieur von 1815 (Musée du Louvre) wurde 1906 auf der aktuell im Zusammenhang mit Caspar David Friedrichs Jubiläum in Erinnerung gerufenen Jahrhundertausstellung in Berlin ausgestellt. War seine »zierliche, anmutige, aber flache und oft dem Süßlichen sich zuneigende Kunst« Hans Vollmer in seinem Lexikoneintrag im neunten Band des Künstlerlexikons (Erstausgabe von 1913) anscheinend nicht maskulin genug (man ist geneigt, diese Abwertung neben seinen nicht ausreichend heroischen Bildthemen seiner Nähe zur angewandten Kunst zuzuschreiben), stellt Louis Aragon in seinen *Écrits sur l'art moderne* (1981) fest: »À peine si l'on retenu le nom de Drölling«. Inzwischen findet eine Auseinandersetzung mit Drolling auch jenseits von Vergessen und Geringschätzung statt, doch haben diese möglicherweise andauernde Konsequenzen, wie wir im Folgenden sehen werden.

So mag das Fragezeichen hinter dem Künstlernamen seinen Grund auch darin haben, dass für die Nachwelt ein wissenschaftlich wenig rezipierter Maler über kein gesichertes und dokumentiertes Werk verfügt. Hinzu kommt, dass sich hinter Martin Drolling (oder Werken, die einem »Martin Drolling« zugeschrieben werden), ein weiterer Künstler und eine Künstlerin dieses Namens verbergen, nämlich seine Kinder aus der zweiten Ehe mit der Tochter des Pariser Farbenhändlers Michel Belot, Louise Élisabeth Belot: Michel-Martin Drolling und seine jüngere Schwester Louise Adéone Drolling (seit 1822 Mme Pagnierre, seit 1826 Mme Joubert). Die Produktion von Vater und Sohn wird, nicht zuletzt wegen der Namensähnlichkeit, offenbar gerne verwechselt und sucht man online nach den Werken des Jüngeren, fällt sofort ein Selbstporträt des jungen Malers aus dem Jahr 1804 auf – derselbe zeittypisch neutrale, in diesem Fall noch stärker abgedunkelte Hintergrund und ein junger Mann, in dem man umgehend eine Familienähnlichkeit mit unserer jungen Frau entdecken möchte. Allerdings existieren zwei Bildnisse von Louise Adéone, die ihr Vater vom Kind (Musée Magnin, Dijon) und der jungen Frau (1812, Musée des Beaux-Arts, Strasbourg) gemalt hat. Beide zeigen eindeutig nicht dasselbe Modell, während sie selbst als Künstlerin erst nach der mutmaßlichen Entstehungszeit des anonymen Bildnisses als Malerin greifbar wird.

Orientiert man sich an der Dargestellten selbst, so situieren Kleid und Frisur das Modell in die Zeit nach der Revolution, eher etwas vor der vorliegenden Datierung in die Jahre zwischen 1795 und 1804, also zwischen *Directoire* und Kaiserkrönung Napoleons I. Die auffallende Frisur *à la Titus*, mit den kurzgeschnittenen (oder im Nacken gebundenen) und lockig ins Gesicht fallenden Haaren, wird genau in diesem Zeitraum aus der männlichen in die weibliche Frisurenmode übernommen und bleibt bis etwa 1815 virulent. Unabhängig von den politischen Überzeugungen des Produzenten des Porträts spricht die Frisur des Modells von einer zeitgenössisch durchaus beargwöhnten Adaption von der Antike inspirierter, männlich-republikanischer Ideale oder zumindest von einer selbstbewussten Hinwendung zu einer hochmodischen und betont geschlechtsneutralen Haarmode und damit einer Selbstpräsentation jenseits traditioneller Frauenbilder, wie sie von Amy Freund und Jessica Larson beschrieben werden. Extremere Varianten der *coiffure à la Titus* finden sich in Pierre-Narcisse Guérins *Brustbilds eines jungen Mädchens* von circa 1794 (Musée du Louvre) oder Jean Baptiste Désorias *Porträt der Schriftstellerin Constance de Pipelet* von 1797 (Art Institute of Chicago), eine etwas gebändigtere – und spätere – in den Porträts der Madame Tallien (Thérésia Cabarus) von François Gérard von 1804 (Musée Carnavalet) oder von Bernard Duvivier aus dem Jahr 1806 (Brooklyn Museum of Art). Ähnliche Differenzierungen ließen sich sicherlich auch für ihre Bekleidung vornehmen, interessieren soll hier vor allem der auffallende, bräunliche Farbton des im Übrigen eher skizzenhaft angelegten Kleides mit hoher Taille, tiefem Ausschnitt und kurzen Ärmeln.

Denn der bräunliche Ton, so will es eine nun ausgerechnet mit Martin Drolling verbundene Künstleranekdote, ist in Wahrheit das *brun momie* oder *mummy brown* eines bis 1964 [sic!] angebotenen Farbpigments, das uns – *down the rabbit hole* – in die Untiefen des jahrhundertelangen westlichen Missbrauchs von aus Ägypten importierten Mumien für medizinische wie künstlerische Zwecke führt. Im Zusammenhang mit Martin Drolling erfährt diese Geschichte der kunsttechnologischen Verirrungen eine überraschende und makabre Wendung von Ägypten ins revolutionäre Frankreich, als Mitte des 19. Jahrhunderts die Fama aufkommt, Drolling habe sich zusammen mit einem Künstlerkollegen der aus den entweihten Gräbern geplünderten Herzen französischer Monarchen bedient, um sein eigenes *Mumienbraun* herzustellen und unter anderem sein heute im Louvre befindliches Kücheninterieur zu malen. Der Künstler war unbekannt genug, so mutmaßt Laetitia Levrat in ihrer Monografie des Künstlers, und die Geschichte sensationell genug, so könnte man weiter mutmaßen, dass die Anekdote bis ins 20. Jahrhundert unwidersprochen die ungefähr einzige populäre Überlieferung zum mutmaßlichen Autor unseres so wachen wie selbstbewussten nach-revolutionären Frauenporträts blieb.

Ausgewählte Literatur

Amy Freund: *Portraiture and Politics in Revolutionary France*, University Park, Pennsylvania 2014.

Jessica Larson: *Usurping Masculinity: The Gender Dynamics of the coiffure à la Titus in Revolutionary France*, University of Michigan 2013, https://deepblue.lib.umich.edu/bitstream/handle/2027.42/98928/jjlars.pdf [abgerufen am 25.02.2024].

Laetitia Levrat: *Martin Drölling (Bergheim 1752 – Paris 1817): Un état de la question*, 2 Bde., Universität Grenoble 2009/2010, https://dumas.ccsd.cnrs.fr/dumas-00556601v1/file/Laetitia_Levrat_-_Martin_Drolling_1.pdf und https://dumas.ccsd.cnrs.fr/dumas-00556601v1/file/Laetitia_Levrat_-_Martin_Drolling_2.pdf [abgerufen am 25.02.2024].

Philip McCouat: »*The life and death of Mummy Brown*«, in: *Journal of Art in Society* (2013), https://www.artinsociety.com/the-life-and-death-of-mummy-brown.html [abgerufen am 28.02.2024].

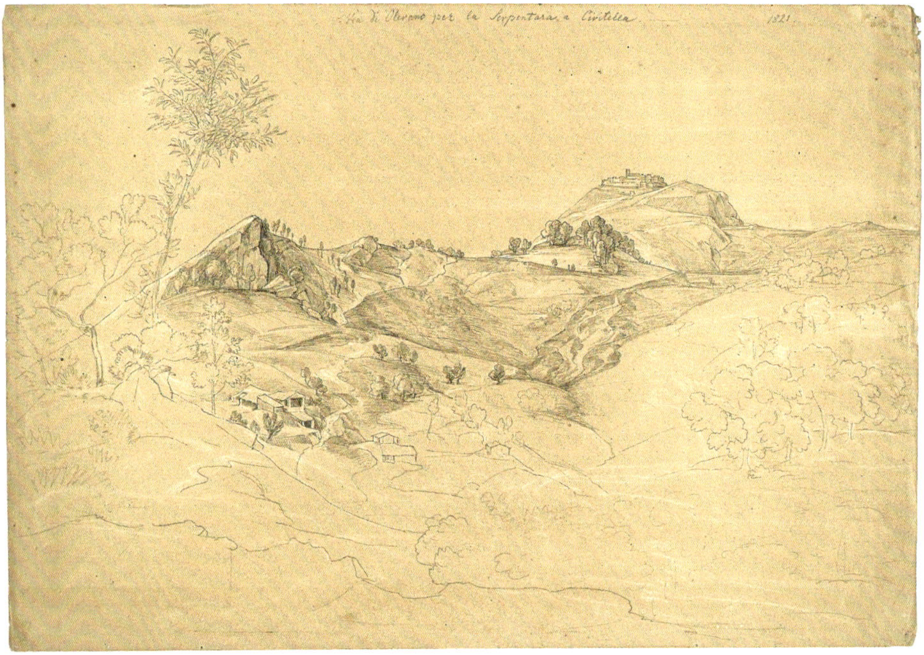

Johann Joachim Faber
Via di Olevano per la Serpentara a Civitella, 1821

Grafitstift, weiß gehöht, auf Papier 28,8 × 41,7 cm

Den eigenen Augen trauen

Mareike Hennig

Es ist eine dieser schönen Landschaften deutscher Zeichner in Italien in der ersten Hälfte des 19. Jahrhunderts, die den Betrachter sofort an Ort und Stelle versetzen. Ein feiner Strich begleitet den Blick in die Ferne, fasst die Landschaft fest und klar, um im Vordergrund in lockeren Andeutungen zu verbleiben. Über den dargestellten Ort belehrt uns die akkurate Handschrift am oberen Rand: *Via die Olevano per la Serpentara a Civitella*. Sie gibt gleichsam als schriftliche Vergewisserung die relevanten Schlagworte an: die Städtchen Olevano und Civitella, das Wäldchen Serpentara und *Via*, den Weg. Die ersten stehen für die Künstler-Sommer außerhalb Roms, das zweite für das Zeichnen in der Natur, das dritte für die Bewegung durch die Landschaft hindurch. Weiter rechts findet sich, zarter notiert, die Jahreszahl 1821. Alles zusammen lässt ein gemeinsames Arbeiten von Zeichnern vor der Natur assoziieren. An diesen Orten, auf diesen Wegen, vor diesen Blättern blieb man zu dieser Zeit nicht allein. Auch nicht der Hamburger Künstler Johann Joachim Faber, der den Sommer 1821 hier gemeinsam mit Heinrich Reinhold und Johann Christoph Erhard verbrachte.

Im Zentrum des Blattes, etwas oberhalb der Mittelachse und partiell bis zu dieser herabreichend, verläuft die geschwungene Bergkette. Links beginnt der Bogen mit dem schroffen Monte San Arcangelo, senkt sich mittig leicht und nimmt das Tal samt Hügeln und Senken, Vegetation und Wegen großflächig mit, bevor er rechts wieder ansteigt. Am Ende des Blicklaufs thront das Bergdorf auf dem Felsen, als wüchse es aus diesem hervor. Der Weg dahin ist zu erarbeiten, sowohl für den Wanderer als auch für den Betrachter, denn vom erhöhten Standpunkt des Zeichners im Vordergrund aus ist zunächst eine nur vage angegebene Fläche zu durchqueren. Hier skizzieren lose auslaufende Linien das Profil des Geländes, leichte, runde Schwünge Büsche und Bäume und schnell gezogene Zickzacklinien Gräser. Es fehlen die klaren Konturen der Felsen, Bäume und Hügel des Mittel- und Hintergrundes, die exakten Parallelschraffuren, mit denen Faber die Flächen räumlich gegeneinander absetzt, und die Hell-Dunkel-Kontraste, die im Mittelgrund durch den Einsatz von Weißhöhungen gesteigert werden. Ein helles Verschwimmen löst das gerade noch Bemerkte vom fokussierten Landschaftsmotiv, das dem Betrachter umso schärfer entgegentritt. Doch hält das sanfte Auslaufen nach unten und zu den Seiten die Welt weiter fest, sie droht nicht zu stürzen.

Dass wir in dieser unsicheren Zone nicht verloren sind, ist zu spüren. Warum wir es nicht sind, wissen wir seit Werner Busch zu Beginn der 1980er-Jahre damit begann, sich der Ölskizze zu widmen. Seitdem führte er die Forschung zu dieser Technik, ihrer

Geschichte, ihren Bedingungen, den in ihr sich spiegelnden Paradigmenwechseln des Künstlerselbstverständnisses, der Rezeptionsästhetik und der wachsenden Bedeutung von Wahrnehmung im Bild stetig fort, in großer Komplexität, Ausdauer und Vielschichtigkeit.

Werner Busch kaufte diese Zeichnung noch als Student, bei C. G. Boerner in Düsseldorf. Dass sie ihm präsent blieb und gedanklich weiter begleitete, zeigte sich noch 50 Jahre später in der Heinrich Reinhold-Ausstellung von 2018/19 in Hamburg und Weimar. Im Ausstellungskatalog stellte Busch sie im Aufsatz *Die Ölstudie im Werk von Heinrich Reinhold* präzise und anschaulich in den Kontext weiterer Zeichnungen und Ölstudien derselben Ansicht von Faber bzw. Reinhold. Dass das Blatt auch als Bleistiftzeichnung unmittelbar Buschs Forschungen zur Ölskizze aufrufen kann, mag so zwar erst seltsam erscheinen, legitimiert sich aber schon dadurch, dass er selbst es im genannten Aufsatz in Verbindung mit dieser Gattung und ihren Bedingungen und Strategien bringt. So heißt es hier, dass Faber vom Studiencharakter der Reinhold'schen Ölskizzen, etwa dem freien Vordergrund und dem malerischen Modus, fasziniert zu sein schien.

Einen Bezug zu seiner Forschung hatte sie aber wohl schon länger. So mag sie ihm schon 1983 vor Augen gestanden haben, als die Ölskizze mit dem Aufsatz *Die autonome Ölskizze in der Landschaftsmalerei. Der wahr- und für wahr genommene Ausschnitt aus Zeit und Raum* ihren (soweit ich sehe) ersten Auftritt in seinen Publikationen hat. In Analogie zu den Eigenheiten dieser Technik mögen ihn in der Faber-Zeichnung die vage belassenen Partien gereizt haben, die der unscharfen Wahrnehmung an den Rändern des menschlichen Blickfeldes entsprechen, oder die Fokussierung im Zentrum, die inhaltlich nicht weniger als eine Absage an den sinnstiftenden Vordergrund des idealen Landschafts- und Historienbildes bedeutet. Außerdem veranschaulicht Fabers Zeichnung analog zur Ölskizze mit diesem sachten Ausblenden die Thematisierung des Sehens selbst als Gegenstand der Zeichnung. Diese leise Sprengkraft der Ölskizze verfolgte Busch in weiteren Aufsätzen und Büchern. Ihre erstaunlich lange Geschichte, ihre Genealogie, ihre Internationalität, ihre »Demonstration der Relativität jeglicher Erscheinung« (Busch 2017, S. 127), ihre Strategien einer neuen Bildordnung oder ihre materiellen Bedingungen werden bis 2017 mit immer neuen Erkenntnissen, Quellen und Perspektiven vorgestellt.

Was Fabers Zeichnung so eng an diesen Komplex bindet, ist ein Punkt, der mich bei der ersten Begegnung mit Buschs Forschungen zur Ölskizze nicht nur überzeugte, sondern regelrecht traf, die Möglichkeit des Ineinanderfallens von Subjektivität und Objektivität: »Die Ölskizze, das macht ihre Dialektik aus, ist höchst subjektiv und objektiv zugleich« (Busch 1983, S. 129), oder 1997: »Die Wahrnehmung ist subjektiv, das Wahrgenommene womöglich banal und ausschnitthaft, gerechtfertigt ist es, weil es für den Moment die Identität von objektiver Erscheinung und subjektiver Erfahrung stiftet« (Busch 1997, S. 67). Dass Kunst so etwas kann, ist ungeheuer, aber wirklich wahr.

Johann Joachim Faber steht erhöht auf dem Weg von Olevano nach Civitella. Er fokussiert die Bergkette vor sich und setzt sie ins Zentrum des Blattes, etwas über die Mitte, das macht alles stabil und zugleich etwas leichter. Neben ihm findet Heinrich

Reinhold in diesem Sommer zu seinem eigenen Ölskizzenstil, und Faber profitiert davon. Er zeichnet entlang seines eigenen, physisch vorgegebenen, individuellen Blickes. Wendet man den Kopf nicht nach unten (wie Vernet es in seinem *Landschaftsbrief* für die Ölskizze forderte), zeigt man also tatsächlich nur einen einzigen Blick, dann wird die Peripherie zwangsläufig undeutlich und nur das Motiv im Zentrum klar. Dieses körperliche Eintreten des Künstlers in seine Studie oder seine Zeichnung ist die zweite Ungeheuerlichkeit, die Buschs Forschungen zur Ölskizze den Leserinnen und Lesern vor Augen stellt.

Faber ist 1821 schon zum zweiten Mal in Italien. 1806/7 kam er erstmals nach Rom. Er ist zehn Jahre älter als Reinhold, und wirklich wirkt seine Zeichnung anders als etwa die kristallinen Arbeiten von Franz Horny, der sich in jenem Sommer ebenfalls in Olevano aufhielt. Malerischer in den Weißhöhungen, etwas spürbarer platziert als bei den jungen Kollegen, das Bäumchen links eigentlich zu deutlich ausgearbeitet und so gegen die Scharf-Unscharf-Regel verstoßend. In seinen Ölbildern blieb Faber dem klassischen Ideal Kochs und Reinharts verpflichtet, das er bei seinem ersten Italienaufenthalt, 15 Jahre zuvor, adaptierte: drei Gründe, Staffage, recht fest, recht reinfarbig. In seinen Zeichnungen jedoch ändert sich etwas. Hier tritt er als Körper ins Bild und lässt den Betrachter an seiner Wahrnehmung teilhaben. Dass er sich mit immerhin 43 Jahren darauf einließ, ist interessant und mutig. Es mag an der Überzeugungskraft des gemeinsamen Arbeitens gelegen haben, das 1821 in Olevano das gemeinsame Sehen, Wahrnehmen und Empfinden einschloss. Der Betrachter darf sich in dieses Erlebnis über Jahrhunderte hinweg einreihen und noch heute Fabers Augen trauen.

Ausgewählte Literatur

Werner Busch: *Die autonome Ölskizze in der Landschaftsmalerei – der wahr- und für wahr genommene Ausschnitt aus Zeit und Raum*, in: *Pantheon: Internationale Zeitung für Kunst* 41, April–Juni (1983), S. 126–133.

Werner Busch: *Das sentimentalische Bild. Die Krise der Kunst im 18. Jahrhundert und die Geburt der Moderne*, München 1993.

Werner Busch: *Skizze, Atmosphäre und Bildgesetzlichkeit. Die unklassische Landschaft 1770-1850*, in: *Thorvaldsens Museum Bulletin* (1997), S. 59–72.

Werner Busch: *»…auf einen Blick, ohne den Kopf zu bewegen.« Bedingungen der Ölskizze*, in: Claudia Denk und Andreas Strobel (Hrsg.): *Landschaftsmalerei, eine Reisekunst? Mobilität und Naturerfahrung im 19. Jahrhundert*, Berlin 2017, S. 113–131.

Werner Busch: *Die Ölstudie im Werk von Heinrich Reinhold*, in: Andreas Stolzenburg, Markus Bertsch und Hermann Mildenberger (Hrsg.): *Heinrich Reinhold. Der Landschaft auf der Spur*, Ausstellungskatalog, Hamburg (Hamburger Kunsthalle) u.a., München 2018, S. 89–95.

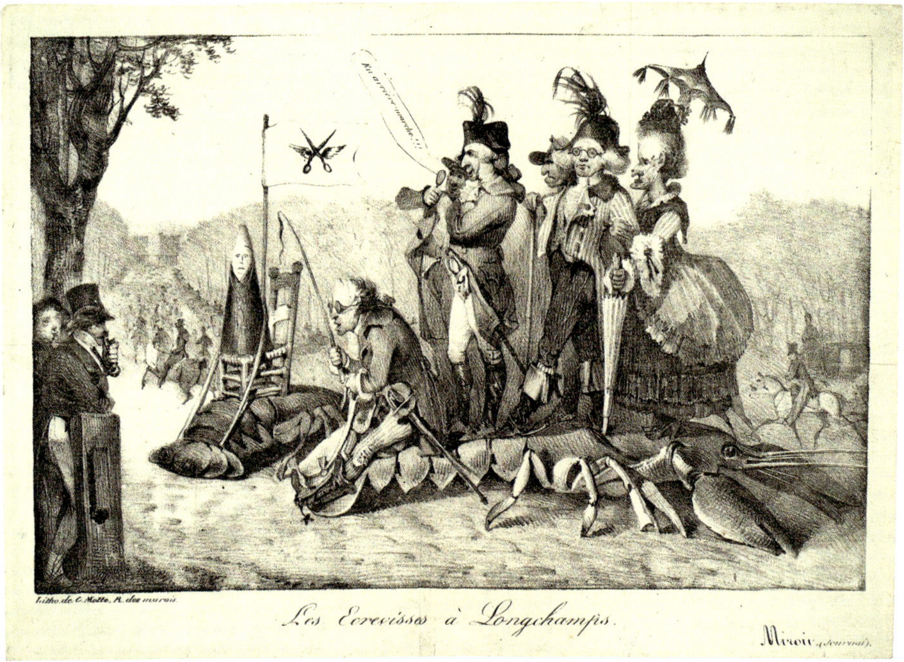

Eugène Delacroix

Les Ecrivisses a Longchamps, 1822

Lithografie auf Papier, 23,6 × 32,7 cm

The High and the Low: a youthful caricature by Delacroix

David Bindman

It has been a particular bond with Werner Busch that we are both collectors of prints and drawings. For a previous *Festschrift* for Werner I wrote about a print I owned, and for my *Festschrift* he wrote about a Flaxman drawing in his possession. An even stronger bond is a shared love of caricature and visual humour. We have both collected humorous prints, which – in the old days at least – could often be picked up in markets like the Portobello Road in London and in junk shops, though they have now been replaced almost totally by internet auctions. Their relative cheapness and availability – then at least though no longer – meant that we could study them in a leisurely way without the formalities of being in a museum print room.

I feel a particular *tendresse* for the Delacroix print because I owned an impression myself, before giving my collection of printed caricatures to my former college's print room, the University College London Art Museum, where it joins a few other Delacroix caricatures, and large numbers of 18th-century English satirical prints. Like its English predecessors the artist's name is not on it, for the simple reason that he could fall foul of the authorities or laws designed to suppress dissent. We know that Delacroix had studied English caricature, whose influence can be seen in the way real people were mocked by witty visual punning. In this print the smaller carriage has a banner showing scissors that signify censorship, while a candle-snuffer and sugar-loaf (*pain de sucre*) represent the censor Marie-Joseph Pain, who sits on a chair, another censor Lachaize.

The central motif of the print is an *ecrivisse* or crayfish which carries a horrid crew of reactionaries, who can only, like their vehicle, go backwards or sideways but never forward. The centrality of this fishy image recalls Gillray's *New Morality: or the Promis'd Installment of the High Priest of Theophilanthropes* of August 1798, in which an enormous whale carries Charles James Fox and his radical colleagues onto the shore of France, where they can pay homage to its rulers. For all the ferocity of Gillray's caricatures of English politicians he was broadly on the side of William Pitt's government and scornful of opposition politicians like Fox. The young Delacroix by contrast was in fervent opposition to the restored post-Napoleonic monarchy of Louis XVIII, and the censorship he satirises would have been a real threat to him and to other dissenters.

The Metropolitan Museum in New York has a drawing by Delacroix after several figures from different caricatures by Gillray and another sheet of motifs from George Cruikshank. The clearest evidence of their influence in the present print can be seen in the figures of the censors and conservative newspaper owners, most of whose facial features are exaggerated (the female referring to Leonardo's caricatures). Their clothes and wigs define them as belonging to the pre-revolutionary *ancien régime*. They like the crayfish on which they stand cannot go forwards, but they are – something that would never be seen in Gillray's cynical art – contrasted in Delacroix's lithograph with an optimistic vision of the future of France, symbolised by an endless parade of horsemen riding towards the unfinished *Arc de Triomphe*. They represent the vigorous youth that will rebuild France after the depredations of the hopeless old men who preside over a rigid and oppressive regime. Meanwhile they are observed coolly by a young man in a hat, who surely represents the artist himself.

L'Ecrivisses is one of 15 lithographs made by Delacroix in the years 1815–22 before he achieved fame as a painter, and he evidently always had a sneaking regard for what he might have thought of as a youthful folly. Yet these lithographs are a wonderful bridge between *low* and *high art*, a theme so important for Werner's scholarship.

Selected Bibliography

Nina Athanassoglou-Kallmyer: *Eugène Delacroix: Prints, Politics, and Satire, 1814–1822*, New Haven 1991.

Filigrane Textur. Der Baum als bildästhetische Figur

Klaus Krüger

Mit der um 1823–25 geschaffenen *Baumstudie* von Eugène Delacroix mag sich für Werner Busch ein persönlich besonderer, ja durchaus familiärer Bezug verbinden. Ist sie doch die kleinere, zarter und flüchtiger skizzierte Variante einer von Delacroix zur gleichen Zeit gefertigten Zeichnungsstudie eines Eichenbaums, die sich heute in Bremen, also der Heimatstadt von Werner Busch befindet, erworben seinerzeit von seinem Vater Günter Busch, und zwar für die dortige Kunsthalle, der er in fast 40-jähriger Museumstätigkeit als Leiter und Direktor vorgestanden hatte.

Zeigt das Bremer Blatt den Eichenbaum in seiner ganzen, machtvollen Größe und Erstreckung, vom massiven Stamm mit seiner breiten Wurzelbildung aufwärts bis in die Krone aus etwas lichterem Gezweig und Laubwerk, so bietet ihn die *Baumstudie* in der Sammlung von Werner Busch in einem enger gefassten Ausschnitt dar und rückt ihn zugleich näher an den Betrachter heran. Und nicht nur das, denn sie transformiert den in der naturhaften Organik seines emporsteigenden Aufwuchses in der Bremer Zeichnung in anschaulicher und kompakter Ganzheit erfassten Eichenbaum in eine andere ästhetische Gegebenheit, in ein feinnerviges und doch markant pulsierendes Linien- und Strichgefüge, in ein zartgliedriges »Lichtspiel«, wie Ernst Goldschmidt treffend formuliert. So vermag sie als eindrückliches Zeugnis regelrecht die Augen dafür zu öffnen, warum man den gemeinhin der französischen Spätromantik zugeordneten Eugène Delacroix vielfach und mit gutem Grund auch als einen künstlerischen Wegbereiter des Impressionismus ansieht.

In ihrem nahsichtig gewählten Ausschnitt bietet die wie flüchtig und dennoch sensitiv und feinfühlig hingesetzte Zeichnungsstudie den Baum mit seiner Aufzweigung des Hauptstamms in verschiedene größere Stränge und knorrig verwachsene Nebenäste dar. Sie setzt dabei die vielzähligen, feinen Verästelungen, die noch die flirrenden Reste eines schütteren, vielleicht schon herbstlich verdorrten Laubes tragen, als eine Partitur verschiedener optischer Sichtweisen ins Werk. Mit behutsam und doch rasch geführtem Stift entfaltet Delacroix hier eine virtuos geflochtene Textur von Strichen, Linien und Schraffuren und komponiert sie als Zusammenspiel von Unschärfe und Fokussierung, von fortgesetzt entschwindender Latenz und doch auch wiederum markanter Präsenz. So verwandelt er die natürliche Gegebenheit des Baums in eine Erscheinungsgestalt, die maßgeblich als filigrane und beinahe abstrakte Feinstruktur erfahrbar wird, als ein durch den Zeichenstift beherrschtes Gefüge von dramaturgisch intonierten Strichfolgen, die mal tänzelnd, agil oder wellig, mal exaltiert gezackt und widerständig ausgreifend und

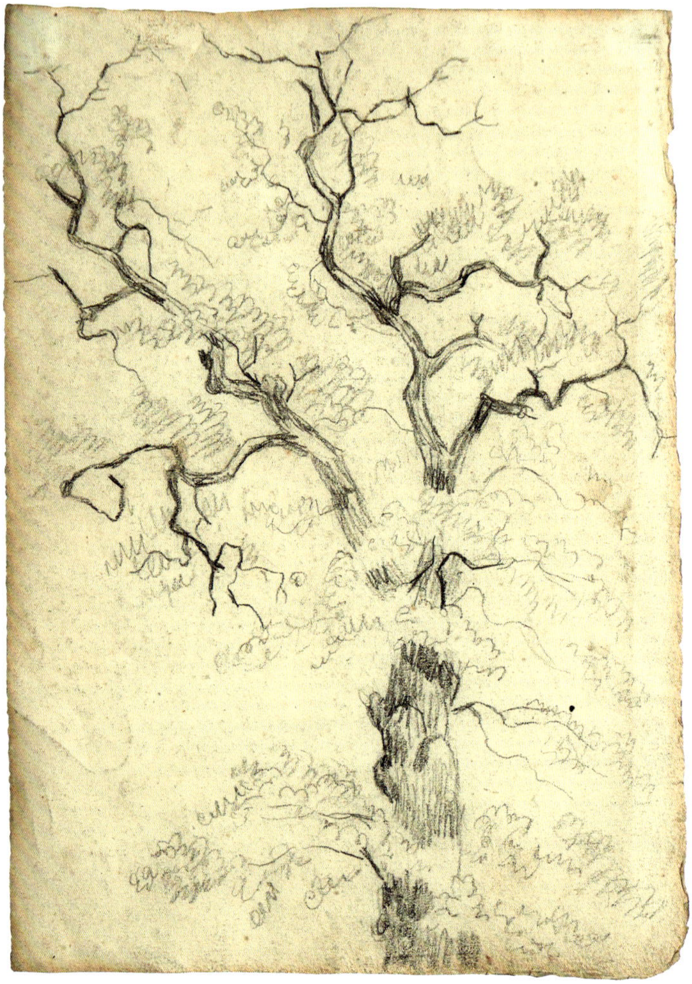

Eugène Delacroix
Baumstudie, um 1823/25

Grafitstift auf Papier, 21,5 × 15,6 cm

mal auch wieder kraftvoll gebündelt daherkommen. Ein immanentes grafisches Gefüge von variierenden Strichstärken und Tonlagen, von hellen und dunklen, von zartgrauen und wiederum abrupt ins kräftige Schwarz wechselnden Färbungen, gleich einem teppichartig gewebten, dabei lebendig ausgreifenden Muster.

Was auf diese Weise entsteht, ist eine morphologisch eigentümliche, ja genuine Lebendigkeit, das Ergebnis einer regelrechten Überführung des Eichenbaums und seiner organischen Charakteristik in die zeichnerisch gewirkte Eigenlogik einer bildästhetischen Figur, die sich auf das ganze Hochrechteck des Blattes ausbreitet und aus dem Recht ihrer eigenen formalen Gesetzlichkeit heraus von ihm Besitz ergreift. Mithin vollzieht sich vor unseren Augen hier im Grunde eine An- und Umverwandlung der in der Außenwelt gesichteten botanischen Natur in eine durch künstlerische Schöpfungskraft nachgestaltete und in diesem Nachbild gleichsam neu geschaffene Natur. Oder anders formuliert: was hier geschieht, ist eine zeichnerische »Inkorporierung« der ihrerseits so körperhaft ausgeprägten Baumgestalt in den neuen, alteritären »Körper« des materiellen Zeichnungsblattes. Dessen haptische Beschaffenheit des feinkörnigen Papiers geht mit dem Auftrag der diversen Bleistiftlinien und -schraffuren in ihrer ganzen, sichtbaren Materialität eine ästhetische Symbiose ein, in der noch der Baum selbst, aber doch zugleich und allererst auch seine künstlerisch entworfene Projektion enthalten und beide als ästhetische Figur gleichsam aufgespeichert sind. Vielleicht liegt darin nicht zuletzt auch der bestechende Reiz dieses Zeichnungsblattes, dass es vom spätromantischen Impetus des einfühlsamen Zugriffs und der imaginären Weltaneignung und zugleich doch auch von einem längst bereits auf den impressionistischen, wenn man so will modernen Natur- und Kunstbegriff verweisenden Schaffenswillen kündet.

Ausgewählte Literatur

Ernst Goldschmidt und Götz Adriani (Hrgs.): *Ingres und Delacroix. Aquarelle und Zeichnungen*, Ausstellungskatalog, Tübingen (Kunsthalle Tübingen) u.a., Köln 1986.

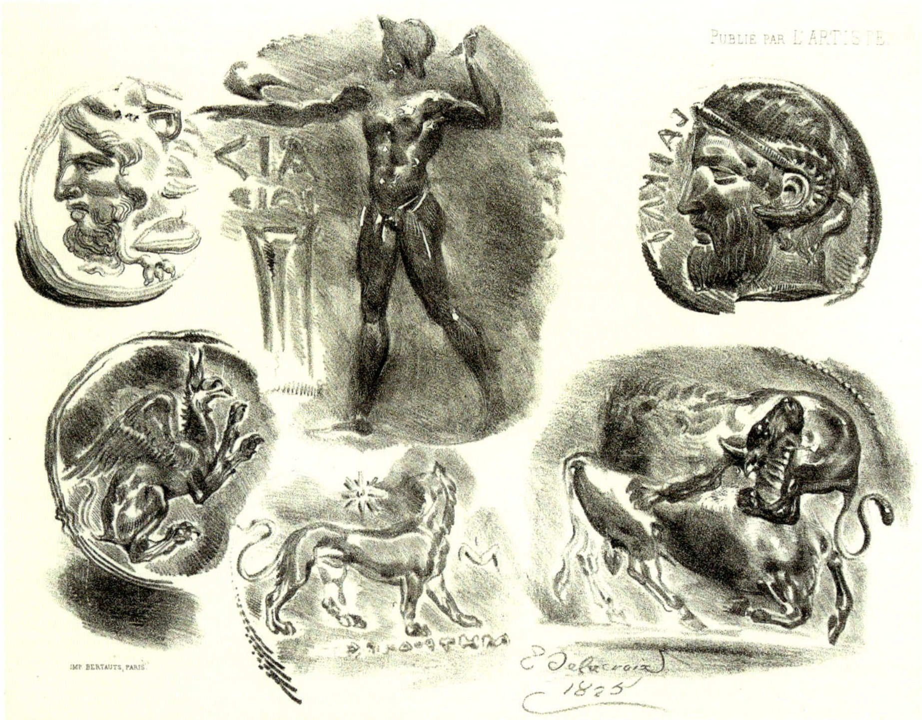

Eugène Delacroix
Sechs antike Münzen, 1825

Kreidelithografie auf Papier, 3. Zustand, 19 × 25 cm

Delacroix' andere Antike

Johannes Grave

Als der Kunstkritiker Philippe Burty am 20. Juli 1861 einige Eindrücke von einem Besuch bei Eugène Delacroix niederschrieb, hielt er auch Beobachtungen zur Wohnung des Künstlers fest. In einem Vorzimmer war sein Blick auf eine Reihe von Arbeiten auf Papier gefallen, darunter drei Blätter mit Darstellungen von Münzen oder Medaillen. Es dürfte sich um Zeichnungen oder eher noch um Lithografien gehandelt haben, wie Delacroix sie in den Jahren 1824/25 geschaffen hatte. Burtys Notiz ist ein bemerkenswertes Indiz dafür, welche Bedeutung der Künstler den Studien nach antiken Münzen auch später noch beimaß. Er muss in diesen Blättern etwas gesehen haben, was für ihn von bleibendem Wert war.

Delacroix dürfte sich 1824 zunächst in Zeichnungen daran gemacht haben, ausgewählte Beispiele der antiken Numismatik wiederzugeben und dabei neu zu arrangieren. Anders als Théophile Silvestre in seiner *Histoire des artistes vivants* (1856) und Charles Blanc 1864 in der *Gazette des Beaux Arts* vermuteten, scheinen ihm nicht Stücke aus der Sammlung von Pierre-Louis de Blacas, sondern Münzen aus dem *Cabinet des médailles* der *Bibliothèque royale* als Vorlagen gedient zu haben. Dabei arbeitete Delacroix aber offenkundig nicht mit den Originalen, sondern mit Schwefelpasten, die Théodore-Edme Mionnet nach den Münzen des *Cabinet des médailles* hatte anfertigen und zum Kauf anbieten lassen. Immerhin fünf Lithografien dieser Art sind inschriftlich mit der Jahresangabe 1825 versehen; eine weitere, nur indirekt überlieferte, wird in dieselbe Zeit datiert. Delacroix' Beschäftigung mit diesen Zeugnissen der Antike hatte mithin weit mehr als einen beiläufigen Charakter.

Die konkreten Vorlagen, die er seiner querformatigen Lithografie mit sechs Münzbildern zugrunde gelegt hatte, konnten inzwischen durch Dominique Gerin identifiziert werden: Oben erscheinen – von links nach rechts – das Haupt des Herakles, dann Zeus, auf dessen ausgestrecktem Arm der Adler Platz gefunden hat, sowie Zeus Ammon, also der von den Griechen mit Zeus identifizierte ägyptische Fruchtbarkeitsgott Amun. In der unteren Reihe hat Delacroix links das Münzbild eines Greifen platziert, mittig einen schreitenden Löwen eingefügt und rechts einen Kampf zwischen Löwe und Stier dargestellt. Die Zusammenstellung der aus unterschiedlichen Jahrhunderten und Gegenden stammenden griechischen Münzen folgt keiner erkennbaren chronologischen oder geografischen Folge. Die naheliegende Vermutung, dass es Delacroix nicht um eine exakte antiquarische Dokumentation von antiken Zeugnissen ging, wird durch eine Beobachtung von Dominique Gerin bestärkt: Sowohl bei der Darstellung des Greifen als auch bei der Wiedergabe des vom Löwen gerissenen Stiers hat Delacroix jeweils zwei eng miteinander verwandte Münzen in einem Bild zusammengeführt. Die mit der Anordnung der Stücke einhergehende Differenzierung zwischen den oben angeordneten menschlichen Köpfen bzw. Figuren einerseits und den Tieren bzw. Fabelwesen andererseits dürfte beabsichtigt gewesen sein. Allen Münzen ist aber gemeinsam, dass in ihnen eine dynamisch-kraftvolle antike Bildkultur hervortritt, die nicht sogleich an ein klassisches Kunstideal im Sinne Johann Joachim Winckelmanns denken lässt. In besonderer Weise gilt das für die unten rechts gezeigte Szene mit Stier und Löwen, die auf Delacroix' eigene Darstellungen von Tierkämpfen vorausweist.

Oft ist bemerkt worden, dass die Lithografie gegen wichtige Konventionen der grafischen Reproduktion von Münzen und Medaillen verstößt: Den wiedergegebenen Stücken fehlen klar konturierte Münzränder, ihre Größen werden nicht maßstäblich zueinander ins Verhältnis gesetzt, und die plastisch herausgearbeiteten Münzbilder (durch die sich die Vorderseiten griechischer Münzen oftmals auszeichnen) sind durch dramatischen Lichteinfall besonders hervorgehoben. Ungewöhnlich präzise ist zudem die Wiedergabe von Fehlstellen und Beschädigungen. Indem sich Delacroix der Kreidelithografie bediente, verzichtete er auf klare Konturen, um stattdessen mit Hilfe des nuancenreichen körnigen Hell-Dunkels der von ihm gewählten grafischen Technik feine Abstufungen im Relief zu erfassen. Dadurch wirken die Darstellungen auf den Münzen stark verlebendigt. Der antiquarische Informationswert und die Präzision der Wiedergabe sind jedoch umso stärker eingeschränkt.

Werner Busch hat die Lithografie als anschauliches Beispiel dafür angeführt, wie Delacroix über das Zeichnen nachdachte und es praktizierte. Die zeichnerische Faktur des französischen Malers konzentriere sich nicht auf den deutlich definierten, durchlaufenden Umriss eines Gegenstands, sondern rege – in seinen Lithografien ebenso wie in Handzeichnungen – zur sinnlichen Belebung und imaginativen Ergänzung an: »Eine Fixierung ist das nicht, vielmehr die Wiedergabe einer Formerfahrung« (Busch 2001, S 19). Insofern sei Delacroix' zeichnerische Auffassung – ganz im Sinne des von ihm so genannten Verfahrens des »dessin par les milieux« – dem plastischen, sinnlichen Prinzip der Medaille verwandt, nicht aber der scharf zeichnenden, konturbetonten, in der Fläche verbleibenden gewöhnlichen Münze, wie man sie aus der römischen Antike oder späteren Zeiten kennt.

Die Arbeit an den Lithografien mit griechischen Münzen fällt in eine für Delacroix wichtige Phase. Der Salon des Jahres 1824 hatte ihm erneut viel Aufmerksamkeit und durchaus auch weiteren Erfolg gebracht. Allerdings wurde er spätestens seit der Präsentation des *Massakers von Chios* eindeutig der *nouvelle école* der Romantiker zugeordnet. Delacroix gehörte damit – um die Worte des David-Schülers Étienne-Jean Delécluze aufzugreifen – zu den Vertretern eines »système shakespearien«, mit dem sich einige junge Künstler von der etablierten »doctrine homérique« abwandten. Von dem Romantiker Delacroix erwartete man daher Bilder nach nachantiken Dichtern wie Dante, Shakespeare, Cervantes oder Zeitgenossen wie Byron und Goethe, nicht aber einen veritablen eigenständigen Beitrag zur Beschäftigung mit dem Erbe der Antike. Dem Künstler scheint diese Zuordnung in ein Lager Unbehagen bereitet zu haben. Delacroix musste fürchten, dass dadurch seine künstlerischen Möglichkeiten und seine Ambitionen eingeschränkt würden. Die Serie der Lithografien mit antiken Münzen könnte in dieser Situation als ein subtiler Versuch zu verstehen sein, die sich vertiefende und verstetigende Polarisierung zwischen den Romantikern und dem Antikenbezug der Nachfolger Jacques-Louis Davids zu unterlaufen. Mit seinen Lithografien bekräftigte Delacroix seinen Anspruch, auch das Erbe der antiken Kunst anzutreten – nun allerdings mit einem dezidiert modernen Blick. Die unverstellte Nacktheit kraftvoller antiker Heldenkörper, die David unter anderem in seinen *Sabinerinnen* (1799) inszeniert hatte, begegnet bei Delacroix in überraschend ähnlicher Haltung mit dem Münzbild des schreitenden Zeus.

Eine weitere, ebenfalls 1825 veröffentlichte Lithografie spricht für die Hypothese, dass Delacroix im Medium der Druckgrafik jene Zuordnung zu Schulen in Frage stellte, die von der Kunstkritik und der Öffentlichkeit gerade erst etabliert wurde. Das Blatt *Macbeth und die Hexen* bestätigt mit der Wahl der literarischen Vorlage auf den ersten Blick die Zugehörigkeit von Delacroix zum »système shakespearien«. Und auch der ausgesprochen malerische, auf effektvolle Hell-Dunkel-Kontraste zielende Stil fügt sich gut in dieses Bild. Allerdings zeigt sich bei näherem Hinsehen, dass sich Delacroix sehr gekonnt der sog. *manière noire* der Lithografie bedient hat. Er hatte den Stein zunächst ganz mit lithografischer Tusche eingefärbt, um erst in einem zweiten Schritt mit einer Nadel oder einem Schabeisen die hellen Partien herauszukratzen. Auf diese Weise hatte er unzählige, je für sich durchaus scharfe und klare helle Linien auf das Papier gebracht. Ausgerechnet mit der reinen Linie, also mit dem künstlerischen Mittel, das im Zentrum der neoklassizistischen »doctrine homérique« stand, schuf Delacroix ein eminent malerisches Bild. So wie er mit den Lithografien nach antiken Münzen den Alleinvertretungsanspruch der David-Schule auf das Erbe der Antike konterkarierte, unterlief er mit seiner Macbeth-Lithografie die Scheinalternative zwischen malerischer Romantik und linearem Neoklassizismus.

Ausgewählte Literatur

Werner Busch: *Die Neudefinition der Umrißzeichnung in Rom am Ende des 18. Jahrhunderts*, in: ders. und Margret Stuffmann (Hrsg.): *Zeichnen in Rom 1790–1830*, Köln 2001, S. 10–44.

Dominique de Font-Réaulx (Hrsg.): *Delacroix et l'antique*, Ausstellungskatalog, Paris (Musée national Eugène Delacroix), Paris 2015.

Dominique Gerin: *Les sources des lithographies de ›médailles‹ d'Eugène Delacroix*, in: *Nouvelles de l'estampe* 157 (1998), S. 12–21.

Joyce Bernstein Howell: *Delacroix's Lithographs of Antique Coins*, in: *Gazette des Beaux-Arts* 124 (1994), S. 15–24.

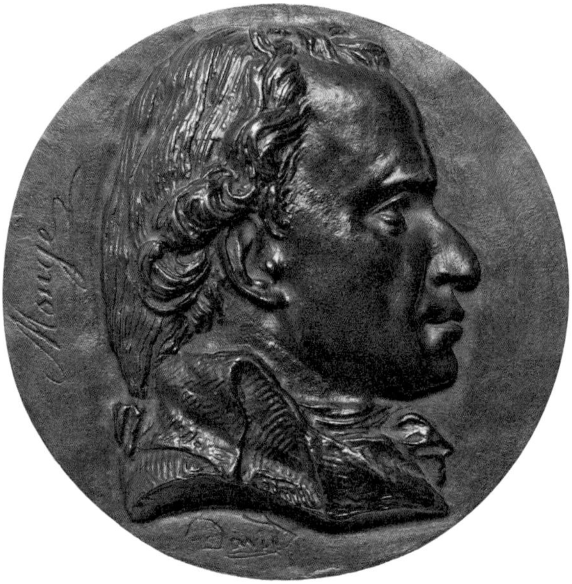

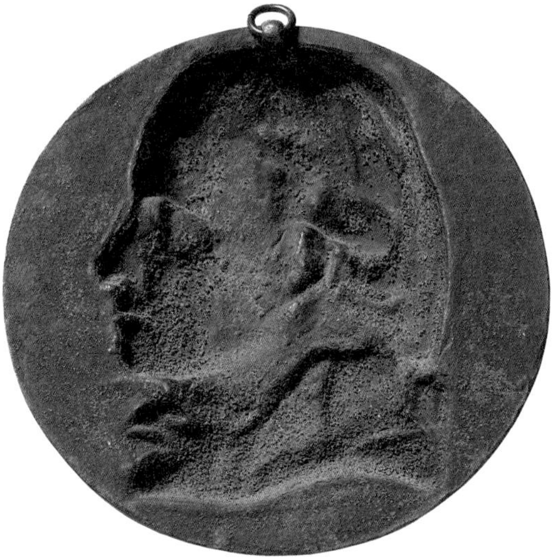

David d'Angers
Bildnis des Gaspard Monge, um 1830

Bronze, Durchmesser: 17,2 cm

Das Medaillon des Gaspard Monge, ein republikanisches Porträt

Harold Hammer-Schenk

Werner Busch auf dem Weg ins Proseminar – manchmal trug er ein kleines Tablett in der Hand, darauf einige Medaillen. Die Stücke stammten, wenn die Erinnerung nicht täuscht, von Prägungen, mit denen Dominique-Vivant Denon die Taten Napoleons hatte verewigen lassen, und wohl auch aus der Folge der *Grands Hommes Français* von 1816–1838.

Das hier zu charakterisierende Medaillon des Pierre-Jean David d'Angers hat mit diesen Medaillen manches gemeinsam. Es stammt ebenfalls aus einer Folge, »ma galerie des grands hommes«, wie David 1830 sein Porträtwerk nannte. Damals hatte er schon »[g]egen hundert Marmorbüsten [... sowie u]ngefähr 300 Medaillons [und] Bildnisse der ausgezeichnetsten Personen Europa's« geschaffen, wie er etwas später für das *Kunstblatt* erklärte (16.1835, Nr. 14, S. 56). Die Gesamtzahl ist umstritten, über 500 sind sicher.

David frönte sein ganzes Leben einem intensiven »culte pour les grands hommes« (Jouin 1890, S.42), den er kontinuierlich in Briefen und vor allem in den *Carnets*, einer Art Tagebuch, Sammlung von Aphorismen und alltäglichen Beobachtungen, anspricht: »J'ai le plus grand fanatisme pour tous les hommes qui ont fait de grandes choses [...]« (Bruel 1958, I, S. 88).

Dazu gehörten nur bestimmte, wie er Ende 1845 bekannte: »J'ai réfusé de faire la statue des princes et des rois, et j'ai été heureux de reproduire l'image de l'homme du peuple qui consacra les inspirations de son génie poétique à la noble cause de la liberté« (Jouin 1890, S. 253).

David hatte also um 1830 die Herausgeber von Serienmedaillen an Zahl der verfügbaren Stücke weit überflügelt. Doch seine Medaillons waren groß; er entwarf sie für einen Durchmesser von etwa 10 bis 19 cm (Goethemedaillon: 22,5 cm). Im Gegensatz zu Medaillen hatten die Stücke keinen regelmäßigen, erhabenen Rand als Rahmung. Eine rückseitige Beschriftung oder bildliche Darstellung als Allegorie oder Historie, wie bei Medaillen üblich, fehlen.

Die Loslösung von der Medaille verlangte Kompromisse. Als Annäherung an die Herausgeber von Medaillen arbeitete David 1838 an einem Katalog seiner Medaillons mit: *Collection de Portraits des Contemporains d'après les médaillons de P.-J. David d'Angers [...]. Publiée [...] par la Société du Trésor de Numismatique et de Glyptique,* Paris 1838. Die Einleitung weist hin auf die besondere Höhe des Reliefs der Medaillons im Unterschied zu Medaillen. Die physiognomische Eigenart der Porträtierten erhalte in der künstlerischen Umsetzung eine neue Dimension. Die Höhe des Reliefs gehe mehr vom Charakter, mehr vom Ausdruck der Individuen aus. Das Relief folge den ungleichen Verhältnissen/Größen der Tatkraft und des Temperaments der einzelnen Physiognomien. Das Relief verleiht also dem einzelnen Medaillon eine Stillage oder einen Modus, die vom Künstler aus der Physiognomie herausgelesen wurden.

Die *Société du Trésor de Numismatique* hatte 1836 den bis heute maßgebenden Band über die Medaillen der Revolution für die Zeit von 1798 bis 1804 herausgegeben und das Werk über die Medaillen Napoleons (1804–1824) war in Arbeit. Davids Medaillons waren damit in eine prominente Reihe aufgenommen. Ein zugehöriger Verkaufsprospekt nennt unter den Medaillons von französischen Militärs den General Bonaparte an erster Stelle – nicht den Konsul oder den Kaiser. Das ist gewiss Davids Einfluss zuzuschreiben. Die Reihe der Wissenschaftler führt Gaspard Monge an. Monge passt in die republikanisch geprägte Folge von Davids Medaillons. Er war Jakobiner, Patriot, seine bahnbrechenden Forschungen zur Geometrie wurden für die Revolutionsheere genutzt. Er organisierte die Kriegswirtschaft von Heer und Marine, war 1792 Marineminister. 1796/97 war er einer der Kommissare, die im Zuge des Italienfeldzuges Napoleons »objets de science et d'art« einzuziehen hatten. In der gleichzeitigen Mobilisierung der französischen Marine sah man in England die Gefahr einer von Monge vorbereiteten Invasion. Damit wurde er auch Thema englischer Karikaturen. Er sollte die Teilnahme am Ägyptenfeldzug 1798/99 als Organisator der kulturellen Ambitionen Napoleons vorbereiten. Monge war auch Physiker, Chemiker, vor allem genialer Mathematiker, Gründer der *École Polytechnique* in Paris und Mitglied des *Institut de France*. Was David sicher nicht gutheißen konnte, war seine enge Verbundenheit mit Napoleon, über dessen Zeit als General hinaus. Monge war und ist berühmt. Schon 1819 begann mit einem dreihundertseitigen Buch eine umfängliche Biografik, die bis in die Gegenwart anhält.

Davids Medaillon des Gaspard Monge, mit einem Durchmesser von 17,3 cm, ist als Bronzehohlguss ohne Gießereimarke im Sandgussverfahren gearbeitet und ist rückseitig mit einer Öse versehen. Das Stück ist gleichmäßig schwarzbraun patiniert (Reinis 1999, Nr. 317). Es zeigt Monge im Profil nach rechts. Der Kopf ist nahe gesehen, mit minimalem Büsten- und Schulteransatz. Der hochgezogene Umschlagkragen eines zeitgenössischen Überrockes reicht bis zum Haaransatz, die Halsbinde, zu einem Knoten gebunden, verdeckt den Hals fast bis zum Kinn. Die Frisur ist relativ flach in Strähnen über die Schädelkalotte gelegt, rückseitig zu einem Zopf mit nur angedeuteter Masche gebunden.

Die Darstellung reicht unten und oben bis fast an die Kante des Medaillons. Hinter dem Kopf ist groß, senkrecht stehend, der Name des Dargestellten im Faksimile seiner Signatur zu lesen. Der Künstler signierte vorne, unterhalb des Schulteranschnittes, ebenfalls als Faksimile, nur etwas kleiner. David machte das fast immer. Es erhöht die Authentizität des Bildes – beide bürgen offenkundig für die Darstellung. Diese Form ist bei Medaillen höchst selten, ebenso das Fehlen der Lebensdaten.

Oft setzte David unter oder neben seinen Namen das Entstehungsdatum des Bildes. Hier fehlt es. Das Medaillon dürfte um 1830 entstanden sein. Das lässt sich stilistisch und thematisch begründen. David hatte Ende 1830 den Auftrag erhalten, das Giebelfeld des *Panthéon* durch ein neues Skulpturenprogramm zu einem Bild profaner Nutzung zu verändern. Die Inschrift im Fries aus der Revolutionszeit (»Aux Grands Hommes, la Patrie Reconnaissante«) entspricht Davids Motto für die Helden seiner Medaillons. David hatte ein republikanisch-antiklerikales Figurenprogramm bis 1837 durchsetzen können. Unter den Größen steht Monge neben Mirabeau in der ersten Reihe der zur zentralen Verkörperung des Vaterlandes Strebenden. Diese sind jeweils in sehr flachem Relief gehalten. Ihre Profile sind in der Reihe der Schulter an Schulter Stehenden gleich Medaillons herausgearbeitet. Auch Davids monumentale Historienreliefs der Zeit um 1830/35 können angeführt werden, die diese absolut bildparallele Haltung im Profil zeigen.

David bevorzugte die Arbeit nach dem lebenden Modell: »Tous les portraits faits après la mort de la personne portent l'empreinte de la nullité. Ils manquent de caractère [...], 1844« (Bruel 1958, II, S. 166). Trotzdem modellierte er auch einige postume Porträts, darunter jenes des 1818 verstorbenen Monge, der wohl im Alter seines Einsatzes in Ägypten (1798) dargestellt ist. Aus dieser Zeit gibt es eine Profilzeichnung von André Duterte nach rechts, die Monge während der Überfahrt nach Ägypten zeigt und als Radierung veröffentlicht worden ist. David hat sich wahrscheinlich von idealisierten Bearbeitungen dieses Blattes beeinflussen lassen.

1822 war in der Folge der *Grands Hommes Français* zum Andenken an Monge eine Medaille im Standardmaß von 41 mm und der typografisch immer gleichen rückseitigen Beschriftung erschienen (Abb. 1). David wird sie gekannt haben.

Medaille und Medaillon: Die Unterschiede sind enorm. 41 mm zu 173 mm Durchmesser, etwa 50 g zu 500 g Gewicht, braun zu fast schwarz patinierter Bronze. Das Profil von Monge ist in der Medaille eingezwängt in die erhaben geprägten Großbuchstaben der Aufschrift. Der Name des Künstlers ist klein unter dem Schulterabschnitt zu lesen. Alles ist in einen mehrfach profilierten Rand eingefasst.

David machte die Kleidung zu einem niedrigen Sockel für einen hohen, etwas kantigen Kopf. Der Medailleur dagegen gibt der Kleidung mit dem hochgestellten, steifen Kragen fast so viel Raum, wie dem darin sitzenden, etwas weicher in den Zügen gezeichneten Kopf. Davids Monge lebt von dem zurückgenommenen Dekorum: Die Falten des Stoffes sind weich-knautschig, eine Textur ist, in bloßen Kerben mit dem Modellierholz skizziert, nicht erkennbar; die Halsbinde ist lose gebunden. Beim Monge der Medaille sitzt sie fest, ein Jabot ist sorgfältig plissiert, die Kanten des Rockes sind fein bestickt, die Masche des Zopfes ist nicht nur fein gebunden, sondern auch fein reliefiert. Die Haare sind gleichmäßiger eingerollt – wahrscheinlich eine Perücke. David gibt seinem Monge schärfer gezeichnete Gesichtszüge, die Augenbraue ist markanter, die Stirnfalte darüber erscheint vom Knochen gebildet, der Phrenologe David scheint hier auf. Das gesamte Bild erhält eine geschlossenere Kontur.

Die Medaille stammt von Jacques-Eduard Gatteaux, gleichaltrig mit David, Träger des Rompreises für Graveure 1810–1813. Er war also zur selben Zeit in der Villa Medici

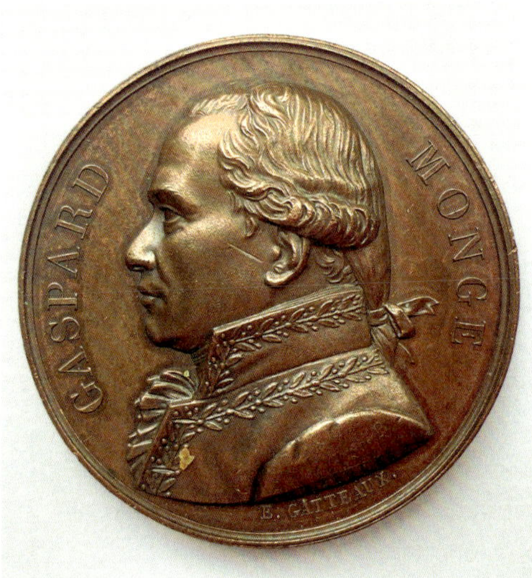

Abb. 1 | J.-E.-Gatteaux, Medaille auf Gaspard Monge, 1822, Bronze, Durchmesser: 41 mm

Stipendiat wie David. Auch er arbeitete nach einer Vorlage, wahrscheinlich nach einer Radierung, die Monge zu Ehren dem zweiten Band der *Antiquités* aus der monumentalen *Description de L'Egypte*, erschienen 1819, beigegeben war.

Die numismatische Tradition von Medaille und Medaillon erklärt das Profilbild schlüssig. Die einprägende Kraft der Umrisslinie, der Silhouette, hat David stets beschäftigt: »J'ai été toujours vivement remué par la vue d'un profil. Le profil est en relation avec d'autres êtres; il vas vous fuir, il ne vous regarde pas. La face, vous faisant voir plusieurs traits, est plus difficile à analyser; tandis que le profil, c'est l'unité« (Bruel 1958, I, S.65) – »La silhouette fixe l'attention: en l'arrêtant aux seuls contours extérieurs, elle simplifie l'observation, qui devient par là plus facile & plus exacte [...]« (Lavater 1783, Bd. 2, S. 159).

David war häufig sehr nah an Lavater. Wie dieser bevorzugte er das Profilbild. Die fast schwarze Patina erinnert an Schattenrisse. Er kannte viele Künstler und Theoretiker, die sich mit dem Thema Umriss befasst haben und hat von ihnen Medaillons gefertigt: Flaxman, Goethe, Schlegel, Retzsch.

Bei der Diskussion um Profil, Silhouette, Schattenriss muss bedacht werden, dass eine verbindliche Farbgebung von Davids Medaillons kaum zu bestimmen ist. Eine erhebliche Zahl von Medaillons aus seiner Lebzeit zeigt auf den Flächen des Gesichts eine hellbraungoldbronzen »lavierte« Patina, Haare und Gewand zeigen goldene Höhungen, das Umfeld des Profils ist dagegen schwarzbraun gefärbt. Joseph G. Reinis ist der Meinung, dass einheitliche schwarzbraune Patina, wie beim vorliegenden Exemplar, bei Originalgüssen vorkomme. David hatte seinen Gießern, dem Handel und den Kunden wohl freie Hand gelassen.

Man kann den Schattenriss für die Wirkung der dunklen Medaillons nur mit Einschränkung in Anspruch nehmen, da die Porträts von einem ebenfalls schwarzen Feld umgeben sind, im Gegensatz zu den Silhouetten Lavaters auf weißem Papier. Vor allem die Gipsabgüsse von Davids Medaillons zeigen die Porträts ebenfalls im Ton des umgebenden Feldes. David thematisierte die Einfarbigkeit von Skulptur und Plastik 1839 in pathetischen Worten: »La statuaire, elle, cherche à mettre le spectateur dans la situation d'un homme qui contemple une apparition, celle de l'âme. Certes avec sa couleur uniforme elle ne peut avoir la prétention de tromper l'œil, elle parle à l'imagination en lui retraçant les grandes actions des héros ou le génie des grands hommes. [...] C'est donc à l'âme que le statuaire doit s'adresser [...]« (Bruel 1958, Bd. 2, S. 53).

Der Reiz für den Betrachter besteht darin, aus dem allmählichen Wahrnehmen von Kontur und Binnenzeichnung das Bild der Seele des Dargestellten zu erkennen. David überdachte in unzähligen Einlassungen das Thema der Seele als Aufgabe des Bildhauers. Die Seelen des Künstlers, des Porträtierten und des Betrachters gehen Beziehungen ein. Da werden traditionelle Vorstellungen von »expression des passions de l'âme« mit der Überzeugung von der individuellen Kraft der Genies (Dargestellte und Künstler) verbunden. Auch Lavater taucht hier auf, dessen verbissener Einsatz für die Silhouette fast übersehen lässt, welch hohe Stellung er der Porträtmalerei beimaß: »L'âme se peint sur le visage; il faut l'appercevoir pour la rendre sur la toile; & celui qui n'est pas capable de saisir cette expression, n'a jamais été Peintre en portraits« (Lavater 1783, Bd. 2, S. 216).

In der Literatur über David wird Leonhard Posch übergangen, obwohl er einige hundert Medaillons mehr als David geschaffen hat; sie wurden als Eisenguss, tiefschwarz patiniert, verkauft; der Durchmesser war fast immer etwa 9 cm, sie zeigten fast ausnahmslos Profilbüsten von Männern und Frauen des Adels und Bürgertums und waren immer auf randlosem Rund modelliert. Erwähnt sei, dass Denon ihn nach Paris geholt hatte. Über den Aufenthalt, 1810–1814, ist wenig bekannt. Er war wohl mit eigenen Porträts Zuarbeiter für Medailleure. In Berlin hatte er anschließend großen Erfolg, erlebte aber Davids dortigen Aufenthalt 1834 nicht mehr. Dieser nahm von seinem Werk offenbar keine Notiz. Die Steifheit der Porträts, ihr meist etwas fixierend geradeaus gerichteter Blick, der Umgang mit der leeren Bildfläche (kein Name der Porträtierten, die Signatur des Künstlers winzig) gehörten einer anderen Epoche an. Vielleicht vermisste David auch die schwungvollen Signaturen seiner eigenen Medaillons als »notwendige Arabeske«.

Das Medaillon Monge ist Teil einer Galerie, wie David sein Porträtwerk nannte, von sorgfältig bedachter, moralisch gefilterter Vielfalt. Die künstlerische Breite dieser Galerie kann ein Beispiel nur bedingt vermitteln. Für das vorliegende Stück gilt wohl seine Feststellung von 1828: »Le sublime s'exprime toujours avec la plus grande simplicité. [...] Les visages à traits droites sont bien plus nobles que les visages à traits infirmes« (Bruel 1958, Bd. 1, S. 17). Diese Sätze lassen sich vereinbaren mit den Ansprüchen des zurückliegenden Klassizismus, zu denen auch das nicht sehr hohe Relief des Medaillons gehört. Nicht vereinbar ist mit ihnen die wenig korrekte Frisur und die lockere Struktur der Kleidung, ganz zu schweigen von deren skizzenhaft unvollendeter Oberfläche, die David in vielen seiner Medaillons augenfällig machte. Ihm war der Kopf wichtig und da nicht nur die Betonung von Leidenschaften, sondern »l'homme intérieur [...], ce Dieu intéreur [...].« (Bruel 1958, Bd. 2, S. 236). Für Monge bestand diese innere Kraft in der Zeit seiner Expedition nach und in Ägypten sicher aus einer entschlossenen Zuversicht, getragen vom Tatendrang des Generals Bonaparte und aus dem Bewusstsein seiner eigenen Fähigkeiten. Inhalt und Form gehen also überein.

David wollte nie den verachteten Kaiser Napoleon porträtieren. Aber 1838 fertigte er sein Medaillon an, Ansicht en-face und mit der Inschrift »Le Général Bonaparte«. Den Kopf hatte er von Antoine-Jean Gros' Arcole-Gemälde übernommen. Kurz zuvor hatte er den republikanischen General im Giebelrelief des *Panthéon* in Szene gesetzt. Zeitgenössisch wurde das als Opposition gegen Louis Philippe als König gedeutet. Auch das Medaillon Monge entstand nach einer Vorlage; zudem taucht Monge ebenfalls im Giebel des *Panthéon* auf. Porträtiert ist auch er in seiner republikanischen Phase.

Ausgewählte Literatur

Anonym, »*Pierre-Jean David*«, in: *Kunstblatt* 16, Nr. 14 (1835), S. 56.

Laurent Baridon und Martial Guédron: *Corps et Arts. Physiognomie et physiologies dans les arts visuels*, Paris 1999.

André Bruel (Hrsg.): *Les carnets de David d'Angers*, 2 Bde., Paris 1958.

Vito Cardone: *Gaspard Monge. Padre dell'ingenere contemporaneo*, Rom 2017.

Jacques de Caso: *David d'Angers: L'avenir de la mémoire*, Paris 1988.

Sean DeLouche: *Face Value. The Reproducible Portrait in France, 1830–1848*, phil. Diss., Ohio State University 2014.

Viviane Huchard (Bearb.): *Aux Grands Hommes, David d'Angers*, Ausstellungskatalog, Saint-Rémy-lès-Chevreuse (Fondation de Coubertin), Saint-Rémy-lès-Chevreuse 1990.

Henry Jouin (Hrsg.): *David d'Angers et ses relations littéraires*, Paris 1890.

Thierry Laugée und Inès Villela-Petit (Hrsg.): *David d'Angers. Les visages du romantisme*, Ausstellungskatalog, Paris (Bibliothèque nationale de France), Montreuil 2011.

J. G. Lavater: *Essai sur la Physiognomie destiné à faire connôitre l'homme*, 3 Bde., Den Haag 1781–1786.

François Pairault: *Gaspard Monge. Le fondeur de Polytechnique*, Paris 2000.

Joseph G. Reinis: *The Portrait medallions of David d'Angers. An Illustrated Catalogue*, New York 1999.

»Zur gekrönten Birne«. Ein »Affenstreich« von Jean-Jacques Grandville zwischen *Capriccio* und politischer Karikatur

Joachim Rees

Mit der Gründung der Zeitschrift *La Caricature* in Herbst 1830 begann für den 27-jährigen Jean Ignace Isidore Gérard eine neue Phase in seiner noch jungen Künstlerkarriere. Seit seiner Übersiedlung von Nancy nach Paris im Jahre 1825 hatte sich der Lothringer unter dem Namen Jean-Jacques Grandville eine gewisse Reputation als Illustrator und satirischer Zeichner in der Kunst- und Literaturwelt der französischen Hauptstadt erarbeitet. Nach einer sporadischen Mitarbeit an der kurzlebigen, 1829 gegründeten Zeitschrift *La Silhouette* markiert das unter der Federführung von Charles Philipon konzipierte Projekt einer wöchentlichen Satirezeitschrift mit zwei Lithografien pro Heft, die ab dem 4. November 1830 zunächst unter dem Titel *La Caricature, morale, religieuse, littéraire et scénique* erschien, für Grandville den eigentlichen Beginn seiner Tätigkeit als Bildjournalist. Als Mitarbeiter der ersten Stunde hat er dem Blatt buchstäblich ein Gesicht mit hoher Einprägsamkeit verliehen. Auch wenn sich die adjektivischen Zusätze hinter der titelgebenden *Caricature* in der knapp fünfjährigen Existenzspanne des Periodikums mehrfach ändern sollten, so begrüßte doch bis zum letzten Heft im August 1835 jeden Donnerstag aufs Neue das von Grandville entworfene »Maskottchen« die Abonnenten: ein maliziös grinsender Kobold, der – mit den Werkzeugen und Waffen der schreibenden und zeichnenden Satire behängt – beherzt die Geißel schwingt und damit die Textzeile zu seinen Füßen performativ in Szene setzt: »Castigat ridendo mores«. Für Grandvilles Begabung, auf kleinstem Raum maximale Bedeutungsfülle zu entfalten, ist eine unscheinbare Konfrontation zwischen einem Tier und einem dinghaften Attribut aufschlussreich, die sich im Sockelbereich der Vignette und in auffälliger Nähe zur Künstlersignatur ereignet. Als animalischer Begleiter des Geißelschwingers fixiert ein wehrhaftes Stachelschwein eine am Boden liegende Schere – ein momentan passives, aber immer noch funktionstüchtiges Instrument der Zensur, dessen spitze Klingen der ungeschützten Ferse des Satirikers bedrohlich nahekommen.

Die Gründung der Zeitschrift wurde von der Juli-Revolution und der nachfolgend ausgearbeiteten Verfassung beflügelt, wenngleich sich die politischen Hoffnungen der Blattmacher auf eine zweite Republik vorerst nicht erfüllen sollten. Immerhin hat der neue König Louis-Philippe d'Orléans im August 1830 die bindende Wirkung der *Charte constitutionelle* feierlich beeidet, in ihr heißt es mit beschwörendem Unterton: »Die Zensur kann nie wieder eingeführt werden«. Im Vertrauen darauf war das Geschäftsmodell

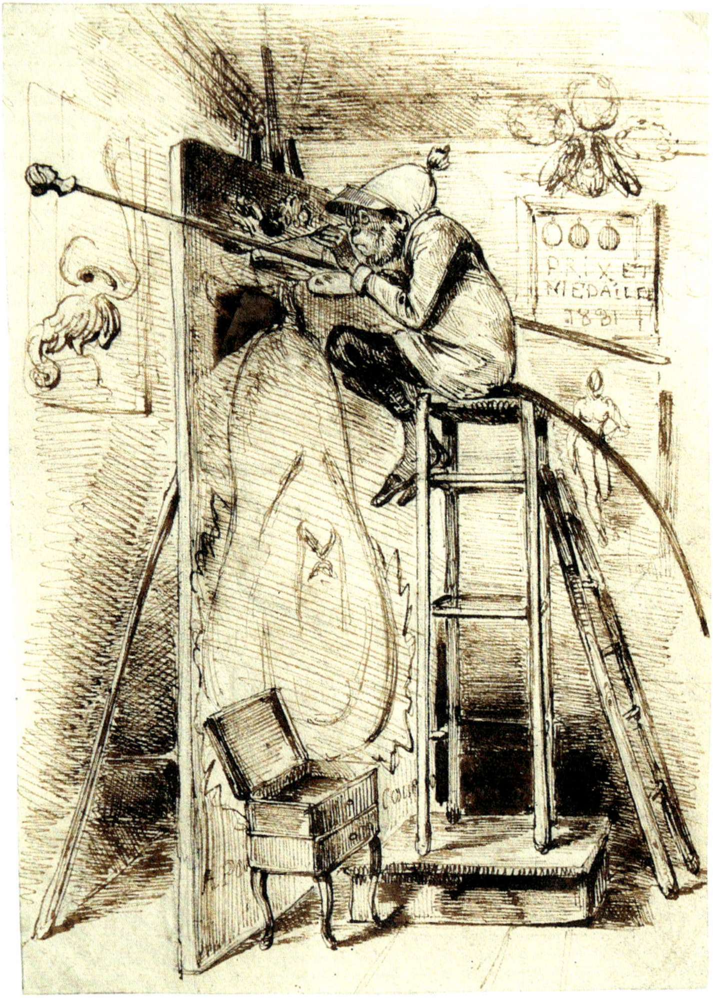

Jean-Jacques Grandville
Der Affenmaler und die Louis-Philippe-Birne, 1831/32

Feder über Grafitstift auf Papier, 16,1 × 11,6 cm

von *La Caricature* nicht ohne Risiko: die Hefte und die darin enthaltenen Lithografien gelangten nicht in den freien Verkauf, sondern konnten nur in teuren Jahresabonnements bezogen werden. Gemeinsam mit dem von seinem Schwager geführten Verlagshaus Aubert erprobte Philipon einen Vertriebsweg für satirische Druckgrafik, der auf das liberale Bürgertum in Frankreich und seine Anrainerstaaten abzielte.

Wir müssen Philipons publizistische Strategie und Grandvilles grafisches Idiom zusammendenken, um den Umstand angemessen würdigen zu können, dass die vorliegende Zeichnung in der Sammlung von Werner Busch nicht nur Heimatrecht genießt, sondern sich ebendort trefflich in eine Genealogie des »unklassischen« grafischen Bildes einfügt. Mit dem Zeitschriftentitel *La Caricature* wird bereits metonymisch ein Forschungskontext aufgerufen, dem Busch bleibende Impulse verliehen hat: die langwierige Durchsetzungsgeschichte der zunächst im Medium der Handzeichnung zirkulierenden Personenkarikatur als druckgrafisches Erzeugnis und kritische Reflexionsform einer räsonierenden Öffentlichkeit seit dem frühen 18. Jahrhundert. Obwohl der Sache und dem Begriff nach von niemand Geringerem als Gian Lorenzo Bernini 1665 am französischen Hof eingeführt, fristete das *portrait-charge* in Frankreich selbst noch in der Hochphase der revolutionären Bildpublizistik ein Schattendasein. Es stimmt daher bestens mit Werner Buschs kunst- und kulturgeschichtlicher Orientierung überein, wenn Charles Philipon im Zuge seiner strategischen Anglophilie ein ums andere Mal England als Vorbild für eine politische Kultur beschwor, in der die Karikatur als Gradmesser der öffentlichen Meinung seit Langem den ihr gebührenden Platz einnähme. Doch während sich das goldene Zeitalter der englischen Bildsatire in Kupferstichen und Radierungen eines James Gillray, George Cruikshank oder Thomas Rowlandson verewigt hatte, setzte *La Caricature* konsequent auf die lithografische Vervielfältigung. Mit keiner anderen Drucktechnik wäre es möglich gewesen, jede Woche künstlerisch anspruchsvolle Bildkommentare zum aktuellen politischen Geschehen anzubieten. Zumal Redaktion und Verlag gemäß ihren egalitären Prinzipien bestrebt waren, sowohl den Kunden in der »Provinz« wie auch den Pariser Abonnenten das neueste Heft zeitgleich auszuliefern, wodurch der Redaktionsschluss für die beteiligten Autoren, Zeichner und Lithografen bereits auf den Montag fiel. Einzuhalten war diese enge Taktung nur durch arbeitsteilige Kooperation und der Herstellung von Entwürfen »auf Vorrat«, die in ereignisarmen Phasen in das Blatt eingespeist werden konnten. Beide Aspekte treffen auf die vorliegende Zeichnung von Grandville zu. Sie entstand im Zuge einer zweiteiligen Folge von *Singeries morales, politiques etc.*, deren erster Teil am 19. April 1832 in *La Caricature* (Nr. 77) erschien und die am 3. Mai (Nr. 79) mit einer weiteren Doppeltafel beschlossen wurde, zu der auch die hier interessierende Atelierszene gehört. Grandvilles Federzeichnungen wurden dabei jeweils von Eugène Forest als Kreidelithografien auf den Stein aufgebracht. Mit Gottfried Sello die *singerie* als »Affenstreich« zu übersetzen, ist sicher nicht falsch, doch besitzt der französische Begriff durch die Lautähnlichkeit zur *songerie* (Träumerei) eine zusätzliche Konnotation. In einer kurzen Erläuterung der Tafeln versäumte es Philipon nicht darauf hinzuweisen, dass dergleichen Affentheater den Engländern bereits eine »myriade des scènes très-plaisantes« beschert habe, wobei er vermutlich als rezentes Beispiel Thomas Landseers Grafikfolge *Monkeyana or Men in Miniature* von 1827 im Sinne hatte. In gespielter Harmlosigkeit heißt es zur Atelierszene, sie zeige einen Affenmaler, der an einem »enseigne de cabaret« arbeite und tatsächlich ist auf der Zeichnung am unteren Rand der Bildtafel die gut zu einem Schänkenschild passende Wortfolge zu lesen: »À poire couronnée« – Zur gekrönten Birne. Philipons kunsttheoretisch abgesicherte Beschwichtigungformel, die Szene bedürfe als bloße Künstlerlaune keiner Erklärung (»car c'est une pure fantaisie, un caprice d'artiste«), greifen wir dankbar auf, da sie auf ein weiteres Forschungsfeld von Werner Busch verweist: die Gattungstradition des *Capriccio* in der Druckgrafik und deren dialektische Aufhebung am Beginn der Moderne. Dass spätestens nach Goyas *Caprichos* von 1799 die Berufung auf die »Künstlerlaune« jeglichen Anschein unverfänglicher Harmlosigkeit eingebüßt hatte, dürfte auch Philipon geläufig gewesen sein. Im Hinblick auf Grandvilles *peintre-poire* erscheint sein Rekurs auf das *Capriccio* wie der letztlich vergebliche Versuch, die Zensur zu düpieren – um einen thematisch einschlägigen Aufsatztitel von Werner Busch für den vorliegenden Sachverhalt abzuwandeln. Denn im Frühjahr 1832 standen die Zeichen längst auf Konfrontation mit den Justizbehörden und der Ministerialbürokratie der Juli-Monarchie – ging es doch um nichts Geringeres als die Abwehr staatlicher Zensur auf dem Felde regierungskritischer Bildlichkeit. Kaum zufällig kulminierte der Konflikt im Vorfeld des ersten Jahrestages der Juli-Revolution, als *La Caricature* im Juni 1831 eine satirische Zeichnung publizierte, die Louis-Philippe als stämmigen Maurermeister mit tätowierten Unterarmen zeigt, der sich anschickt, alle revolutionären Errungenschaften des Vorjahres zu übertünchen. Wie von Philipon erwartet, rief diese Darstellung die Staatsanwaltschaft auf den Plan und der nachfolgende Prozess verhalf dem unerschrockenen Verfechter der Pressefreiheit zu jener publikumswirksamen Bühne, auf der er die physiognomische Reduktion der »Maske der Macht« zum birnenförmigen Gesichtsschema vorführen konnte. Fortan sollten Haft- und Geldstrafen, Beschlagnahmungen sowie Durchsuchungen von Privaträumen zum Repertoire der Schikanen gehören, mit denen die Obrigkeit die Zeitschrift und ihre Mitarbeiter, Grandville unter ihnen, in die Knie zwingen wollte. Zu Grandvilles Zeichnung und ihrer Wirkungsgeschichte, die Werner Busch in einem luziden Essay dargelegt hat, lässt sich jedoch auch eine weniger konfliktträchtige Pointe anführen. In der lithografischen Reproduktion erhielt die Atelierszene eine offenbar auf den Affenmaler gemünzte Textzeile, die übersetzt in etwa lautet: Er kann machen was er will, das Kreuz der Ehrenlegion wird er nicht bekommen. Will heißen: Im Reich des *roi poire* bleibt den in Redaktionsstuben und lithografischen Ateliers tätigen Schilderern der Wirklichkeit die offizielle Anerkennung versagt. Ganz so dogmatisch gebärdete sich die Kulturpolitik des *Juste Milieu* dann doch nicht. 1841 wurde einem alten Weggefährten von Philipon und Grandville tatsächlich das Kreuz der Ehrenlegion verliehen: Jean-Pierre Dantan erhielt die Auszeichnung zuvorderst als Schöpfer »seriöser« Porträtbüsten, doch internationale

Bekanntheit erlangte er durch seine plastischen Karikaturen berühmter Zeitgenossen, die er eigens in dem – von Grandville grafisch dokumentierten – *Museum Dantanorama* präsentierte. Weitere zehn Jahre vergingen, bis 1852 mit Paul Gavarni erstmals ein veritabler *caricaturiste* zum Ehrenlegionär befördert wurde. Zu diesem Zeitpunkt war die Ära der *poire couronnée* längst abgelaufen. Von einer neuerlichen Revolution 1848 ins Exil getrieben, hat Louis-Philippe I. seine letzten Lebensjahre in England verbracht. Spötter wollten wissen, der ehemalige französische Bürgerkönig habe nur jenseits des Kanals, im Mutterland der politischen Karikatur, die ihm angemessene *pear-group* finden können.

Ausgewählte Literatur

Susanne Bosch-Abele: *La Caricature (1830–1835)*, Katalog und Kommentar, Bd. 1, Weimar 1997.

Werner Busch: *Die graphische Gattung Capriccio – der letztlich vergebliche Versuch, die Phantasie zu kontrollieren*, in: Ekkehard Mai (Hrsg.): *Das Capriccio als Kunstprinzip. Zur Vorgeschichte der Moderne von Arcimboldo und Callot bis Tiepolo und Goya. Malerei – Zeichnung – Graphik*, Ausstellungskatalog, Köln (Wallraf-Richartz-Museum) u.a., Mailand 1996, S. 55–81.

Werner Busch: *»[…] er wird nie das Kreuz der Ehrenlegion bekommen«, Grandvilles Louis-Philippe-Birne für »La Caricature«*, in: Leena Crasemann, Benjamin Fellmann, Yannis Hadjinicolaou (Hrsg.): *Seismografen und Orientierungsspiegel: Bilder der Welt in kurzen Kunstgeschichten*, Berlin und Boston 2022, S. 32–38.

Corine Labridy-Stofle (Hrsg.): *Charles Philipon, »La Caricature«, 1830–1835: Lithographies complètes: An illustrated catalogue raisonné of the lithographs*, San Francisco 2017.

Gottfried Sello: *Grandville. Das gesamte Werk*, München 1969.

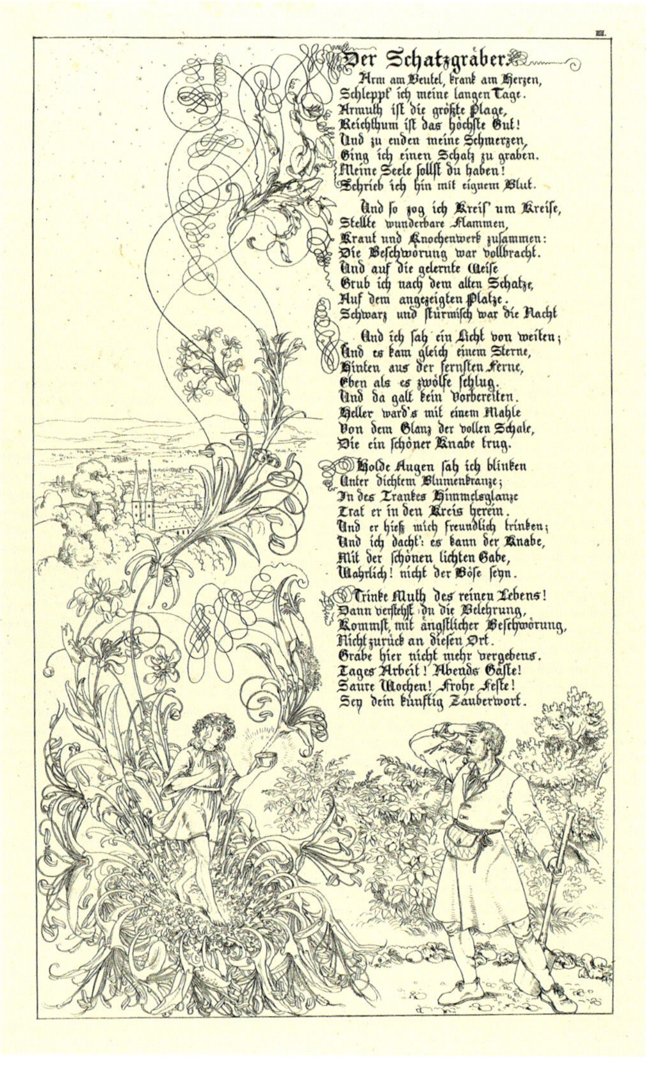

Eugen Napoleon Neureuther

Arabeske zu Goethes Ballade »Der Schatzgräber«, 1830

Lithografie auf Papier, 35 × 22 cm

Wo ist das Glück zu finden? Schatzsuche als arabeskes Spiel zwischen Himmel und Erde

Petra Maisak

Dass die Arabeske, nach Friedrich Schlegel »die älteste und ursprüngliche Form der menschlichen Phantasie«, als wirkmächtiges, geistesgeschichtlich fundiertes »Kunstprinzip« in die Kunstwissenschaft einging, ist primär der Forschung von Werner Busch zu danken. Seit seiner Habilitationsschrift *Die notwendige Arabeske* (1985) vertiefte er das Thema in zahlreichen Studien, die in der intermedial konzipierten Ausstellung *Verwandlung der Welt. Die romantische Arabeske* (2013) gipfelten. Dabei nahm Busch auch die Randzeichnungen von Eugen Napoleon Neureuther ins Visier, für die sich namentlich Johann Wolfgang von Goethe begeisterte. Ein reizvolles Zeugnis dieser Verbindung ist die arabeske Illustration der *Schatzgräber*-Ballade.

Zum Weihnachtsfest 1829 erhielt Goethe von Neureuther die ersten beiden Hefte der *Randzeichnungen zu Goethe's Balladen und Romanzen*, die er überaus wohlwollend aufnahm. Im Brief an Neureuther vom 12. Dezember 1829, mit einer Nachschrift vom 13. Januar 1830, lobte er die geistreiche Behandlung der Arabesken, deren offene, fließende Struktur es erlaubt, das »fortschreitende Gedicht« mit »einem bewegten Bilde, als mit einer Melodie« zu begleiten. Den jungen Künstler ermutigte er, ihn »von Zeit zu Zeit die Früchte [seiner] Thätigkeit gewahr werden zu lassen« (WA IV, 46, S. 210f.).

Das sollte rasch geschehen, da die Fortsetzung der von Johann Friedrich Cotta verlegten *Randzeichnungen* bereits in Arbeit war. Unter den Balladen, die Neureuther für das vierte, 1830 erschienene Heft auswählte, findet sich auch *Der Schatzgräber*. Der Künstler umspielt die fünf Strophen am linken Rand mit einer vegetabilen Arabeske, die am Boden krautig aufblüht, in anmutigem Schwung zur Rahmungslinie emporrankt und in Schreibmeisterschnörkeln ausläuft. Im unteren Bildfeld wird das szenische Geschehen entfaltet, im Mittelfeld öffnet sich ein weiter Landschaftsausblick. Der Einfluss der Lithografien nach Albrecht Dürers Randzeichnungen im Gebetbuch Kaiser Maximilians, die Johann Nepomuk Strixner 1808 publizierte, ist offenkundig. Es ist eine hübsche, beschwingte Komposition, die in keiner Weise der traditionellen Ikonografie entspricht, die Schatzgräberei als dämonisches Treiben bei Nacht und Sturm in einer unheimlichen Landschaft vorstellt. Doch Neureuther erfasst durchaus die Kernaussage der Ballade.

Der Schatzgräber entstand im Frühling des »Balladenjahrs« 1797, als Goethe im Wettstreit mit Schiller Gedichte im volkstümlichen Ton für den *Musen-Almanach für das Jahr 1798* verfasste. Der *Zauberlehrling* gehörte ebenfalls dazu; es war die Zeit, in der Goethe, der seit seiner Jugend mit der magischen Ideenwelt vertraut war, den Faust-Stoff erneut aufnahm. Um 1800 war das Thema der Schatzgräberei im Bund mit finsteren Mächten in Kunst und Literatur ziemlich populär und fand sogar noch ein Äquivalent in der Realität. So schrieb Goethe am 20. November 1829 an Carl Friedrich Zelter, man habe erst kürzlich »im Neustädter Kreise ein dergleichen Nest von Schatzgräbern ausgehoben und damit ein Dutzend solcher Wunderschriften« und Zauberformeln (WA IV, 46, S. 157).

In seiner Ballade durchkreuzt Goethe die Erwartung des Lesers indes fundamental. Zwar geht der Schatzgräber, »Arm am Beutel, krank am Herzen«, wie Faust einen Pakt mit dem Teufel ein und beginnt in schwarzer, stürmischer Nacht in einem Zauberkreis »aus Kraut und Knochenwerk« zu graben, doch um Mitternacht erscheint kein grausiger Dämon, um ihm das erhoffte Gold zu offerieren, sondern – welch Überraschung! – ein »schöner Knabe« inmitten eines hellen Scheins. Er kredenzt dem Schatzgräber eine leuchtende Schale und heißt ihn, daraus den »Muth des reinen Lebens« zu trinken. Was das bedeutet, erklärt er mit einer moralisch einwandfreien Sentenz: »Tages Arbeit! Abends Gäste!/ Saure Wochen! Frohe Feste!/ Sey dein künftig Zauberwort.« Der prickelnden Vorstellung, durch Magie Reichtum zu erwerben, wird das bürgerliche Vernunft- und Tugendideal entgegengesetzt, das Gottfried August Bürger schon 1789 in seiner Ballade *Die Schatzgräber* exemplifiziert hat.

Goethe war mit seinem Einfall zufrieden: »Artige Idee, daß ein Kind einem Schatzgräber eine leuchtende Schale bringt«, notierte er am 21. Mai 1797 im Tagebuch (WA III, 2, S. 69). Die »artige Idee« greift Neureuther 33 Jahre später auf und entwickelt daraus eine Arabeske in feiner Linienführung, die den Geist des Biedermeier atmet und zugleich auf das Vorbild von Strixner verweist. Rechts, im irdischen Bereich, deutet ein räumliches Szenario den Zauberkreis mit dem Schatzgräber an, der sich noch unverrichteter Dinge auf seinen Spaten stützt und die Erscheinung anstarrt, die ihm aus dem Quellgrund der Arabeske entgegentritt. Das luftige Rankenwerk verweist auf die sittliche Ideenwelt, die der blumenbekränzte holde Knabe im lockigen Haar wie ein antiker Genius verkörpert. Der Ausblick auf die Doppeltürme einer Kirche erinnert an die Mitternachtsglocken, bei deren Klang die inneren und äußeren Dämonen weichen wie in der Osternacht-Szene des *Faust*.

Mit seiner Randzeichnung hält sich Neureuther eng an Goethes Text, allenfalls schwingt leise Ironie mit, wenn er den Schatzgräber alles andere als glücklich auf den Genius mit der Schale blicken lässt. Goethe war begeistert, ihm gefielen Neureuthers unprätentiöse, mit leichter Hand ausgeführte Illustrationen ungemein, da sie sich dem Text unterordnen und ihn schmückend begleiten, ohne ihn auf platte Weise zu spiegeln. Am 28. Februar 1832, also drei Wochen vor seinem Tod, diktierte Goethe noch einen letzten Brief an »den alten, geliebten, vielgeschätzten Neureuther«, dem er für die druckfrische Ausgabe der *Randzeichnungen um Dichtungen der deutschen Classiker* dankte. »In allen diesen Blättern, wie in den früheren, findet sich kein Zug, der nicht gefühlt wäre«, lautet das Fazit, »und selbst die Elemente, die Sie zu ihren Schöpfungen genialisch zusammenrufen, verwandeln sich einer zwar phantastischen, durchaus aber geistreichen

Natur gemäß. [...] Ihre Werke bestechen mich, indem sie meine verschiedensten Erzeugnisse auf eine eigene wunderbare Art, in einer eignen Sphäre, zu einem eignen seltsamen Leben befördern" (WA IV, 49, S. 255–257).

Das Lob, das Goethe dem Künstler allenthalben zollte, war nicht selbstverständlich, misstraute er dem Genre der Literaturillustration doch per se. Im Alter machte er nur zwei Ausnahmen, die gegensätzlicher nicht sein könnten und seinen Hang zur Polarität spiegeln: Neben Neureuthers Arabesken begeisterte er sich für die unbändigen, genialen *Faust*-Illustrationen von Eugène Delacroix; bei beiden setzte er sich über die strengen ästhetischen Kategorien der Weimarer Klassik hinweg. Bei Delacroix konnte er an die Genie-Ästhetik des Sturm und Drang anknüpfen, bei Neureuther kam ein gewandelter Arabesken-Begriff zum Tragen.

Die Arabeske bedeutet Goethe nun mehr als die reine Schmuckform der Antike und Renaissance, die er in Italien kennengelernt hat. Angereichert mit der Philosophie der Frühromantik und Philipp Otto Runges Bildsymbolik, durchtränkt von der Fantastik der Dürer'schen Randzeichnungen kommt ihr ein gänzlich neuer Wert zu. Unter diesen Auspizien oszilliert die Arabeske zwischen den tradierten Gattungen, ist zugleich naiv und sentimentalisch, vereint Natur und Kunst, Ernst und Spiel – damit kann Goethe sie als neue Kunstform akzeptieren, die seine Dichtung melodisch begleitet und sie schmückt, ohne die Fantasie einzuschränken.

Ausgewählte Literatur

Werner Busch: *Die notwendige Arabeske. Wirklichkeitsaneignung und Stilisierung in der deutschen Kunst des 19. Jahrhunderts*, Berlin 1985.

Werner Busch: *Goethe und Neureuther. Die Arabeske: Ornament oder Reflexionsmedium?*, in: *Goethe-Jahrbuch* 128 (2011), S. 127–158.

Werner Busch und Petra Maisak (Hrsg.): *Verwandlung der Welt. Die romantische Arabeske*, Ausstellungskatalog, Frankfurt (Freies Deutsches Hochstift – Frankfurter Goethe-Museum) u.a., Petersberg 2013.

Eugen Napoleon Neureuther: *Randzeichnungen zu Goethes Balladen und Romanzen*, München 1829–1839.

Hans Ruppert und Ilse Ruppert: *Goethes Briefwechsel mit Eugen Napoleon Neureuther*, in: *Neue Folge des Jahrbuchs der Goethe-Gesellschaft* Bd. 18 (1956), S. 194–207.

Goethes Werke, hrsg. im Auftrage der Großherzogin Sophie von Sachsen, Abteilung I–IV, 133 Bände (in 143), Weimar 1887–1919.

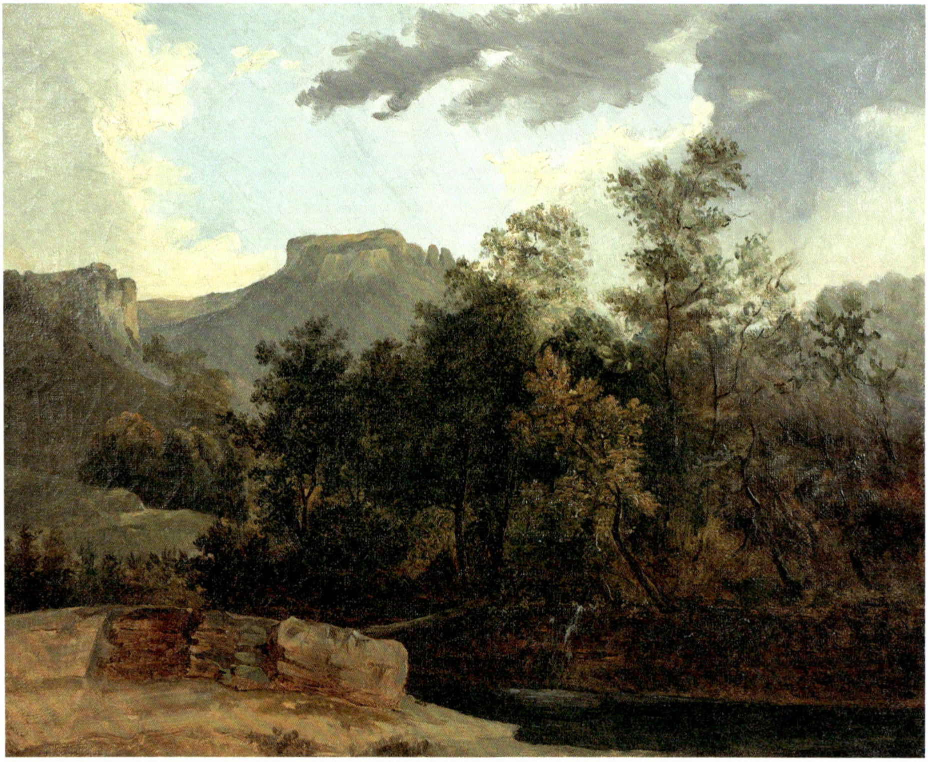

Französisch, Umkreis Claude-Joseph Vernet und Pierre-Henri de Valenciennes
Waldige Landschaft, um 1800

Öl auf Papier, 31,6 x 39,7

Natur als Bild

Anna Ahrens

Zur feinen Tradition privaten Kunstsammelns in Berlin gehört das früh erwachte Interesse an den herausragenden Ölskizzen des auslaufenden 18. und 19. Jahrhunderts. Einer der ersten glücklichen Erwerber war bekanntlich Karl Friedrich Schinkel. Im Oktober 1824 besuchte der italienreisende Architekt den Landschaftsmaler Heinrich Reinhold in Rom. Schinkel konnte es »nicht unterlassen«, wie er in sein Tagebuch schreibt, Reinhold nach den Bedingungen zu fragen, unter denen er ihm ein Konvolut seiner »Ölstudien« abtreten würde. Der bescheiden lebende Maler aus Gera, der in Dresden und Wien studiert, dann fünf Jahre in Paris gearbeitet hatte, überließ dem prominenten Besuch aus Berlin tatsächlich das gewünschte Dutzend seiner schönsten Ansichten, die er seit 1821 in der römischen Umgebung und insbesondere in Olevano angefertigt hatte. Das war kaum zu erwarten, wie auch Schinkel wusste: »Gewöhnlich tun es die Künstler nicht, denn selten kommt man wieder an den Platz, um ein neues Studium zu machen« (Schinkel 1824; zit. n. Ahrens 2022, S. 261).

Die beiden Künstler – der Architekt war schließlich auch Maler – einte die besondere Wertschätzung derartiger Naturaufnahmen. Sie vermittelten ihnen »eine Idee von dem Charakter des Landes, besonders der Farbe wegen«, die sich »bei diesen mit Schnelligkeit und Unbefangenheit gemachten Dingen fast immer richtiger« ausspreche als »bei Dingen im Zimmer gemacht«, so Reinhold (ebd, S. 262). Farbig umgesetzte Vor-Ort-Eindrücke waren eine wichtige Inspirationsquelle, Rücksicherung und Erinnerung an persönlich erlebte, individuell empfundene und malerisch eingefangene Momente. Nur selten gaben die Maler solche Studien ab – etwa im Tausch mit anderen Künstlern oder als persönliche Geschenke an Freunde und Mentoren. Ganze Konvolute erblick(t)en oft erst über die Nachlässe das Licht der Öffentlichkeit und versetzen Kunstliebhaber bis heute ins Staunen.

»Für sie [die Künstler] ist die produzierte Ölskizze ein Spiegelbild ihres selbst. Darum bewahren sie die Ölskizzen nicht selten auf, lassen sie privat sein und nur Bekannte daran Anteil nehmen« (Busch 2018, S. 95) merkt Werner Busch im Zusammenhang mit Reinhold an – und fordert zugleich dazu auf, ganz genau hinzuschauen: die Ölskizze ist ein »autonomes Kunstwerk«, eine »Alla-Prima Malerei«, die meist vor Ort, sprich in der Natur entsteht, und keinen »vorbereitenden Charakter« hat in Hinblick auf ein konkretes, später auszuführendes Gemälde. Steht sie in einem unmittelbaren Werkzusammenhang und erfüllt in einem solchen Kontext bestimmte Funktionen, sei von »Ölstudien« zu sprechen. Nicht immer ist eine genaue Bestimmung eindeutig oder gar einfach – so auch bei Reinhold, der seine malerischen Naturaufnahmen selbst als »Ölstudien« bezeichnete und vor ihrer Aushändigung an Schinkel für sich selbst noch einmal kopierte.

Mit Werner Busch auf Studien und Skizzen *après la nature*, zu schauen und diese zu begutachten, ist gemeinsame Freude an der Schule des Sehens. In den allermeisten Fällen sind Ölskizzen nicht signiert, was ihren privaten Charakter noch unterstreicht – und ein Händescheiden immer wieder zur (gern angenommenen) Herausforderung macht. Denn gerade sie führen uns ganz nah heran an den individuellen künstlerischen Prozess, die »materiellen Bedingungen« (Ausstattung und Künstlermaterial) sowie die »Art der Aufnahme«, sprich die Übersetzung des Gesehenen in ein Bild, als auch die Probleme, die es dabei zu überwinden gilt. Die Malerei als Malerei, als künstlerische Praxis und Ausdrucksform, steht hier im Vordergrund und lenkt unser Sehen auf das Bilddenken und die Sehgewohnheiten zur Entstehungszeit der frühen Pleinairmalerei, die Künstler aus den unterschiedlichsten Teilen Europas seit Mitte/Ende des 18. Jahrhunderts in zunehmender Zahl für sich entdeckten.

So nimmt es kaum Wunder, dass der Kunsthistoriker sich auch als Sammler in die »feine Berliner Tradition« einreiht, die mit Schinkel ihren prominenten Ausgangspunkt findet. Die vorliegende Skizze (oder Studie?), Öl auf Papier, eines unbekannten Künstlers führt uns an einem Sommertag in eine südliche Gebirgslandschaft. Wir stehen am Ufer eines schmalen Flusses, der über die untere rechte Bildecke flach und unaufgeregt in den Darstellungsraum hinein- oder aus diesem hinausfließt. Leicht nach links gewandt – quasi mit dem Wasserlauf – richtet sich unser Blick in die Ferne: vorbei an einem das gegenüberliegende Ufer bespielenden Laubwald, der sich von rechts weit in den Bildmittelgrund drängt und erst im linken Bildviertel die Sicht gänzlich freigibt auf ein Gebirge mit charakteristischen Plateaus, die wie majestätische Steinbühnen vor dem darüber blauen, im Umkreis wechselnd bewölkten Himmel stehen. Die gegenläufige Schichtung der Malgründe in einen brauntonigen Vordergrund (Ufer), einen grüntonigen Mittelgrund (bewachsenes Gelände) und einen bläulich-grauen Hintergrund (Berge und Himmel) lässt einen klassisch geschulten Landschaftsmaler erkennen und macht eine entsprechend frühe Datierung um 1800 wahrscheinlich. Zugleich ist anzunehmen, dass es sich hier um eine vor der Natur entstandene Aufnahme handelt. Der sichere, leichtgängige, tendenziell großzügige und eher pastos-flächige Malduktus deutet auf eine französische Provenienz, konkret den Kreis um Claude-Joseph Vernet und Pierre-Henri de Valenciennes. Claude Vernet, »Begründer der französischen, bis zu Corot reichenden Skizzentradition« (Busch 2017, S. 117), lebte 1734–51 in Italien. In seinem Landschaftsbrief beschrieb er Methoden und Vorgehensweisen der von ihm praktizierten Ölskizzenmalerei. Wohl 1781/82 traf er sich in Paris mit Valenciennes, »dem wichtigsten französischen Ölskizzenmaler des 18. Jahrhunderts« (ebd, S. 120). Der wiederum schuf in den unmittelbar anschließenden Jahren 1782 bis 1784 den Hauptteil seiner berühmten Pleinair-Skizzen in Rom und Umgebung. 1799/1800 brachte Valenciennes sein epochales Traktat *Eléments de perspective pratique* heraus, das einen 200-seitigen »praktischen

Ratgeber für Landschaftsmaler« enthält, in Windeseile in diverse Sprachen übersetzt wurde – und in den Gesprächen mit Vernet seinen Ausgangspunkt genommen hatte.

Konsultieren wir das bald weit verbreitete praktische Handbuch und gehen für die Bildbetrachtung abschließend noch kurz mit Vernet und Valenciennes ins Gespräch. Studien nach der Natur sollten dieselbe »so treu als möglich« abbilden, heißt es hier, gerade »so, wie sie wirklich ist« – und von dem Künstler in dem Moment wahrgenommen wird (Valenciennes 1800, zit. nach Denk 2019, S. 127). Es ginge darum, die Natur »auf frischer That« zu »erhaschen« und nicht dem »Fehler« einer zu »fleißigen« Ausführung zu verfallen. Der Naturausschnitt sei so zu wählen, dass er »mit einem Blick, ohne den Kopf zu bewegen« (was mehrere Perspektiven und damit Bilder produzieren würde) eingefangen werden kann. Eine 2,5–3fache Entfernung zum nächsten Gegenstand wird empfohlen – was hier durch den Blick über den Wasserlauf durchaus gegeben scheint. Bei Ansichten und Ausblicken sei die Luftperspektive zu bevorzugen – hier der markante Berg in der Ferne. Da liegt der Augenpunkt, von dem aus alle anderen Teile in zunehmender Unschärfe wahrgenommen werden. Was unmittelbar vor uns stattfindet, kann (ohne Kopfwendung) nicht mehr erfasst werden. Das daraus resultierende, viel diskutierte »Problem« beim Malen des Vordergrundes *en plein air* begründet dessen häufiges »Auslassen« (vgl. Busch 2017, S. 116, 122) oder – wie hier das erdig-sandige Uferstück der linken unteren Bildecke – das lediglich in Form und Farbe angedeutete Aufnehmen der Gegebenheiten. Mit größter Aufmerksamkeit seien die Farben zu beobachten, deren Nuancen in der Natur unendlich sind. Alles hängt vom »wahren Ton der Luft« ab, die den »Localton« bildet. Wenn man den nicht trifft, wird »nothwendig alles übrige falsch geraten« (zit. nach Denk 2019, S. 141). Nicht selten erscheint die Natur-Palette eher »fade«. Vernets Empfehlung, hier keinesfalls nachzubessern, sondern gerade diese faden Farben gut zu imitieren, werde der spätere Blick auf die Naturaufnahme belohnen, der den gelebten Moment umso lebendiger in Erinnerung ruft. Womit wir beim für uns hier vorerst letzten Ratgeber-Hinweis sind: die genaue Wiedergabe der Jahres- und Tageszeit und der damit verbundenen, wechselnd flüchtigen Licht- und Wettererscheinungen. Blicken wir mit dem Maler in die südliche Gebirgslandschaft, meinen wir die angenehme Kühle eines Sommermorgens zu spüren. Das aus dem Hintergrund sich langsam erhebende Sonnenlicht sucht sich gerade seinen Wirkungsraum durch das mal lichtere, mal dichtere Gehölz und erreicht bereits einzelne Flächen und Gewächse, wie einen markant in Richtung des Hauptberges weisenden Jungbaum, unter dem eine kleine Quelle in den Fluss sprudelt, aber auch die am diesseitigen Ufer abgelegten Holzstapel (?), die bereits deutliche Schatten werfen. Die im Gegenlicht liegende Landschaft hält die Sonne als Lichtquelle noch verborgen. Die über uns schwebenden Wolkenpartien erscheinen in einem dunkleren Grau, die hinter dem Gebirge aufziehenden Himmelskörper hingegen erstrahlen in Hellgrau und Weiß. Bei genauem Hinsehen nehmen wir noch letzte Nebelreste im Walddickicht des rechten Bildviertels wahr, die sich jedoch bereits auflösen und die Gewächse aus der Verschleierung entlassen. »So ist ein zentrales

Thema aller Ölskizzen die Demonstration der Relativierung jeglicher Erscheinung«, summiert Werner Busch seine Beobachtungen über den frühen Aufbruch der Malerei als Malerei. Ölskizzen habe einen »nicht zu unterschätzenden Anteil« an einem »in die Zukunft weisenden Prozess« (Busch 2017, S. 127 und 129). Der anbrechende Sommertag in südlicher Landschaft mag uns genau dies auf wundervolle Art vor Augen führen.

Ausgewählte Literatur

Anna Ahrens: *Drei Landschaftsmaler – Drei Kunstförderer – Drei Reisen. Beobachtungen zum Kunst- und Marktwert von Ölskizzen im frühen 19. Jahrhundert*, in: Claudia Denk, Kai Uwe Schierz und Thomas von Taschitzki (Hrsg.): *Reframing Friedrich Nerly. Landschaftsmaler, Reisender, Verkaufstalent*, Berlin 2022, S. 255–276.

Werner Busch: *Die Ölstudie im Werk von Heinrich Reinhold*, in: Andreas Stolzenburg, Markus Bertsch und Hermann Mildenberger (Hrsg.): *Heinrich Reinhold, der Landschaft auf der Spur*, Ausstellungskatalog, Hamburg (Hamburger Kunsthalle) u.a., München 2018, S. 88–95.

Werner Busch: *»…auf einen Blick, ohne den Kopf zu bewegen«. Bedingungen der Ölskizze*, in: Claudia Denk und Andreas Strobl (Hrsg.): *Landschaftsmalerei. Eine Reisekunst? Mobilität und Naturerfahrung im 19. Jahrhundert*, Berlin 2017, S. 113–132.

Claudia Denk: *Valenciennes' Ratgeber für den reisenden Landschaftsmaler. Zirkulierendes Kunstwissen um 1800*, Berlin und München 2019.

Carl Blechen im Porträt. Wenn eine Zeichnung zur Medaille wird

Anna Marie Pfäfflin

Ein eher ungewöhnliches Objekt aus der Kunstsammlung von Werner Busch ist ein Halbrelief mit dem Porträt von Carl Blechen. – Wie es wohl in seinen Besitz gekommen ist? Hat er danach gesucht? Hat er es im Antiquitätenhandel gefunden? Wurde es ihm geschenkt? Hat er das Objekt aufgestellt oder verwahrt er es in dem dafür vorgesehenen Papp-Etui auf? Wie dieses Objekt wohl in der Hand liegt? 390 Gramm ist sein Gewicht. Die Größe: 10,5 × 6,4 cm.

Das Œuvre von Carl Blechen ist im Berliner Kupferstichkabinett mit 1.320 Zeichnungen vertreten. Das Nachdenken über die Plakette bietet nun eine gute Gelegenheit, das Werk von Carl Blechen und seine Rezeption in den Blick zu nehmen.

Es wird etwa um das Jahr 1835 gewesen sein, als Carl Blechen sein Selbstporträt auf türkisblaues Papier zeichnete (Abb. 1). Es ist sein letztes Porträt. Sparsam, nur das Notwendigste andeutend, mit dem Bleistift, der Kreide, wischend, mit dem Pinsel lavierend, blickt der Künstler ernst und konzentriert. Zart und doch fest, mit unausweichlichem Blick. Die Krempe seines Zylinders wirft einen Schatten oberhalb der Augenpartie, was sein Sehen noch intensiver fordernd erscheinen lässt.

Dieses selbstbewusste Porträt als Akademieprofessor stellte der Kulturbund der Deutschen Demokratischen Republik im Jahr 1981 an den Anfang einer Serie von Bronzegussmedaillen hervorragender Persönlichkeiten, die mit Blechens Geburtsort Cottbus in Verbindung stehen: In den Numismatischen Heften des Kulturbunds der DDR bezeichnete Hans-Jürgen Schramke, das Tschudi-Wort aus dem Katalog der Jahrhundertausstellung von 1906 zitierend, »Blechen als Menzel vor Menzel«. Der Maler, Grafiker und Keramiker Walter Heinrich, Mitglied beim Verband Berliner Künstler, und sein jüngerer Kollege Stefan Klinkigt hatten die Medaille im Auftrag der Kreisleitung von Cottbus-Stadt entworfen. Blechens zarte Zeichnung verwandelten sie in eine robuste Bronze. Der elegante Zylinder wird geknautscht, der Ausschnitt deutlich enger als in der Zeichnung gesetzt, sodass die Krempe seines Huts vorwitzig aus dem Rahmen herauswinkt. Der in der Zeichnung so stolze Kopf wird im Relief vom großen Hut nahezu erdrückt. Wobei der Effekt so vermutlich nicht beabsichtigt war, denn in der in der Zeitschrift abgebildeten Reinzeichnung (Abb. 2) erscheint der Künstler in Ehrfurcht gebietender Strenge und mit hoch aufgerichtetem Zylinder.

Auf der Rückseite der Blechen-Medaille ist eine Zeichnung eingraviert, die der Maler 1814 als Jugendlicher zu Papier gebracht hatte (Abb. 3 und Abb. 4): Das Gefecht auf dem

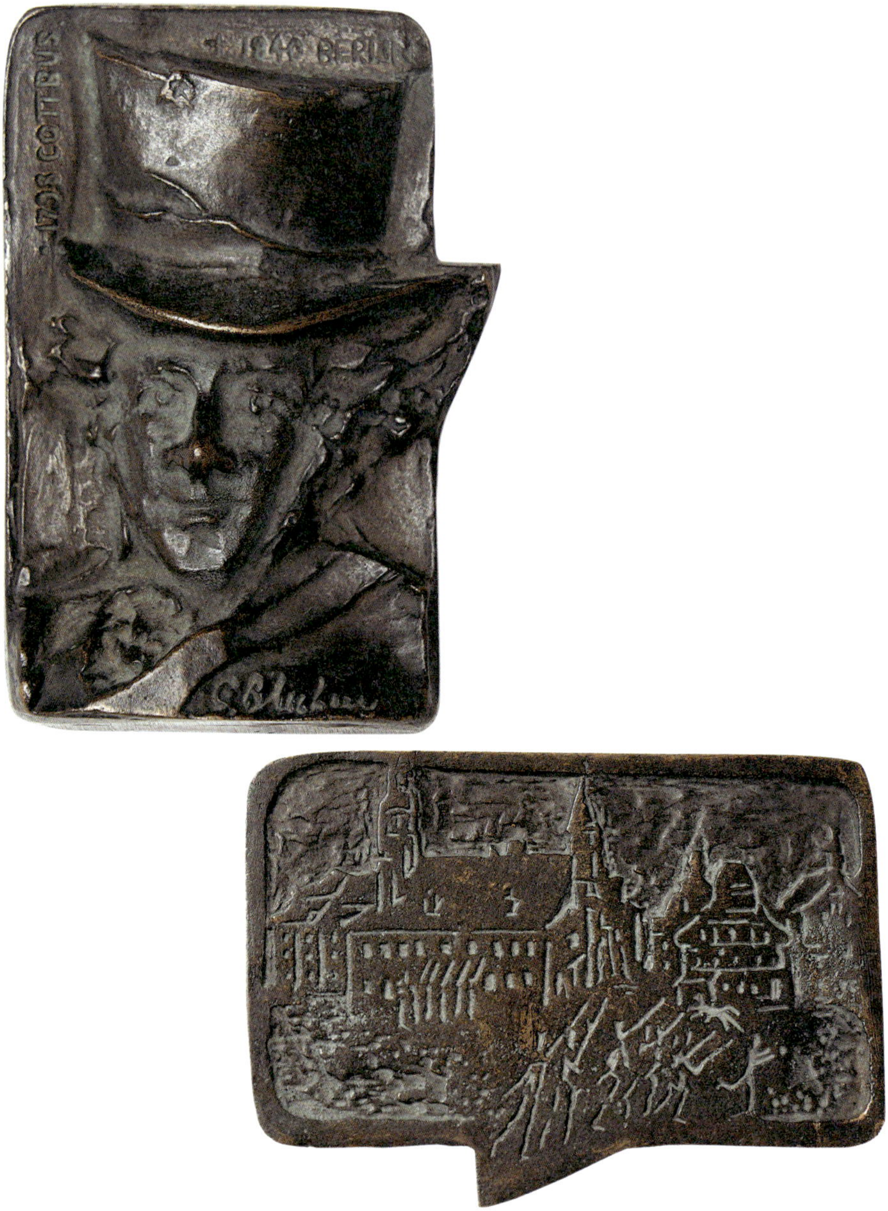

Plakette Carl Blechen, hrsg. v. Kulturbund der DDR, 1981

Bronze, patiniert, hergestellt im VEB Schwermaschinenbau Lauchhammer

Marktplatz zu Cottbus, bei dem die Preußische Landwehr mit der polnischen, Napoleon treuen Armee zusammenstieß. Die auf der Recto-Seite den Rahmen der Plakette sprengende Hutkrempe dient den Soldaten auf der Verso-Seite als Aufmarsch-Rampe gegen die feindlichen Truppen. – Was mag der Grund gewesen sein, ausgerechnet diese Zeichnung zu verwenden? Steffen Krestin von den Städtischen Sammlungen Cottbus, hierzu im November 2023 befragt, vermutet: »es ist wohl die einzige Zeichnung von Blechen, die Cottbus darstellt«. Das klingt plausibel.

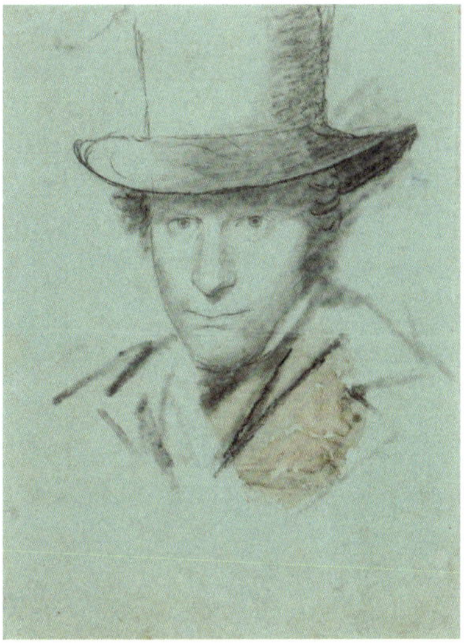

Abb. 1 | Carl Blechen, *Selbstbildnis*, nach 1835, Kreide, gewischt, braun laviert, auf Papier, 31,5 × 23 cm, Ident.-Nr. SZ Blechen 788, Staatliche Museen zu Berlin, Kupferstichkabinett

Seit 1978 gab der Kulturbund der DDR in Cottbus Medaillen heraus. Die zuständige Kommission verfolgte dabei mehrere Ziele: Es sollte das Heimatbewusstsein gestärkt und für die Denkmalpflege geworben werden; Medaillen und Plaketten sollten als private Souvenirs aber auch als repräsentative Geschenke Verwendung finden; man erhoffte sich generell eine kontinuierliche Qualitätssteigerung bei der Herstellung von Medaillen, die man zudem auch in den Verkauf zu bringen beabsichtigte – in der Hoffnung auf finanziellen Gewinn. Die Blechen-Plakette von 1981 war beim Kulturbund der DDR für 85,- Mark käuflich zu erwerben. Carl Blechen war nur eines von insgesamt 15 Motiven einer ganzen Reihe von Numismatika, die auch Sammlerobjekte waren. Sie wurde beim VEB Schwermaschinenbau Lauchhammer von Oktober 1981 bis Februar 1982 in einer Auflage von 200 Exemplaren in Bronze gegossen und patiniert.

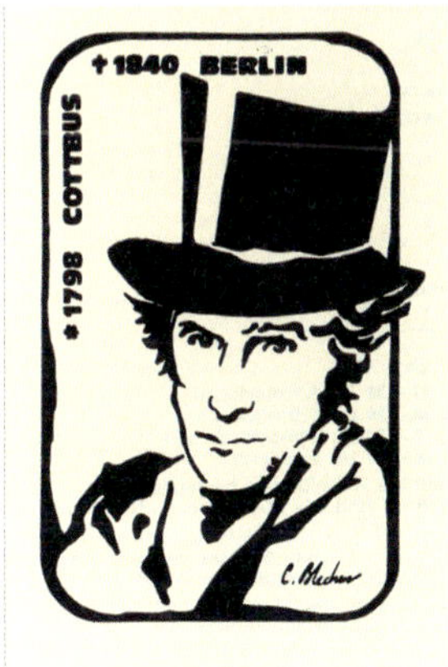

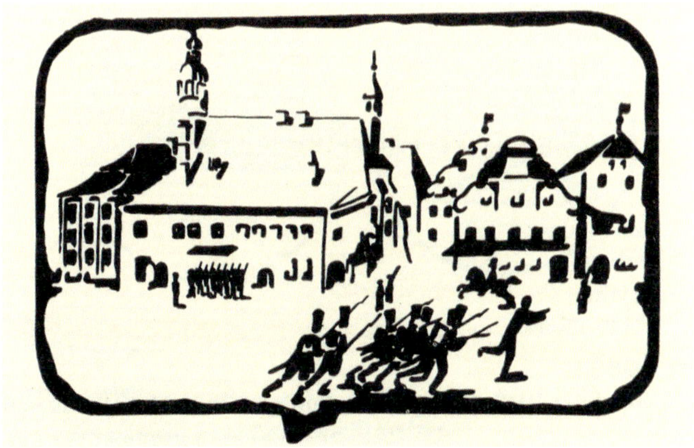

Abb. 2 und 3 | Reinzeichnung der Blechen-Plakette, abgedruckt in den *Numismatischen Heften* Nr. 6, Cottbus 1982, S. 75 und 76

Es mag den Entscheidungsträgern die Motivauswahl erleichtert haben, dass sich beide Zeichnungen in den Beständen der Staatlichen Museen zu Berlin befunden haben: Die Jugendzeichnung war bereits seit 1841 im Kupferstichkabinett. Das Selbstporträt gelangte 1891 mit dem Ankauf der bedeutenden Blechen-Sammlung des Bankiers Carl Friedrich Wilhelm Brose ins Museum.

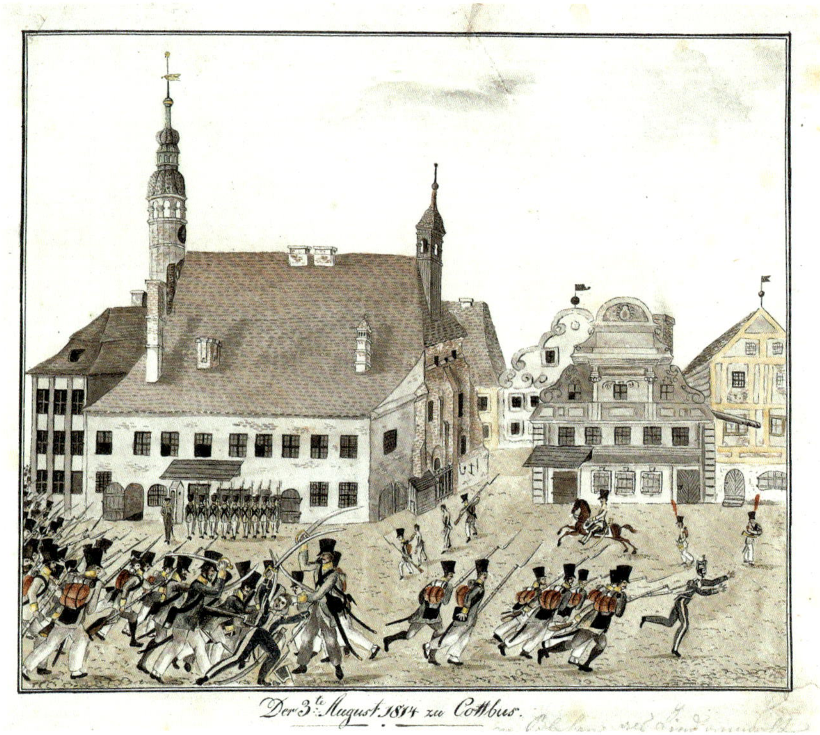

Abb. 4 | Carl Blechen, *Gefecht auf dem Marktplatz in Cottbus am 3. August 1814*, 1814, Aquarell über Grafitstift auf Papier, 22,3 × 25,7 cm, Ident.-Nr. SZ Blechen 1137, Staatliche Museen zu Berlin, Kupferstichkabinett

Ausgewählte Literatur

Heinrich Schulze Altcappenberg: *Viele Blätter – Ein Ich. Die Zeichnungen Carl Blechens im Berliner Kupferstichkabinett und ein neues Selbstbildnis*, in: Beate Gorenz und Kilian Heck (Hrsg.): *Vergewisserung. Zur Rezeptionsgeschichte der Werke Carl Blechens*, Berlin 2018, S. 106–115.

Hans-Jürgen Schramke: *Medaillenausgaben des Kulturbundes der DDR in Cottbus*, in: *Numismatische Hefte, Kulturbund der DDR, Gesellschaft für Heimatgeschichte, Bezirksfachausschuss Numismatik Cottbus*, 6 (1982), S. 66–76.

Arabeske und Ökonomie. Menzels »Aktie« für den Potsdamer Kunstverein

Claude Keisch

Scherz, Satire, Ironie und tiefere Bedeutung: ein ästhetisches Programm als Komödientitel! Seinem 1827 gedruckten Bühnenstück schickte Christian Dietrich Grabbe eine Warnung voraus: »Findet der Leser nicht, daß diesem Lustspiel eine entschiedene Weltansicht zu Grunde liegt, so verdient es keinen Beifall. Im übrigen verspottet es sich selbst und werden daher die literarischen Angriffe von den beteiligten Personen leicht verziehen werden«. Beides, Titel und Vorspruch, trifft Wort für Wort auf die lithografische Gelegenheitsgrafik zu, die Menzels frühe Tätigkeit bis 1839 beherrscht, und namentlich auf die vielgliedrigen arabesken Kompositionen, deren tieferer Sinn sich in eine spielerische Form hüllt; den Zusammenhang hat Werner Busch in einem lehrreichen Buch untersucht (Busch 1985).

Der Herbst 1836 war ein Schlüsselmoment in Menzels Laufbahn. Noch vor Ablauf seines 21. Jahres stand nach dreijähriger Arbeit der Lithografie-Zyklus *Denkwürdigkeiten aus der Preußisch-Brandenburgischen Geschichte* kurz vor dem Abschluss und ein erstes Ölbild, *Die Schachpartie*, war ausgestellt. Als nun im Oktober der zwei Jahre zuvor gegründete *Verein zur Förderung der Kunst und der Wohlthätigkeit in Potsdam* eine Mitgliedsurkunde bestellte, wuchs dem jungen Künstler mit dem 18 Jahre älteren Vereinssekretär Dr. Wilhelm Puhlmann binnen weniger Wochen eine Herzens- und Geistesfreundschaft zu, die bis zu dessen Tod lebendig bleiben sollte. Selbst Sohn eines Malers und Hüters der Königlichen Gemäldegalerie, angesehener Militärchirurg, hochrangiger Freimaurer, bedeutender Kunst- und Büchersammler, muss Puhlmann dem ehrgeizigen Anfänger starke Anregungen vermittelt haben. Schon drei Wochen nach einer »vorläufigen Skizze« (Menzel 2009, Nr. 15, Brief vom 17.10.1836), in der alles Ganze vorgeprägt, alles Einzelne noch offenblieb, waren erste Exemplare von M. Weigel gedruckt, und mit der Sendung an den Auftraggeber konnte der junge Künstler gleich den Dank für Proben »der Potsdamer Weintraubenkultur« verbinden: seinem heiteren Brief (Menzel 2009, Nr. 16, Brief vom 5.11.1836) lässt sich entnehmen, dass ihm bereits die ganze Familie vertraut geworden war. Puhlmann war es dann auch, der im Vereinsbericht 1837 die »Meisterschaft« des »genialen Menzel« würdigte.

Der Potsdamer Kunstverein war einer der vielen seit 1800 entstehenden lokalen Vereinigungen, die dem schwächelnden Mäzenatentum von Kirche, Adel und Staat eine bürgerliche Kunstpflege entgegensetzen und der Verarmung immer zahlreicherer Künstler abhelfen sollten. Die Jahresbeiträge (2 Taler) der damals schon 514 Mitglieder sollten Spenden an hilfsbedürftige Künstler und deren Hinterbliebene finanzieren, vor

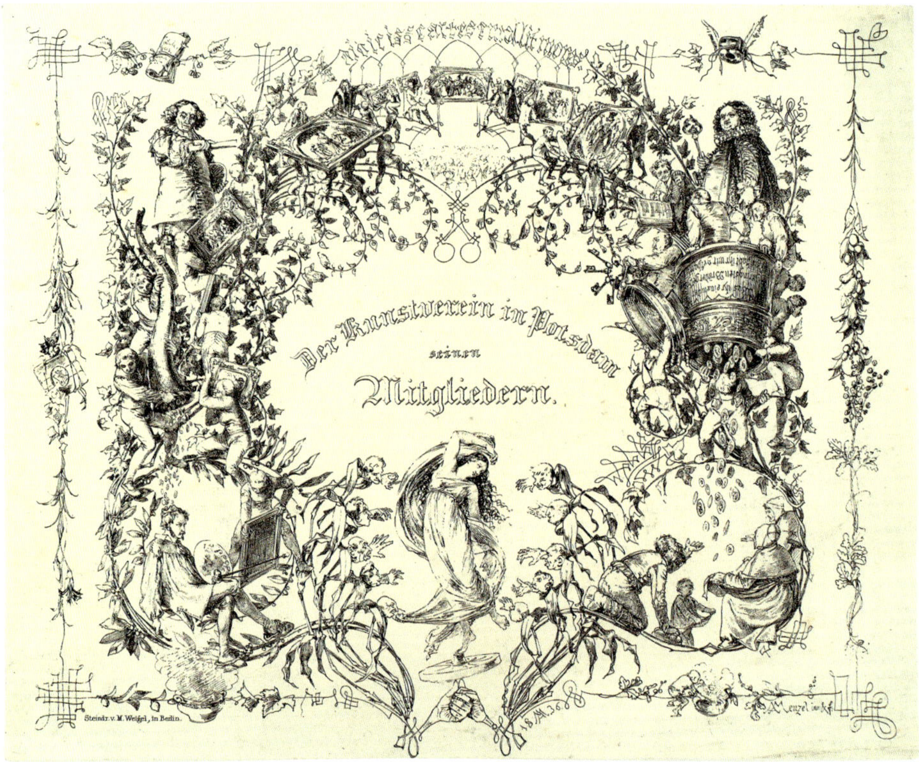

Adolph Menzel
Mitgliederkarte (Aktie) des Kunstvereins in Potsdam, 1836

Federlithografie auf Papier, 25 × 29,6 cm

allem aber Ankäufe und Bildaufträge zur anschließenden Ausstellung und Verlosung ermöglichen. Nicht selten wurden Gewinne dann getauscht oder verkauft, und so war eine jede Mitgliedskarte – deren man auch mehrere erwerben konnte – zugleich eine Aktie und ein Los, und indem Menzel das Wort »Actionnairs« benutzte, unterstrich er gleich den wirtschaftlichen Aspekt des Verhältnisses.

Über den Sinn der Institution im Allgemeinen aber hatte man längst nachzudenken begonnen. Dass ihr ursprüngliches Anliegen, die Unterstützung der Künstlerschaft durch Aufträge, schon in den Hintergrund gegenüber der Besitzgier trete, bedauerte Franz Kugler, Menzels allererster publizistischer Förderer, in eben jenem Jahr 1836: während ihre Ausstellungen »Triumphzüge« der neuen Kunst seien, würden die Vereine »von der Menge als Lotteriegesellschaften für Kunstwerke betrachtet« (Kugler 1836, S. 82). Neun Jahre später, inzwischen am Kultusministerium angestellt, stellte Kugler ausdrücklich einen »Pauperismus auch in der Kunst« fest und verwies auf das Kunsthandwerk als willkommenes Tätigkeitsfeld für die »mittleren Kunsttalente« (Kugler 1845, S. 303).

Nach Werner Buschs Beobachtung hat sich gerade in den (eigentlichen) Aktienpapieren die arabeske Struktur am längsten gehalten: »ein frappierenderes Symbol für den Zusammenhang von Kunst und Ökonomie ist kaum zu denken« (Busch 1985, S. 131). Und so erweist sich auch Menzels Komposition (Bock 147; Entwurfszeichnung im Berliner Kupferstichkabinett) – eine seiner so zahlreichen arabesken Variationen der dreißiger Jahre – als ein witziger (*witty!*) Unterricht in jener Kunstökonomie.

Im Rankenwerk mit seinem krautigen Immergrün, das in Weinlaub übergeht, wimmeln kleinste und größere Figuren zwischen den fünf Hauptmotiven. Entgegen der Erwartung fehlt der Mittelachse ein orientierendes Scheitelbild – sofern man nicht das Fernbild eines Gemäldes auf einer Ausstellung oder die krönende Devise »Didicisse artes emollit mores« (leicht gestrafft aus Ovids *Briefen vom Schwarzen Meer*: Vertrautheit mit den Künsten sänftigt die Sitten) dafür nehmen will. Anfang und Ende der Komposition bildet für das Auge die anmutige Tänzerin Fortuna auf dem kreisenden Wagenrad, nach der viele gierige Hände drängen; der unaufhörliche Wechsel des Geschicks könnte nicht besser als durch die weite Doppelkurve des gebauschten Schleiers vor Augen gebracht werden. Unmittelbar über der Glücksgöttin die Schriftzeilen »seinen Mitgliedern«: das Glück der Verlosungen, an dem die Erwartungen Aller hängen, wird als Ursprung und Motor des Vereinsgeschehens erkannt.

Das umlaufende Gerank schildert den Transformationsprozess, man könnte sagen: von schöpferischer Energie in Geld, ja wörtlich: in klingende Münze. In der einzigen Ranke, die von Lorbeer gebildet wird, verabschiedet sich der Maler, eine edle Erscheinung in kurzem Kittel, gewärmt vom Dampf einer erkennbar dünnen Suppe, von seinem Werk. Während aus einem großen Füllhorn kleine Münzen auf ihn regnen, Pfennige allenfalls, wird sein Bild in den Reigen reich gerahmter Gemälde aufgenommen, die, von ungezählten Helfern in teils historischer, teils moderner Tracht über einen langen Rankenbogen hinweg geschäftig bewegt, platziert, geprüft werden. In der Mitte deutet sich, winzig, Ausstellungspublikum an, während in den Ecken, sehr groß, sehr deutlich, zwei Herren in der Tracht des 17. Jahrhunderts wohlstandsbürgerliche Aktivitäten verkörpern: links mit Schriftrolle eine Art Verwalter, der die Transporte steuert und über das Füllhorn wacht – darüber in der schmalen äußeren Rechteckrahmung ein *catalogus*; rechts ein Patrizier mit großem Stadtschlüssel, über ihm ein geflügeltes, jedoch offensichtlich leeres – leer geschriebenes? – Tintenfass. Der wohlgenährte Herr thront über einer schwungvoll geöffneten metallenen Büchse, aus der sich Münzen auf eine arme Familie ergießen – Anspielung auf die Wohltätigkeitsaufgaben des Potsdamer Vereins. Man muss das Blatt umdrehen, um auf der Büchse den erwartbaren Matthäus-Vers zu entziffern: »Was ihr einem der geringsten Brüder gethan habt, habt ihr mir gethan«.

Und nun, sehr auffallend: diese Münzen sind deutlich größer und schwerer als die dem Erstproduzenten des Bildes zugemessenen: nicht mehr Pfennige, sondern solide Taler, und wie zur Bestätigung des Unterschieds erweist sich der Inhalt des überschäumenden Suppentopfs, der den Empfängern zugeordnet ist, als weit gehaltvoller als der bloße Dampf, mit dem der Maler abgespeist wird. Diesem also, dem Schöpfer, bleibt am wenigsten von den Früchten seiner Arbeit, weil sie erst als Ware, erst im Zyklus von Kunstbetrieb und spekulativem Kommerz – nichts anderes ist die Lotterie – ökonomische Dichte, monetäres Gewicht gewinnen: so viel inzwischen, dass großzügige milde Gaben möglich werden. Neben der rührenden Szene gelangt der Kreisblick an sein Ende und begegnet in Philistertypen, die man im Alltag wiedererkennen zu können vermeint, erneut den Grimassen und Griffen der Gier.

So reicht es denn nicht aus, in der Komposition eine »allegorische Darstellung des Nutzens künstlerischer Arbeit im Dienste der Wohltätigkeit« (Bock 1923, S.119) zu erkennen. Der junge Menzel musste nicht William Thompsons 1824 veröffentlichte, später von Karl Marx aufgegriffene Mehrwert-Theorie kennen, um eigene einschlägige Beobachtungen und Erfahrungen zu verarbeiten. Schon in seinem Erstling *Künstlers Erdenwallen* bedeutet der »Nachruhm«, der den Demütigungen und dem »Ende in Dürftigkeit« des Malers folgt, vor allem – in Menzels Kommentar eigens hervorgehoben – »Bilderhändlers Erndte«: im Hintergrund der großen, auf den ersten Blick nur triumphalen letzten Komposition wird das Geschäft bereits abgeschlossen. Doch dies bleibt vorerst ein Nebenmotiv; denn im Ganzen genommen läuft *Künstlers Erdenwallen*, wenn auch nicht ohne Widerstreben, doch auf ein idealistisches »per aspera ad astra« hinaus, während die *Aktie* von Anfang bis Ende vorsätzlich nüchtern einen ökonomischen Prozess – mit dem Geld als Messstab und Orientierung – beschreibt. Damit nicht genug: Zwei Jahre darauf wird bei ähnlicher Gelegenheit, auf einem Briefkopf für Louis Sachses »Kunst-Verlagshandlung« (Bock 191,1), wieder alles Interesse auf die »Verwertung« der Kunst unter dem Zeichen des Hermes – nicht des Apoll – gerichtet sein; und in einer satirischen Zweitfassung (Bock 191,2), die wegen »verletzender Anspielungen auf Personen und Verhältnisse« nicht verwendet wurde, rollen sogar die ominösen Geldstücke wieder die Arabeskenranken entlang (Abb. 1).

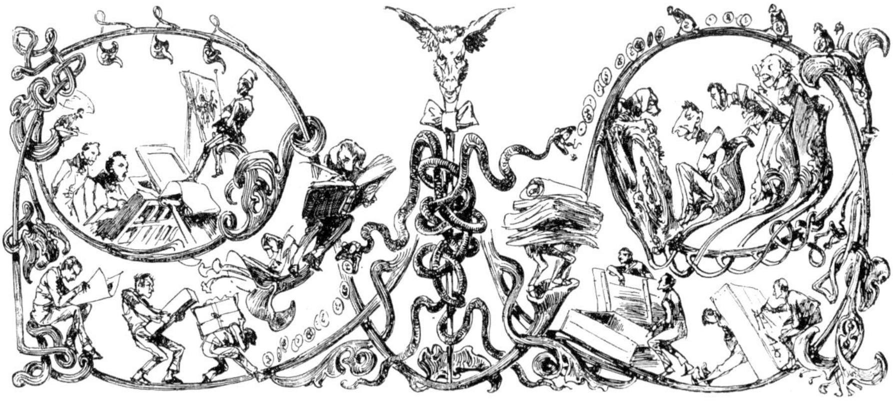

Abb. 1 | Adolph Menzel, Zweiter Briefkopf für die Kunsthandlung L. Sachse & Co Berlin, 1838, Federlithografie, 7,7 × 18 cm, Staatliche Museen zu Berlin, Kupferstichkabinett

Als der früh verwaiste Sohn eines erfolglosen Lithografie-Unternehmers die *Aktie* zeichnete, führte er noch, drei Familienangehörige versorgend, das karge Leben eines Künstler-Proletariers. Wohl hielten ihn Aufträge, nicht zuletzt die eines nicht minder genialen Kunstverlegers und -händlers, über Wasser; doch konnte seinem scharfen Verstand der unaufhaltsam wachsende wirtschaftliche Vorsprung der Unternehmer entgehen?

Ein Jahr vor der *Aktie*, 1835, hatte er ein Titelblatt zu Band 3 von Raczynskis *Geschichte der neueren deutschen Kunst* erdacht (Bock 125 sowie Busch 1986, S. 75–89). Die gedankenreiche Komposition erörtert widerstreitende Kunstprogramme der Gegenwart aus erkennbar skeptischer Perspektive, und die Pointe findet sich auf der Mittelachse des Titelfeldes: oben der göttliche Dürer mit strahlender Fackel, unten aber die verwirrend verschlungenen Buchstaben »NATURA« und ein provozierendes Fragezeichen. Den jungen Zeichner vermag demnach keines der ästhetischen Angebote zufriedenzustellen, und noch Jahrzehnte später wird er sich an die damalige »Kritik« (ein Wort, das er verärgert zwischen Anführungsstriche setzt) erinnern: »das Haupt noch tief im Gewölk des Idealismus«.

In seinem Werk aber, das von Anfang bis Ende die von Friedrich Schlegel beschworene »reizende Symmetrie von Widersprüchen« verkörpert (zitiert nach Busch 1985, S. 45), lassen sich immer wieder antithetische Bildpaare ausmachen. Wie das Raczynski-Titelblatt die praktischen »Kunstzustände« zugunsten der ästhetischen Programme vernachlässigt, so rückt die Potsdamer *Aktie* gerade sie in den Vordergrund, ganz ohne Schulen und Stile zu reflektieren. Beider Kompositionen Perspektive ist die Kritik, nicht zuletzt die wechselseitige – und erkennt nicht Werner Busch den philosophischen Kern der (romantischen) Arabeske darin, dass das Werk »nur in seiner Kritik [...] zu sich selbst« kommt (Busch 1985, S. 47)?

Ausgewählte Literatur

Elfried Bock: *Adolph Menzel. Verzeichnis seines graphischen Werkes*, Berlin 1923.

Kerstin Bütow: *Vom Handwerk zur Kunst. Die frühe Gebrauchs- und Gelegenheitsgraphik Adolph Menzels im europäischen Kontext*, phil. Diss., Freie Universität Berlin 1994.

Werner Busch: *Die notwendige Arabeske. Wirklichkeitsaneignung und Stilisierung in der deutschen Kunst des 19. Jahrhunderts*, Berlin 1985.

Franz Kugler: *Ueber die Kunstvereine*, in: *Museum* IV (1836), Nr. 11, S. 81–84; Nr. 12, S. 90–93.

Franz Kugler: *Über den Pauperismus auch in der Kunst*, in: *Kunstblatt* 26 (1845), Nr. 71, S, 297–299, und Nr. 72, S. 303f.

Claude Keisch und Marie Ursula Riemann-Reyher (Hrsg.): *Adolph Menzel: Briefe*, 4 Bde., Berlin und München 2009.

Karola Paepke: *Künstlervereinigungen und Kunstvereine in Potsdam. Ein Beitrag zu ihrer Geschichte zwischen 1800 und 1850*, in: *Veröffentlichungen des Bezirksheimatmuseums Potsdam – Beiträge zur Potsdamer Geschichte* XVII (1969), S. 109–150.

Tagebuch der Einsamen. Adolph Menzels *Studienblatt aus dem Irrenhaus*

Thomas Kirchner

Adolph Menzel ist – neben Caspar David Friedrich – wohl der Künstler, mit dem sich Werner Busch in den letzten Jahren am eingehendsten beschäftigt hat. Neben zwei Büchern hat er ihm und seinem Werk Aufsätze und Katalogbeiträge gewidmet. Und so überrascht es nicht, dass sich auch der Sammler Werner Busch für Menzel interessiert, wie die kleine Radierung *Studienblatt aus dem Irrenhaus* (1844) aus seiner Sammlung beweist (Bock 1149). Das Blatt mit der Plattengröße 8,5 × 21,1 cm ist für Menzel eher ungewöhnlich, was die Technik, aber auch was das Thema betrifft. Nicht so für Werner Busch. Er hat eingehend zwei Grafiken untersucht, die zentrale Zeugnisse für die künstlerische Auseinandersetzung mit der Psychiatrie und den Reformen der psychiatrischen Kliniken insbesondere in England und Deutschland des 18. und frühen 19. Jahrhunderts darstellen. Mit einer Betrachtung der achten Szene aus *A Rake's Progress* (1735), in der Rake im Irrenhaus Bedlam stirbt, führte er in seine Dissertation *Nachahmung als bürgerliches Kunstprinzip. Ikonographische Zitate bei Hogarth und in seiner Nachfolge* (1977) ein, wenn auch der Fokus seines Interesses an dieser Stelle auf der Adaption von Motiven der christlichen Ikonografie lag. In seiner Habilitation *Die notwendige Arabeske. Wirklichkeitsaneignung und Stilisierung in der deutschen Kunst des 19. Jahrhunderts* (1985) vertiefte er das Thema in einem langen Kapitel über Wilhelm Kaulbachs *Narrenhaus* (1830), das ebenfalls die Geschichte der Psychiatrie in Deutschland im frühen 19. Jahrhundert beschreibt. Menzel wird die beiden Blätter gekannt haben, der Stich nach Kaulbachs Zeichnung von Heinrich Merz (1835) hatte Furore gemacht.

Ein Brief Menzels an Carl Heinrich Arnold in Kassel vom 23. April 1844 ist für unsere Radierung von besonderem Interesse. Arnold hatte dem Freund offensichtlich einige Blätter von Jean-Jacques de Boissieu geschickt, der »ja unter die größten Kerls im Zeichnen und Radiren [gehörte]«. Außerdem berichtete der Künstler, dass er nun häufig ins Kupferstichkabinett gehe, um dort die Radierungen Rembrandts zu studieren. An den Werken der beiden Künstler konnte Menzel die für ihn neue Technik der Radierung studieren, mit der er sich in den Jahren 1843/44 beschäftigte und die ihn gereizt haben dürfte, da sie erlaubt, das Skizzenhafte einer Zeichnung einzufangen; zum anderen fand er in ihren Werken die Vereinigung von Figuren und Motiven, die keinen kompositorischen Bezug zueinander haben, wie Claude Keisch und Ursula Riemann-Reyher in ihrem Kommentar zu dem Brief vermerken. Vergleichbar ist das Blatt, zu dem keine Vorzeichnungen bekannt sind, lediglich mit der ein Jahr zuvor entstandenen Radierung

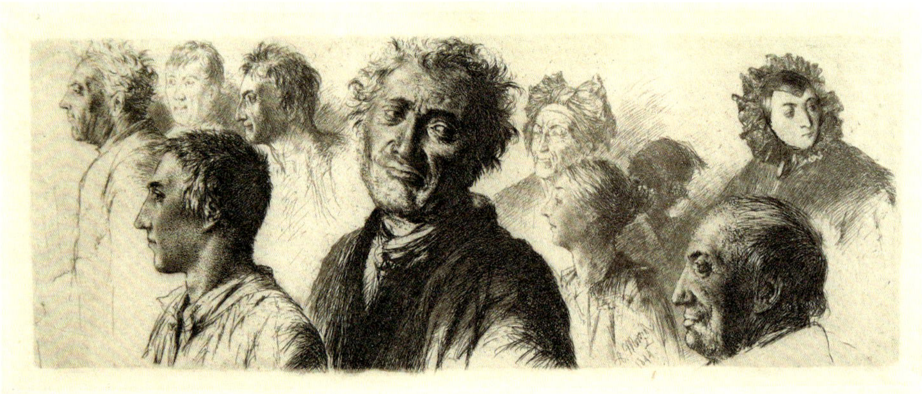

Adolph Menzel
Studienblatt aus dem Irrenhaus, 1844

Radierung auf Papier, 8,2 × 20,6 cm

Köpfe und Figurenstudien (Bock 1139). Das Format einer Vignette lässt zudem an die kleinformatigen Radierungen von Daniel Chodowiecki denken, der es liebte, in den Randzonen seiner Werke Figuren ohne jeglichen Bezug zur Komposition einzuführen.

Die Köpfe des *Studienblatts* scheinen mehr oder weniger zufällig nebeneinander gestellt zu sein, wie auf einer gezeichneten Skizze, hingeworfen, ohne Rücksicht auf eine Gesamtkomposition, räumlich stehen sie in keiner Beziehung zueinander, die zentrale Figur im Vordergrund ist viel größer als die Figur links neben ihm, obwohl die beiden auf derselben Bildebene angeordnet sind. Und doch ist das Blatt durchgestaltet. Die Radierung zeigt zehn Köpfe beziehungsweise Brustbilder, vier weibliche und sechs männliche. Die meisten schauen nach links, mit Ausnahme der das Blatt dominierenden Figur im Vordergrund und der Frau am rechten Bildrand. Woran erkennt man nun in Menzels Radierung, dass es sich um Insassen eines Irrenhauses handelt? Gewiss, den Zeitgenossen wird dies zumindest bei den männlichen Figuren bereits angesichts der kurzen geschorenen Haare klar gewesen sein. Dies war keine Frisur eines »normalen« Menschen. Mehr noch verweist aber ihre Vereinzelung auf eine Unfähigkeit der Interaktion und erscheint wie ein Beleg für ihre Krankheit. Menzel unterlegte seiner Komposition den Aufbau eines Historienbildes mit einer zentralen Figur an der Stelle im Vordergrund, an der der Held eines Historienbildes zu erwarten wäre. Diese gibt in gewissem Sinne den Grundtenor des Blattes an. Er schaut als einziger in Richtung des Betrachters, vermeidet aber einen Blickkontakt. Er ist durch seine Position im Blatt hervorgehoben, auch durch seine Größe. Und er wird als einziger in einem Affekt gezeigt. Sein innerer Schmerz, vielleicht auch Trauer, ist nicht notwendigerweise ein Verweis auf eine psychische Krankheit. Nur die Tatsache, dass wir nicht den Anlass für seinen emotionalen Zustand sehen, lässt vermuten, dass der Grund ein innerer ist. Die übrigen Personen sind physiognomisch nur wenig akzentuiert und ergeben kein differenziertes Bild unterschiedlicher Erscheinungsformen mentaler Krankheit. Sie sind in einem ruhigen Zustand gezeigt. Alle Altersstufen sind vertreten, von dem jungen Mann links im Hintergrund bis zu dem Alten rechts vorne, von der jungen Frau rechts im Mittelgrund zu den beiden Alten hinter ihr. Im ersten Zustand war auch ein kindlicher Lockenkopf zu sehen, der die Lücke zwischen den Schultern der beiden Männer im Vordergrund füllte und keinerlei Anzeichen einer mentalen Krankheit zeigte, versuchsweise, wie man annehmen muss, denn der Kopf war nur in seinen Umrissen ohne jegliche Schattierung angelegt.

Mit seinem Blatt folgte Menzel einem breiten Interesse am menschlichen Wahnsinn und dessen Erscheinungsformen, psychische Krankheiten wurden auch außerhalb der Fachkreise diskutiert, in Berlin besonders prominent durch Karl Philipp Moritz. Bei vielen Reisenden stand ein Besuch eines Irrenhauses auf dem Programm, so auch in Berlin, das seit 1728 ein Irren- und Armenhaus besaß. Die Stadt entwickelte sich in der ersten Hälfte des 19. Jahrhunderts zu einem Zentrum der psychiatrischen Forschung. 1840 veröffentlichte Heinrich Moritz Romberg, Arzt an der Charité und Professor der Berliner Universität, in dem Berliner Verlag von Alexander Duncker das erste neurologische *Lehrbuch der*

Nerven-Krankheiten des Menschen. Ins Jahr 1844, in dem Menzels Radierung entstand, fällt auch die Gründung der ersten deutschsprachigen medizinischen Fachzeitschrift für Psychiatrie *Allgemeine Zeitschrift für Psychiatrie und psychisch-gerichtliche Medizin* in dem ebenfalls in Berlin ansässigen bedeutenden medizinischen Verlag von August Hirschwald, die sich auch an ein Laienpublikum wandte und herausgegeben wurde unter anderen von Heinrich Philipp August Damerow, der bis 1842 als »psychiatrischer Sachbearbeiter« im Preußischen Kultusministerium tätig war. Ungeachtet der Fortschritte der psychiatrischen Forschung in Berlin waren die Zustände in dem lokalen Irrenhaus indes schlecht, wovon der für die Kranken zuständige Prediger Johann Gottfried Andrae in einem Artikel berichtete, der am 30. Dezember 1844 in der Beilage der *Spenerschen Zeitung* erschien.

Auch wenn Andraes Kritik zu spät für Menzels Radierung erschien und sich ein direkter Bezug des Künstlers zu Andrae oder Damerow wie auch zu den Ärzten der Abteilung »Irre und Wahnsinnige« der Charité nicht nachweisen lässt, so wird doch Menzel von den Reformplänen der psychiatrischen Anstalten und von den Diskussionen um die Behebung der Missstände in dem Berliner Irren- und Arbeitshaus Kenntnis gehabt haben. Dies dürfte ihn dazu bewogen haben, die Einrichtung zu besuchen und die Köpfe einzelner Kranker zu studieren.

Es ist nicht wahrscheinlich, dass der Künstler mit seiner Radierung öffentlich Position beziehen wollte, dazu ist das Format zu klein. Aber das Werk ist doch mehr als ein rein privates Vergnügen. Mit der Radierung beteiligte sich der Künstler an aktuellen Diskussionen, gleichzeitig reihte er sich in eine prominente Ahnenreihe ein. Er nannte selbst Rembrandt und Boissieu, weitere ließen sich hinzufügen, die die Grenze zwischen Gesunden und psychisch Kranken ausloteten, Hogarth, Füssli, Goya und Kaulbach sind nur die prominentesten. Théodore Géricaults Studien nach psychisch Kranken (1819/20 oder 1822/23) kann er indes nicht gekannt haben.

Menzel kam nicht mehr auf das Thema zurück. Auch blieb das Experiment der Radierung ein kurzes Intermezzo, lediglich in den späten achtziger und neunziger Jahren entstanden noch einige wenige Werke in der Technik.

In der Sammlung von Werner Busch befindet sich der zweite Zustand des *Studienblatts* (von insgesamt drei Zuständen). Er unterscheidet sich vom ersten Zustand neben einer Überarbeitung der Schattierungen einzelner Köpfe vor allem durch das Löschen des lockigen Kinderkopfes. Vermutlich hatte er ursprünglich zeigen wollen, dass auch Kinder in den Irrenhäusern lebten. Aber das war dann bei aller Beobachtung der Wirklichkeit wohl doch zu viel des Realismus.

Ausgewählte Literatur

Elfried Bock: *Adolph Menzel. Verzeichnis seines graphischen Werkes*, San Francisco [2]1991.

Lucius Grisebach (Hrsg.): *Adolph Menzel. Zeichnungen, Druckgraphik und illustrierte Bücher. Ein Bestandskatalog der Nationalgalerie, des Kupferstichkabinetts und der Kunstbibliothek Staatliche Museen Preußischer Kulturbesitz*, Ausstellungskatalog, Bonn (Wissenschaftszentrum Bonn/Bad Godesberg), Berlin 1984.

Hanfried Helmchen: *Historischer Überblick auf die Psychiatrie in Berlin*, in: Hanns Hippius (Hrsg.): *Universitätskolloquien zur Schizophrenie*, Bd. 1, Berlin 2004, S. 77–93.

Herbert G. Loos: *Herzberge. Die Geschichte des psychiatrischen Krankenhauses in Berlin-Herzberge von 1893 bis 1993*, Berlin 2014.

Claude Keisch und Marie Ursula Riemann-Reyher (Hrsg.): *Adolph Menzel: Briefe*, 4 Bde., Berlin und München 2009.

Gregor Wedekind und Max Hollein (Hrsg.): *Géricault. Bilder auf Leben und Tod*, Ausstellungskatalog, Frankfurt am Main (Schirn Kunsthalle) u.a., München 2013.

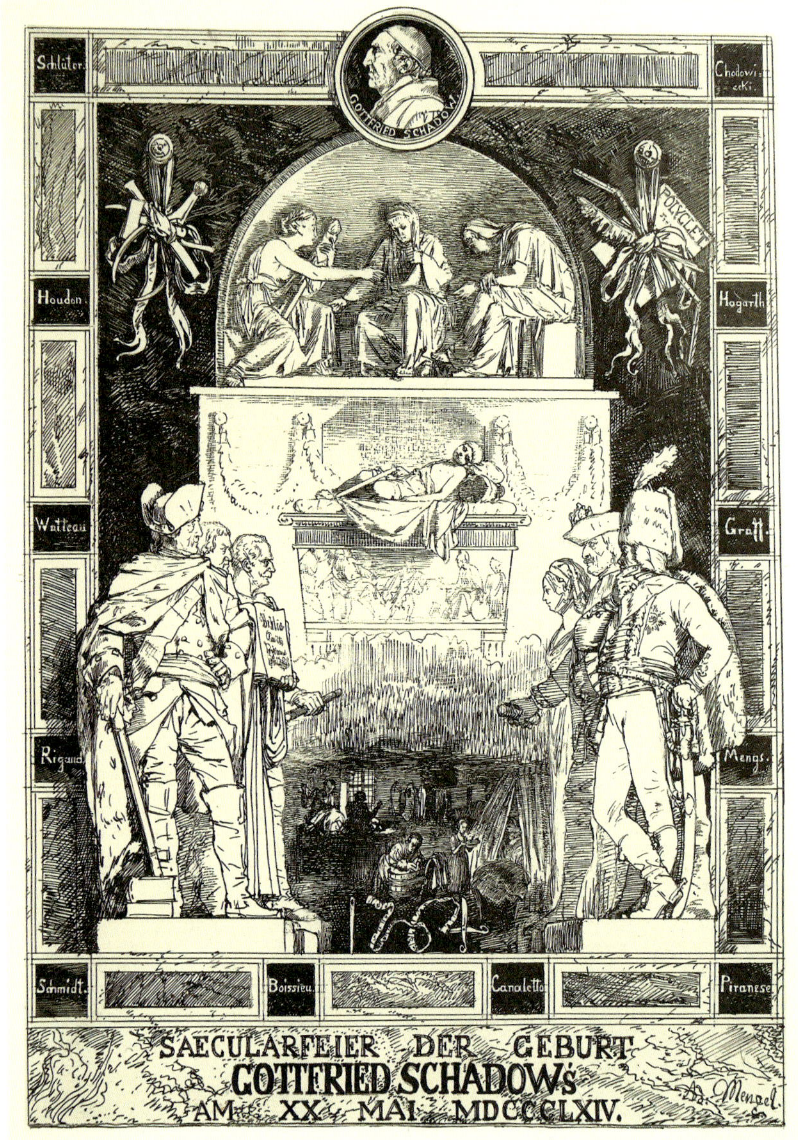

Adolph Menzel

Festblatt zur Jahrhundertfeier der Geburt
Johann Gottfried Schadows. 20. Mai 1864

Federlithografie auf Papier, 35,5 × 23,5 cm

Klassizismus und Realismus: zwei Seiten einer Medaille

Hubertus Kohle

An Werner Buschs Wissenschaftspraxis hat mich sehr bald etwas beeindruckt, was ihn wohl von den meisten seiner Mitforschenden unterscheidet. Bei äußerster Versenkung in die verwinkeltesten Sphären der Empirie hat er diese doch durchgehend einer Geschichtskonzeption unterworfen, die das Verhältnis von Heteronomie und Autonomie umkreiste, von Inhalt und Form, von Realität und Ideal. Dabei waren alle diese Verhältnisse auch noch so aufeinander bezogen, dass sie als Ausdruck einer Grundkonstellation gelten konnten. Das gilt auch dann, wenn er – vielleicht unter dem Druck der dekonstruktivistischen Theoriebildung – die strikte Teleologie dieser Konzeption im Laufe der Zeit relativiert hat. Denn auch für Busch gilt Heinrich Wölfflins Diktum, dass nicht alles zu allen Zeiten möglich ist. Gegenstand der Reflexion war und ist hier die Epoche der von Reinhart Koselleck sogenannten »Sattelzeit«, also der Jahrzehnte zwischen der Mitte des 18. und der Mitte des 19. Jahrhunderts. Auch wenn sich Buschs Interesse im Laufe seiner Tätigkeit deutlich erweitert hat, und zwar vor allem in Richtung Frühe Neuzeit, so bleibt die Erforschung der Sattelzeit doch seine Königsdiziplin. Ohne dass man hier etwas erzwingen müsste, lässt sich Adolf Menzels Federlithografie *Festblatt zur Jahrhundertfeier der Geburt Johann Gottfried Schadows, 20. Mai 1864* auf diese Konstellation beziehen. Kenner des Werkes Buschs wissen, dass sowohl Schadow als auch Menzel für dessen Überlegungen in unterschiedlichem Umfang eine wichtige Rolle spielen.

Ausgangspunkt für meine Überlegungen ist hier die zentrale Darstellung des 1788/89 entstandenen Schadowschen Grabmals des schon im Kindesalter verstorbenen Grafen von der Mark. Sie ist überwölbt von den den Lebensfaden spinnenden Parzen und unterhalb ergänzt durch eine Szene aus der Kindheit Schadows selber. Der idealen Überzeitlichkeit des Todes, erfasst in nobler und linearer Klassizität des Verstorbenen, antwortet unten die realistische Darstellung des in einem Bottich gebadeteten Säuglings Schadow, geprägt von fast schon Kollwitzscher Diesseitigkeit. Idealität und Realität also sind schon an dieser Stelle von Menzel plakativ adressiert, was dadurch plausibel wird, dass in beiden Fällen kleine Kinder thematisiert sind.

Wer sich an die Komplexität der Gedankenwelt Werner Buschs mit Blick auf Schadow heranwagen will, kann das z.B. anhand seines vor noch gar nicht langer Zeit erschienenen Aufsatzes über die *Klassizistische Karikatur als Voraussetzung für Gottfried Schadows Zeichnungen* unternehmen. Einige der zentralen Elemente seiner weit ausgreifenden Überlegungen sind hier versammelt.

Erst einmal ein Schritt zurück. Unter Berufung auf führende Kulturanalytiker konnte Busch zwei Eigenheiten der Moderne zum Ausgangspunkt nehmen, nennen wir sie Verzeitlichung und Vervielfältigung. Dass die Erde nicht 5000, sondern eher 5 Millionen oder gar 500 Millionen Jahre alt ist, drängte sich den Naturwissenschaftlern schon im 18. Jahrhundert auf. Wenn man schon früh feststellte, dass es alleine an die 3000 Schlupfwespen gab, dann erübrigte sich die auf der Bibel gründende Gewissheit, dass sämtliche Spezies zusammen genommen auf eine Menge von unter 1000 kamen.

Natur also als unermessliche Vielfalt und lange Dauer, ein Faktum, dass ihre radikale Inkommensurabiltät bedeutete. Heruntergebrochen auf die klassizistische Kunst, die neben der auf sie antwortenden und sie in Buschs Augen verlängernden Romantik zum Kernbestand von dessen Überlegungen gehört, hieß dies, dass eben diese Kunst die Ordnung der Natur nicht mehr spiegelte, wie es die Klassik tat, sondern dass sie sie konstruierte. Formale Stringenz ist bei ihr nicht mehr Reflex einer in der Natur vorgegebenen Ordnung (denn wo sollte diese angesichts der ungeheuren Größen angesiedelt sein?), sondern ein ästhetisches Postulat, das dadurch eigene Ausdruckskraft – eben Autonomie – erlangte. Gültig ist dies nicht nur in den klassizistischen Spielarten, wo ein John Flaxman mit seinen radikalen Linienreduktionen an die Grenze der Abstraktion vordrang, sondern auch in den naturalistischen Varianten. Goethe, auch bei Busch ein Gewährsmann an der Epochenschwelle, konnte sich mit beiden Versionen nicht anfreunden, da er weiterhin einem klassischen Kunstbegriff anhing. Seine Abneigung gegen Berliner Prosaik ist ja im Übrigen auch in einer bekannten Auseinandersetzung mit Schadow aktenkundig geworden, die am Anfang des Jahrhunderts ausgetragen wurde. Hier sind wir noch einmal bei Menzel selber angekommen, der gewöhnlich als ein Kulminationspunkt des Naturalismus betrachtet wird. Vor allem in seinem Buch von 2015, das sehr schnell auch im Englischen und Französischen erschienen ist, belegt Busch eindrücklich die zuweilen extreme formale Bewusstheit von Menzels Gestaltungen. Er legt aber gleichzeitig dar, dass kein Reflex einer letztlich von höheren Mächten geschaffenen Ordnung vorliegt, sondern dass hier ein geradezu verzweifelter (ein von Busch sehr geliebter Begriff) Versuch des Künstlers zu sehen ist, eine ihn überwältigende Wirklichkeit in den Griff zu bekommen.

In der theoretisch hoch reflektierten Perspektive Buschs verflüchtigen sich stilgeschichtliche Zuordnungen traditionellen Zuschnitts. Ich erinnere mich noch, wie es seinen Schülerinnen und Schülern am Beginn seiner Karriere in Bonn wie Schuppen von den Augen fiel, als sie das begriffen. Es war fast so, als wären sie ein ganz klein wenig vom Weltgeist berührt worden.

Ausgewählte Literatur

Werner Busch: *Adolph Menzel. Auf der Suche nach der Wirklichkeit*, München 2015.

Werner Busch: *Klassizistische Karikatur als Voraussetzung für Gottfried Schadows Zeichnungen*, in: Cord-Friedrich Berghahn und Conrad Wiedemann (Hrsg.): *Berlin 1800. Deutsche Großstadtkultur in der klassischen Epoche*, Hannover 2019, S. 175–196.

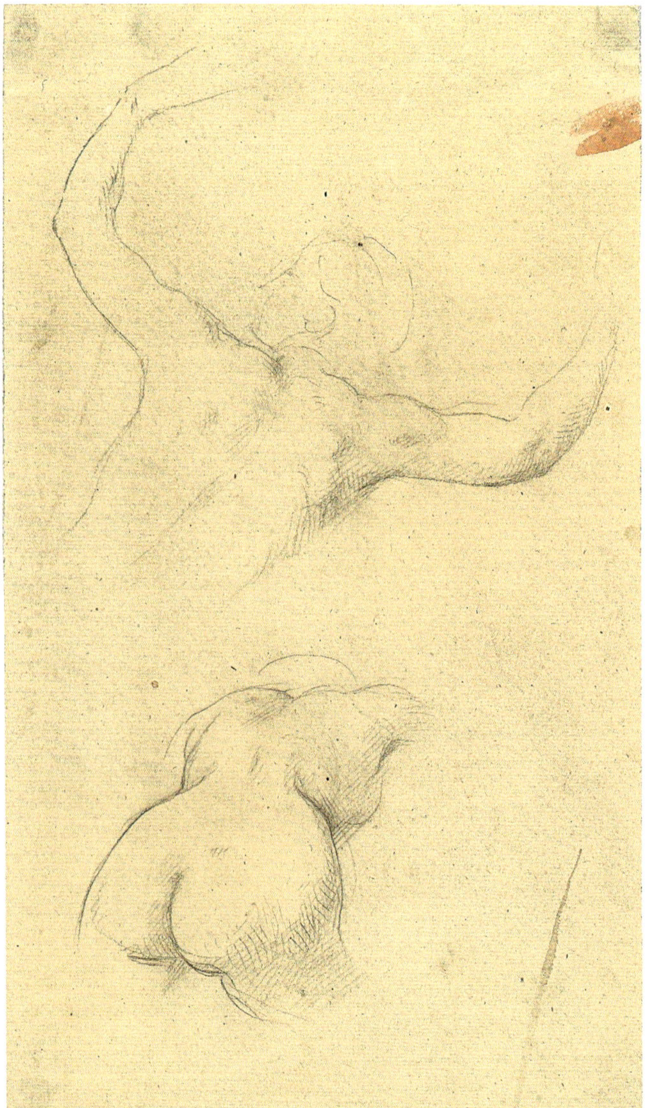

Moritz von Schwind
Der Eidbruch (Vorzeichnung zum Melusinen-Zyklus),
1859/69

Grafitstift auf Papier, 29,2 × 17,2 cm

»die wichtigsten Zeugnisse, ob einer was kann oder nicht«. Moritz von Schwinds Figurenstudie zum *Eidbruch* des Melusinen-Zyklus

Michael Thimann

Kann ein politischer Reaktionär ein progressiver Künstler sein? Werner Busch hat schon früh, als sich kaum jemand wissenschaftlich mit der deutschen Spätromantik beschäftigten wollte, auf die Modernität der Malerpoeten des 19. Jahrhunderts wie Eugen Napoleon Neureuther, Alfred Rethel, Wilhelm von Kaulbach und eben auch Moritz von Schwind hingewiesen. In der Abstraktion der Linie, der Stilisierung der Form und der intensiven Nutzung der Arabeske als Bildform bei diesen Künstlern hat Werner Busch in der *Notwendigen Arabeske* von 1985 Signaturen der Moderne ausgemacht. Moritz von Schwind verfügte mitunter über die schönste Linienführung dieser allesamt hochversierten Zeichner. Ausgebildet in Wien und München, wo er unter den Einfluss der Cornelius-Schule geriet, distanzierte er sich vom nazarenischen Bildkonzept und erarbeitete sich seine eigene Bildlichkeit, die in überbordender motivischer Fülle und mit elegant-kunstvoll geschwungener Linie die Bildwelt des spätromantischen Kunstmärchens zum Leben erweckt hat. Es verwundert nicht, dass sich der Sammler Werner Busch auch ein Blatt des Zeichners Schwind gesichert hat. Noch stärker als auf seinen penibel ausgeführten bildmäßigen Zeichnungen, die zumeist virtuos koloriert den Anspruch des autonomen Kunstwerkes behaupten, spricht sich Schwinds großes Talent in den Studien und Skizzen aus, die er in beachtlicher Fülle für seine Projekte angefertigt hat. Schwind selbst hat gerade diesen Skizzen eine große Bedeutung zugemessen. So schreibt er am 10. Juli 1869, und damit ungefähr zum Entstehungszeitpunkt der vorliegenden Zeichnung, an den Hamburger Sammler Arnold Otto Meyer: »Wenn Sie wieder einmal nach München kommen, würde es mir ein großes Vergnügen sein, mit Ihnen durchzusehen, was ich an Zeichnungen besitze. Meine Frau hat sechs ordentliche Mappen voll. Leider bin ich mit denen, die mir eigentlich die wichtigsten scheinen, barbarisch umgegangen. Das sind die improvisierten Aufzeichnungen, woraus später Werke entstanden sind. Nebenbei gesagt, so unscheinbar sie sein mögen, die wichtigsten Zeugnisse, ob einer was kann oder nicht.« (Stoessl 1924, S. 492–493).

Die Studie für zwei Wassernymphen für Schwinds Spätwerk *Märchen von der schönen Melusine* veranschaulicht gut, was er mit der Frage meint, »ob einer was kann oder nicht«. Mit sicherer Konturlinie umreißt Schwind die Frauenkörper, deren Plastizität durch spärlich gesetzte Kreuzschraffuren evoziert wird. Die beiden Körperfragmente, der Oberkörper mit ausgebreiteten Armen und die sich nach vorne beugende Rückenansicht einer Nackten, wirken auf dem Blatt dekonstruiert, im ausgeführten Werk wird Schwind beide Körperfragmente nebeneinander vereinigen. Die Frage, ob der knapp Siebzigjährige zu diesem Zweck noch Modellstudien betrieb oder die Figuren aus der Fantasie zeichnete, muss unbeantwortet bleiben. Letzteres liegt nahe, und dies nicht nur aufgrund der Indezenz des Motivs (Schwind wird das ausgestellte Gesäß der Frau im ausgeführten Werk mit einem Tuch verhüllen). Schwinds Fantasie war reich an figürlichen Motiven, in immer wieder neuen Skizzen entwarf er Figurenensembles und dekoratives Beiwerk wie Nymphen, Nixen, Luftgeister oder sonstiges Märchenpersonal. Es liegt also nahe, dass er auch das vorliegende Blatt aus der Fantasie gezeichnet hat.

Das *Märchen von der schönen Melusine* zählt zu den letzten Werken Schwinds, der offenbar plante, den Zyklus in einem Rundtempel am Starnberger See zu realisieren und damit auch sich selbst ein Denkmal zu setzen. Sein Schaffen wurde wesentlich von Stoffen aus Sage und Märchen bestimmt, und mit der Wahl des Melusinen-Themas ergriff er ein Schlüsselmotiv der literarischen Romantik, welches etwa von Ludwig Tieck, Franz Grillparzer und Gustav Schwab bearbeitet worden war. Die Geschichte von der mythischen Wasserfrau Melusine geht auf die alt-französische *Histoire de Lusignan* des Jean d'Arras (1394) zurück und war als Stoff von Volksbüchern im Spätmittelalter verbreitet, was wiederum das Interesse der eben solche volkstümlichen Stoffe sammelnden Romantiker weckte.

Schwind arbeitete zwischen 1859 und 1869 am *Märchen von der schönen Melusine* und realisierte 1867/68 einen kleinen Aquarellzyklus, der sich in Linz befindet, sowie eine zehnteilige große Ausführung im Wiener Belvedere. Diese 1868/69 entstandenen Aquarelle sollten vermutlich als Grundlage für die Ausmalung des Rundtempels dienen. Die vorliegende Zeichnung ist eine Studie für die Szene des *Eidbruchs*, die sich in beiden Aquarellzyklen findet. Eigentlich handelt es sich bei dem Motiv des Blattes lediglich um zwei Nebenfiguren. Dargestellt sind zwei Wasserfrauen, die als Schwestern oder Dienerinnen zum Begleitpersonal Melusines gehören und durch das plötzliche Erscheinen von Graf Raimund in Angst und Schrecken versetzt werden. Das *Märchen von der schönen Melusine* folgt dem Motiv der gestörten Mahrtenehe zwischen einem Sterblichen und einem überirdischen Wesen, die an die Einhaltung eines Verbots gebunden ist. Graf Raimund von Lusignan und die Quellnymphe Melusine begegnen sich erstmals an einem Brunnen im tiefen Wald, sie verlieben sich ineinander und heiraten. Melusine nimmt ihrem Gatten den Schwur ab, ihr nicht zu folgen, wenn sie sich allmonatlich an einen geheimnisvollen Ort zurückzieht, wo sie, so Schwind, »im angebornen Element neue Kraft und Jugend atmet« (Holsten und Richter 1996, S. 242). Die Ehe ist zwar glücklich und mit Kindern gesegnet, doch der Graf wird misstrauisch und folgt Melusine heimlich an den Ort ihrer Rekreation. Dort erblickt er sie im Märchen in ihrer natürlichen Gestalt als fischschwänziges Mischwesen, wovon Schwind im Bild Abstand genommen hat. Bei der Darstellung der Szene weicht Schwind von der literarischen Hauptüberlieferung ab, indem er Graf Raimund die Tür öffnen lässt und damit große Verwirrung unter Melusines Begleiterinnen stiftet statt durch ein heimlich gebohrtes Guckloch die Szenerie zu betrachten. Der Eidbruch wendet das Eheglück ins Verderben, Melusine kehrt in ihre Quelle zurück. Schwinds Zyklus schließt ebenfalls mit einer eigenen motivischen Ergänzung, nämlich dem Todeskuss am Waldbrunnen, der das Schicksal des Grafen besiegelt.

Schwinds Studie für die beiden Wasserfrauen, die Melusine begleiten, ist ein in sich abgeschlossenes Kunstwerk. Wie der Kontur die Körperformen begrenzt, so entfaltet sich auf dem sparsam besiedelten Blatt die ganze disziplinierte Schöpferkraft der Zeichenkunst Moritz von Schwinds. Schwind mag ein politischer Reaktionär gewesen sein, der mit Demokratie und den Vorgängen um 1848 wenig anfangen konnte. Als Zeichner öffnete er durch eine konzeptuelle Reduktion und stilisierte Form sowie durch die Autonomisierung der Linie Wege in die Moderne.

Ausgewählte Literatur

Siegmar Holsten und Susanne Richter (Hrsg.): *Moritz von Schwind. Meister der Spätromantik*, Ausstellungskatalog, Karlsruhe (Staatliche Kunsthalle Karlsruhe), Karlsruhe 1996.

Werner Busch: *Die notwendige Arabeske. Wirklichkeitsaneignung und Stilisierung in der Deutschen Kunst des 19. Jahrhunderts*, Berlin 1985.

Ulrike Olbrich: *Das Märchen von der schönen Melusine (1868/69) – Moritz von Schwinds Vollendung der zyklischen Bilderzählung als Ausklang der Romantik*, Weimar 2003.

Claudia Steinkämper: *Melusine – vom Schlangenweib zur »Beauté mit dem Fischschwanz«. Geschichte einer literarischen Aneignung*, Göttingen 2007.

Otto Stoessl (Hrsg.): *Moritz von Schwind: Briefe*, Leipzig 1924.

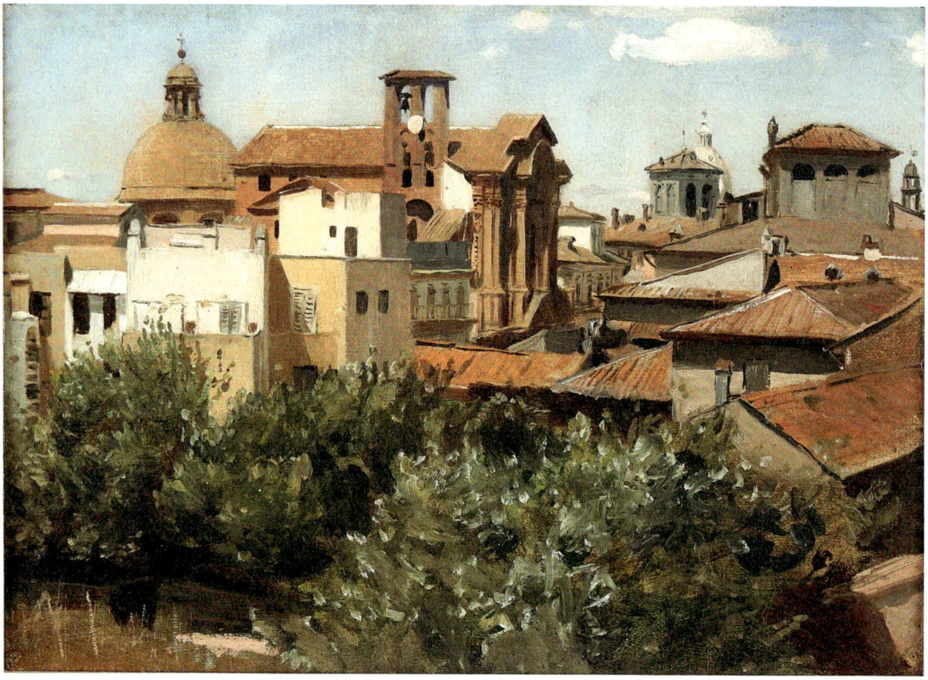

Rudolf Schick
Romansicht, um 1860/65

Öl auf Karton, 26 × 36,5 cm

Sehen lernen.
Rudolf Schicks nahezu hanseatischer Blick auf Rom

Florian Illies

Mit Werner Busch zu schauen, ist ein besonderer Genuss. Zunächst lernte ich viele Jahre anhand seiner Texte das Schauen, folgte seinen Gedanken und Worten – und lernte so, wo die wahren Geheimnisse eines Bildes versteckt sind. Das konnten, wie bei Caspar David Friedrich, jene mathematischen Überraschungen des »romantischen Kalküls« sein, das er immer wieder in Werken des Greifswalder Malers nachweisen konnte – obwohl es unseren Seherwartungen an diese sehnsuchtsvolle Seelenmalerei völlig widerspricht. Es waren aber auch immer die verblüffenden Nachwirkungen der frühen Malereileitfäden etwa eines Pierre-Henri de Valenciennes, die er in den Werken seiner Schüler und Nachfolger entdeckte.

Als ich dann, während meiner Jahre beim Auktionshaus Grisebach, das Glück hatte, nicht nur anhand seiner Bücher und Aufsätze, sondern mit ihm persönlich auf Kunstwerke zu schauen, lernte ich noch eine weitere Dimension seiner Genauigkeit kennen. Auf faszinierende Weise kann sich Werner Busch immer wieder in die Person des Schöpfers einfühlen – er beschreibt, in welchen Bildpartien der Künstler jeweils vor den größten Herausforderungen stand und wie er sie löste.

Die faszinierend kleine Arbeit in Öl auf Karton von Rudolf Schick, die im Wohnzimmer von Werner Busch hängt, ist ein Beispiel für seine wichtige Beobachtung, dass die Künstler bei diesen direkt in der Natur und vor dem Objekt entstehenden Arbeiten ihre Augen immer auf den Mittelgrund scharf gestellt haben, weshalb der Vordergrund, der Bereich in ihrem toten Winkel also, in der Regel sehr flüchtig und pauschal ausgemalt wirkt. Diese Ölstudie von Schick (Busch spricht lieber von »Ölskizze«) ist aber natürlich vor allem auch ein Beispiel für das ungeheure Qualitätsgespür, das im Hause Busch erst vom Vater Günter und dann vom Sohn Werner entwickelt wurde. Dabei spielte die Größe eines Namens nie die wichtigste Rolle – die Sammlung der Ölstudien in der Bremer Kunsthalle und deren Bestand an französischer Malerei ist so bedeutend, weil Günter Busch immer nur aufgrund der Qualität des einzelnen Werkes entschied. Und genau dies ist auch in der Sammlung seines Sohnes der Fall.

Früh konnte Werner Busch seine Sinne für diese Gattung der Malerei in Öl auf Papier oder Karton bei John Gere in London weiter schärfen und er war dann für Jahrzehnte oft der einzige deutsche Kunsthistoriker, der diese besonderen Schöpfungen pries. Die Pionierrolle der frühen Engländer für das Genre der Ölskizze/Ölstudie spielt in seinen Aufsätzen und Büchern eine große Rolle – genau wie die Würdigung der französischen

Innovatoren um 1800. Aber diese feine Arbeit von Rudolf Schick aus der Zeit um 1870 zeigt, wie er auch vor dem stupenden Einzelwerk eines wenig bekannten deutschen Meisters zwei Generationen später staunend in die Knie gehen konnte. Denn Rudolf Schick zeigt – wie Buschs große Helden Simon Denis, Valenciennes und Thomas Jones – eine italienische, eine römische Szenerie – ja, das italienische Licht hat eben auch hundert Jahre nach seiner Entdeckung durch die frühen Meister der Ölstudienmalerei nichts von seiner Wirkungsmacht verloren. Wahrscheinlich ist dieses kleine Bild einer seltsam verschachtelten römischen Innenstadtarchitektur das Formvollendetste, was Rudolf Schick je geschaffen hat – die Ziegeldächer verwirren und verführen unseren Blick durch eine Vielzahl an unterschiedlichen Perspektiven. Und dennoch entsteht ein gestaffelter Mittelgrund, dessen Raumwirkung von größter Plausibilität ist. Der bildbeherrschende Ziegelton wird in einem kleinen Spektrum von hellrosa bis braunrot durchgespielt und von genau gesetzten schwarzen Schattenpartien und weißen Lichtstreifen belebt. In der linken Bildhälfte schieben sich zwei, drei weiße Baukörper hinein, um das harte, fast metallische Licht eines römischen Vormittages besonders sichtbar zu spiegeln.

Das kühle Grün der Bäume im Vordergrund ist so schnell wie souverän erfasst, weiße Striche setzen die Lichtpunkte und so entsteht jene wichtige dynamische Bildpartie, die wichtig ist, damit die feierliche – im Falle Buschs möchte man fast sagen: hanseatische – Ruhe und Klarheit der Architektur darüber überhaupt erst ihre volle Wirkung entfalten kann.

Das geheime Bildzentrum ist das versteckte Augenpaar jener zwei grünen Fensterläden in der Bildmitte, die mit ihrem Farbton einerseits das grüne Blättermeer des Vordergrundes aufnehmen und zugleich den subtilen, aber notwendigen Komplementärkontrast zu dem wogenden Ziegelmeer bilden. Ich bin mir sicher, Werner Busch hat in einer stillen Stunde längst nachgewiesen, dass sich diese Fensterläden genau auf der Linie des goldenen Schnittes bewegen. Auch Schick, geboren im Todesjahr Caspar David Friedrichs, feierte also in dieser kleinen Arbeit das spätromantische Kalkül.

Ausgewählte Literatur

Werner Busch: *Studien vor der Natur*, in: Christoph Vitali (Hrsg.), *Ernste Spiele: Der Geist in der Romantik in der deutschen Kunst 1790–1990*, Ausstellungskatalog, München (Haus der Kunst), Stuttgart 1995, S. 463–466.

Werner Busch: *Die Wolken: protestantisch und abstrakt. Theoretische und praktische Empfehlungen zum Himmelmalen*, in: Bärbel Hedinger, Ines Richter-Musso und Ortrud Westheider (Hrsg.): *Wolkenbilder. Die Entdeckung des Himmels*, Hamburg (Bucerius Kunst Forum), München 2004, S. 24–31.

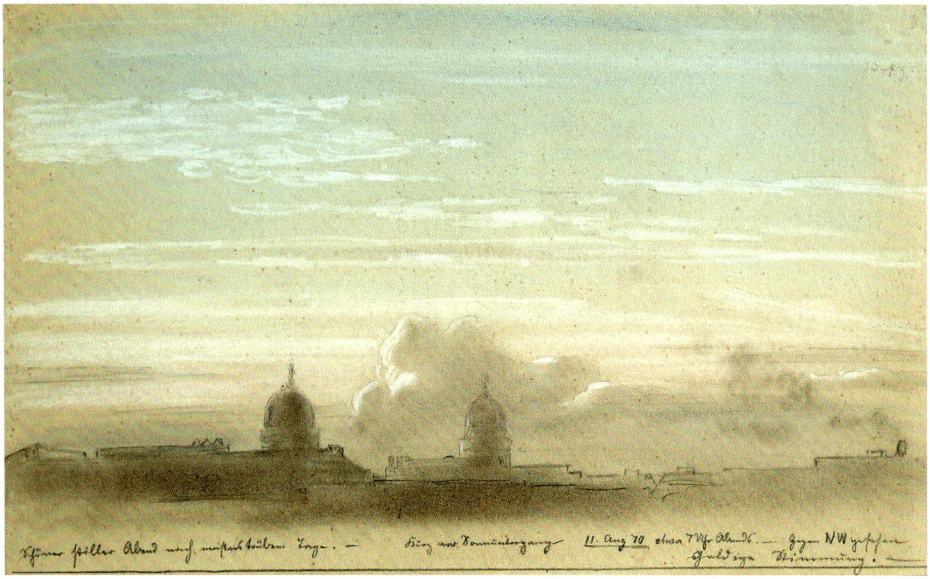

Rudolf Schick, *Der Himmel über Berlin am 11.8.1870, gegen 19 Uhr*, Pastellkreide über Grafitstift auf Papier, 150 × 250 mm

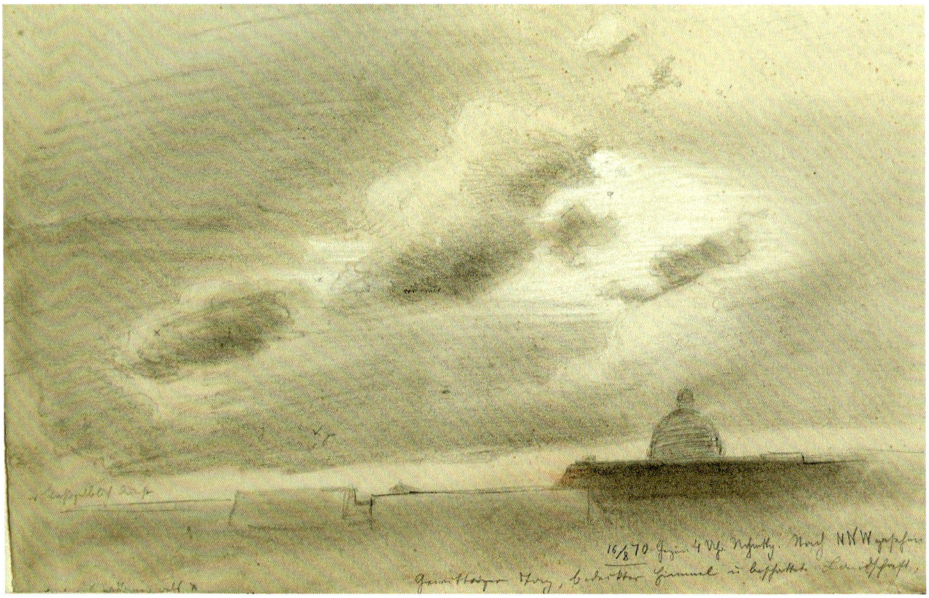

Rudolf Schick, *Der Himmel über Berlin am 16.8.1870, gegen 16 Uhr*, Pastellkreide über Grafitstift auf Papier, 150 × 240 mm

Der Himmel über Berlin in drei Skizzen Rudolf Schicks

Hans Dickel

Zwei der drei Ansichten vom Himmel über Berlin, die Rudolf Schick an August-Abenden des Jahres 1870 mit Pastellkreiden über Bleistift skizziert hatte, erwarb Günter Busch 1973/74 im Kunsthandel. Ihr duftig feines Blau, Grau mit zartem Rosa und Weiß in den Wolken könnte den Reiz der beiden Blätter für den frankophilen Museumsdirektor in Bremen ausgemacht haben. In nobler Geste schenkte er sie seinem schon damals an Skizzen interessierten Sohn zur Berufung auf den Lehrstuhl für Kunstgeschichte an der West-Berliner Freien Universität (1988). Trotz thematischer Opposition zum Vater – Werner Buschs Dissertation über William Hogarth (1973) verrät eine Orientierung außerhalb jenes Pariser Dunstkreises, in dem die deutsche Nachkriegskunst und -kunstgeschichte nach 1945 wieder aufgeblüht war – kaufte er sich in Berlin das dritte Blatt aus Schicks Folge, eine weitere Aussicht aus dessen Dachgeschoss-Atelier in der Kreuzberger Ritterstraße 47. 1870 war auch Schick gerade erst nach Berlin gekommen, zurückgekommen, von einem mehrjährigen Italien-Aufenthalt, den er im Dunstkreis Arnold Böcklins verbracht hatte. Bei diesem hatte er den Sinn für das Farbenspiel der Wolken und ihre künstlerische Wiedergabe entwickelt und sich notiert:

»Böcklin hat heute die Wolken gemalt, nachdem er sie vor einigen Tagen ganz einförmig blau mit Ultramarin, grauem Kobalt und Weiß angestrichen. Indem er die hohen Federwolken auf diesem einfarbigen Grunde bald dünner, bald pastoser lasierte, bekamen sie ein ganz naturwahres Aussehen, da sie, wie in der Natur, die hintere Luft durch ihr Weiß durchscheinen lassen. Böcklin sagt, er hätte das von den französischen Dekorateurs gelernt; die hätten bei den Marmorimitationen auch die einfachen Flächen hingestrichen und die anderen erst bei mehrmaligem Übergehen drauf gemalt und mit einem großen Borstpinsel vertrieben, wodurch sie eine merkwürdige Zartheit der Erscheinung erreichten« (Schick 1902, S. 320f.). Schick wusste also, was beim Zeichnen von Wolken zu beachten war. Im Unterschied zu den Himmeln niederländischer Maler des 17. Jahrhunderts, deren räumlich oft unstimmige, kulissenhafte Wolkendarstellung Busch als solche erkannt hatte, erreichte Schick in seinen Skizzen eine tiefenräumliche Wirkung, indem er die Wolkenformen Stratus, Cumulus und (kaum) Cirrus und Altostratus nicht nur schematisch übereinander schichtete, sondern sie in unterschiedlicher Größe perspektivisch staffelte und nach Beleuchtung und Verschattung differenziert auf der Bildfläche arrangierte, von lichtem Blau unterbrochen, sodass Weite und Höhe des Himmels über Berlin anschaulich werden. Und wie der Kunsthistoriker Busch nach der

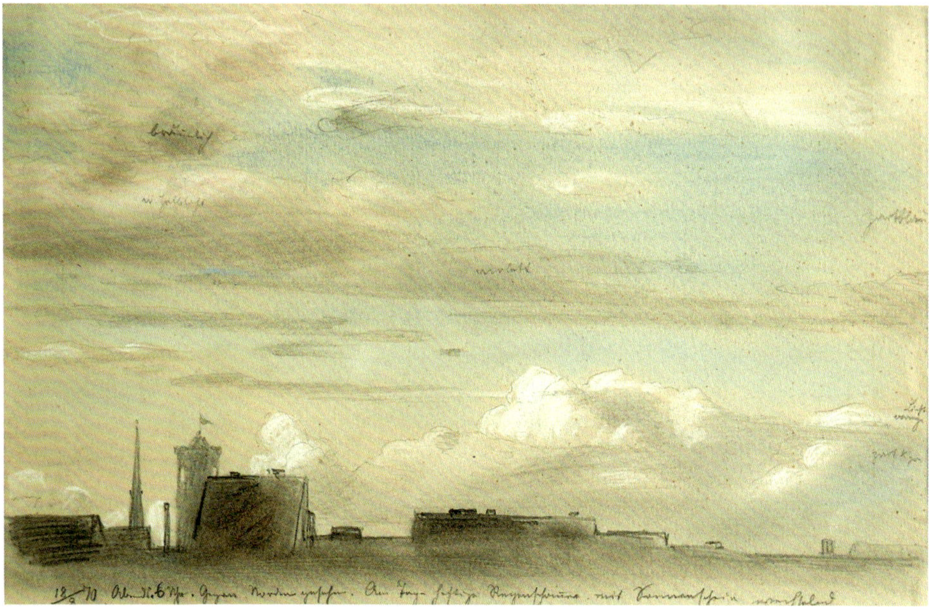

Rudolf Schick, *Der Himmel über Berlin am 18.8.1870, gegen 18 Uhr*, Pastellkreide über Grafitstift auf Papier, 160 × 250 mm

Notwendigkeit der Arabeske (1985) nun mit Pierre Henri de Valenciennes *Élémens de perspective pratique à l'usage des artistes* (Paris 1799) die Notwendigkeit des Augenblicklichen in der Darstellung von Wolken erkannt hatte, die etwas frivol auch Böcklin praktizierte, so übertrug er als Berliner Sammler die präzisen Orts- und Zeitangaben des Künstlers von den drei Zeichnungen, um deren Motive genauer lokalisieren zu können:

1. Blatt

Rudolf Schick, *Der Himmel über Berlin am 11.8.1870, gegen 19 Uhr*, Pastellkreide über Grafitstift, 150 × 250 mm, Beschriftung: »Schöner stiller Abend nach meistens trübem Tage – Kurz vor Sonnenuntergang 11. Aug, 70 etwa 7 Uhr Abends, Gegen NW gesehen Goldige Stimmung«. »dunstig.« (zweimal)

2. Blatt

Rudolf Schick, *Der Himmel über Berlin am 16.8.1870, gegen 16 Uhr*, Pastellkreide über Grafitstift, 150 × 240 mm, Beschriftung: »16/8 70 Gegen 4 Uhr Nachmittag. Nach NNW gesehen. Gewittriger Tag, bedeckter Himmel und beschattete Landschaft« »w.blassgelbliche? Dunst« (sowie weitere Farbtonangaben)

3. Blatt

Rudolf Schick, *Der Himmel über Berlin am 18.8.1870, gegen 18 Uhr*, Pastellkreide über Grafitstift, 160 × 250 mm, Beschriftung »18/8 70. Abends 6 Uhr. Gegen Norden gesehen.

Am Tage heftige Regenschauer mit Sonnenschein wechselnd« »bräunlich« »w.gelblich« »violett« »zartblau« darunter »Licht orange« und darunter »zart b.gr.«

In seinem Aufsatz zu den drei Skizzen hat Busch die jeweils am unteren Bildrand eher unprätentiös dargestellten Bauten identifiziert: die Kuppeln des Deutschen und des Französischen Doms (Blatt 1, datiert 11.8.1870) bzw. den beflaggten Turm des Roten Rathauses, den der Nikolaikirche, das Dach des damaligen Central-Theaters an der Alten Jakobstraße (Blatt 3, datiert 18.8.1870). Für ihn, als inzwischen mehr oder weniger an Berlin gewöhnten Kunsthistoriker, war mit Adolph von Menzel ein weiterer Leitstern hinzugekommen. Dieser hatte gleich neben Schick sein Atelier in der Ritterstraße 45 und er verlieh der Berlin-Vedute eine Nüchternheit, die Busch mit ihm teilte. Das Motiv der zweiten Zeichnung Schicks (Blatt 2, datiert 16.8.1870) mit Blickrichtung »nach NNW« skizziert, blieb ihm vielleicht deshalb »ungewiss«. Entweder sei, so Busch 2018, die Kuppel der Hedwigskathedrale dargestellt, deren Laterne aber wohl erst nach 1870 ergänzt wurde, oder aber jene des alten Berliner Doms von Karl Friedrich Schinkel, die jedoch eine viel kleinere Laterne besaß. Warum aber sollte es nicht die Kuppel des Stadtschlosses sein, die aus Schicks Atelier deutlich sichtbar gewesen sein muss? In ihren Proportionen zu den Dachkanten der Gebäude im Vordergrund, die sie weit überragt, wäre ihre Identifikation naheliegend gewesen. Aber Schick widmete ihr nur wenige, fast schon hämische Strichelchen, denn er war, wie sein späterer Sammler, mehr an den *Modifications of Clouds* (Luke Howard) interessiert, für die das Stadtschloss mit seiner aufgesetzten Kuppel nur noch ein Repoussoir abgeben sollte. Als Busch seinen Aufsatz zu Schick schrieb, war das Monster noch nicht wieder rekonstruiert. Es dürfte ihm als protestantischem Bremer bis heute suspekt sein: Kuppeln gehören auf Kirchen! Tatsächlich hatte das Stadtschloss erst in der letzten Phase seiner Baugeschichte von dem frömmelnden Preußenkönig Friedrich Wilhelm IV. eine Kuppel auf das Dach gesetzt bekommen, 1848. 2018 waren es private Spender, die sich eben diese Phase der Restauration in Preußen aussuchten, als sie die Kuppel finanzierten, weil sie offenbar zu ihren Vorstellungen von einem restaurativen Neu-Berlin am besten passte. Für die Schlossattrappe hätte man sich aber ebenso eine andere Phase der Geschichte zum Vorbild nehmen und auf die Kuppel verzichten können. Trotzdem wird sie heute auf beschämende Weise entwürdigt durch eine direkt neben sie auf das Dach gesetzte Imbissbude, die den ganzen Komplex als *Fake* entlarvt, besonders hässlich für den Blick von Unter den Linden oder vom Lustgarten. Aber zurück zur Zeichnung Schicks: in der von ihm angegebenen Blickrichtung »nach NNW« aus dem Atelier im Haus Ritterstraße 47 dürfte die kleine Erhebung über der Traufhöhe links unterhalb der echten Schlosskuppel tatsächlich die niedrigere und flacher gewölbte Kuppel der Hedwigskathedrale darstellen. Die weiter entfernte Kuppel des alten Berliner Domes, die in diesem Ausschnitt vermutlich nicht zu sehen gewesen wäre, ließen die Hohenzollern 1893 abreißen, denn Schinkels Bau war ihnen zu bescheiden.

Ausgewählte Literatur

Hugo von Tschudi (Hrsg.): *Rudolf Schick: Tagebuchaufzeichnungen aus den Jahren 1866, 1868, 1869 über Arnold Böcklin*, Berlin 1902.

Werner Busch: *Die Ordnung des Flüchtigen: Wolkenstudien der Goethezeit* in: Sabine Schulze und Friedmar Apel (Hrsg.): *Goethe und die Kunst*, Ausstellungskatalog, Frankfurt am Main (Schirn Kunsthalle), Frankfurt am Main 1994, S. 519–527.

Werner Busch: *Adolph Menzel. Auf der Suche nach der Wirklichkeit,* München 2015.

Werner Busch: *Der Himmel über Berlin. Rudolf Schicks Ausblicke aus seiner Dachwohnung in der Ritterstraße 47*, in: Rebecca Duckwitz und Christien Melzer (Hrsg.): *Von der Genauigkeit des Sehens: Festschrift für Anne Röver-Kann zum 75. Geburtstag*, Bremen 2018, S. 135–140.

Verbotene Liebe

Petra Kuhlmann-Hodick

Erst kürzlich erinnerte Werner Busch mich, dass es ein fast 30 Jahre zurückliegendes Gespräch, noch in den damaligen Sammlungsräumen des Dresdner Kupferstich-Kabinetts an der Güntzstraße war, dass sein Interesse an japanischen Farbholzschnitten geweckt und ihn angeregt hatte, einige solche Stücke zu erwerben. Anlass war die 1995 in der Japan Society Gallery in New York und anschließend im Dresdner Albertinum gezeigte Ausstellung *Ukiyo-e. Meisterwerke des japanischen Farbholzschnitts aus dem Dresdner Kupferstich-Kabinett*, die ich seinerzeit als frisch eingestellte Konservatorin unter Anleitung einer Koryphäe des Fachs, Rose Hempel, mit kuratieren durfte. Wohl inspiriert von dieser Ausstellung, erwarb Werner Busch einen solchen japanischen Farbholzschnitt des Künstlers Tsukioka Yoshitoshi, auf dem die Illustration eines Kabuki-Theaterstücks zu sehen ist.

Weder Rose Hempel, noch zuvor der Nestor der japanischen Kunstgeschichte in Dresden um 1900, der vortragende Rat am sächsischen Ministerium für Wissenschaft und Kunst Woldemar von Seidlitz, auf dessen Initiative der Aufbau der umfangreichen Japan-Sammlung am Dresdner Kupferstich-Kabinett zurückgeht, haben sich intensiver mit Yoshitoshi befasst. Auch heute noch scheint der Schüler von Utagawa Kuniyoshi in der Wahrnehmung der Kunstgeschichte zwischen den Zeiten zu stehen; erst in den letzten Jahren wendet sich das Interesse wieder ihm zu. Weisen das vorliegende Werk und seine bekannteste Serie *100 Ansichten des Mondes* von 1868 ihn eher als späten Schüler der Edo-zeitlichen (1603–1868) Utagawa-Schule aus, der er seine klassische Ausbildung im *ukiyo-e*-Holzschnitt verdankte, so arbeitete er in eben dieser Umsturzzeit im Boshin-Krieg (1868/69) als einer der ersten Bildreporter Japans und gehörte eigentlich schon jener Künstlergeneration der Meji-Zeit an, die in der traditionellen Kunstgeschichte der Phase der Dekadenz zugeschlagen wurde. Damit passt es, dass Werner Busch sich gerade für ein Werk dieses eher *unklassischen* Meisters entschieden hat.

Was mag ihn wohl sonst gereizt haben an gerade diesem Triptychon? Bestechend sind die konstruktive Note der auf Weniges konzentrierten Komposition, die Klarheit in der Charakteristik der Handlungsträger, *last but not least* ein guter Schuss Humor, mit dem die Geschichte erzählt wird – vielleicht das.

Jedes Feld der drei Drucke stellt jeweils eine Figur ins Zentrum und ist für sich genommen durchgestaltet. Die Brüche in den Farbtönen, besonders im Blau des Himmels, verweisen darauf, dass die drei Blätter nicht aus einer Charge stammen. Die aus wenigen Elementen zusammengesetzte Landschaft, die die drei Gestalten hinterfängt, bindet die Blätter in eine Komposition zusammen, die von rechts nach links von absteigenden

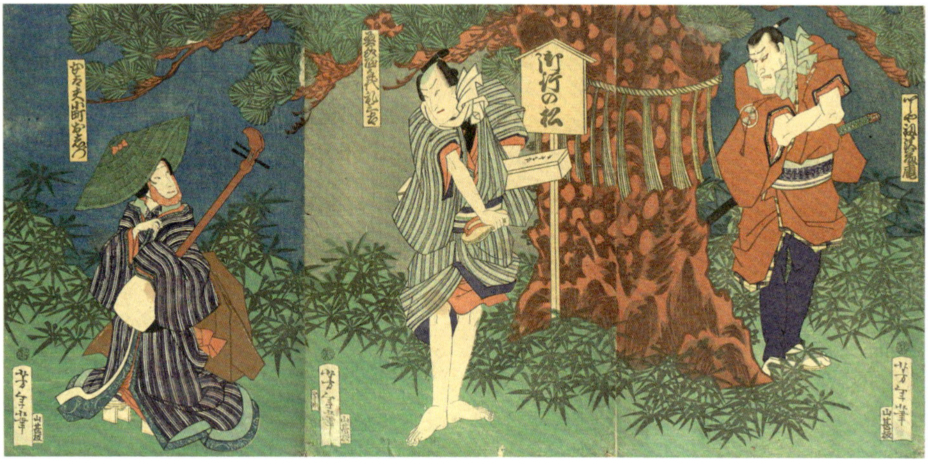

Tsukioka Yoshitoshi
Kabukiszene, 1867

Dreiteiliger Farbholzschnitt auf Papier, je ca. 35,5 × 24 cm

Diagonalen durchzogen ist. Die Details sind vereinfacht dargestellt und dekorativ, aber klar auf jedem Blatt angeordnet: Der grüne Vordergrund als Standfläche der Figuren, der mäandernde Streifen des mit Bambus überzogenen Bodens, dann der Himmel und als oberer Abschluss das Geäst der mächtigen Kiefern, deren Stamm die beiden Protagonisten der beiden rechten Felder gegeneinander abgrenzt, bilden den landschaftlichen Umraum, in den die Theaterszene versetzt wurde.

Das Stück spielt unter dem mächtigen Dach einer durch Schild und Kordel als Heiligtum ausgewiesenen Kiefer im Tempeldistrikt von Negishi in Edo (heute Tokio). Wir sehen die erste Szene aus der Aufführung des traditionellerweise als Neujahrsspiel aufgeführten Kabuki-Stücks *Spiegel der Liebesgeschichten der Soga Brüder im Vergnügungsviertel* (*Keisei Soga kuruwa kagami*), einer an *Die Rache der Soga-Brüder* (*Soga monogatari*) angelehnten Episode. Der bei Yamashiroya Jinbei verlegte dreiteilige Holzschnitt bezieht sich auf die Aufführung des Dramaturgen Kawatake Shishichi II im Ichimura-za-Theater, aufgeführt vom ersten bis zum dritten Mondmonat 1867.

Durch Haltung, Position und Gewandung treten die Protagonisten in einer rhythmisierten, von rechts nach links absteigenden Folge in Beziehung zueinander. Links, gespielt von dem Schauspieler Sawamura Tanosuke III, erscheint die Shamisenspielerin Komachi Oshizu, deren Spitzname »Die Komachi von heute« (*Ima Komachi*) eine Anspielung auf die berühmte Dichterin der Heian-Zeit (794–1185) ist. Oshizu trägt einen Reisehut aus Rietgras (*marugasa*) und ein gestreiftes, damit eigentlich männlich konnotiertes Gewand, das sie als Geisha ausweist. Sie wendet sich um zu dem im mittleren Feld dargestellten Reizaburō, gespielt von Ichimura Kakitsu IV. Reiza, der Mitarbeiter (*tedai*) des Antiquitätenladens Okushūya ist seinerseits bekannt als »Der neue Narihira« (*Ima Narihira*), einem weiteren berühmten Hofdichter der Heian-Zeit. Auch er schaut zurück; die Wege der beiden Protagonisten sollen sich trennen, aber ihre Blicke sind sehnsüchtig einander zugewandt. Reiza, barfuß und mit nackten Waden, hält eine Strohsandale (*zōri*) in der rechten Hand und trägt unter dem linken Arm eine Transportkiste. Die Erzählung klärt uns auf, dass er ein wertvolles Schwert zu dessen Besitzer zu bringen hat. Der unterschiedliche Stand dieses Liebespaares, so erfährt man weiter, verbietet ihnen, sich öffentlich zu ihrer Liebe zu bekennen. Die beiden haben aber einen gemeinsamen, damals siebenjährigen Sohn, Chiyomatsu, dessen Name das Schriftzeichen für Kiefer (*matsu*) in sich trägt, und der in dieser auf die drei Hauptdarsteller konzentrierten Darstellung fehlt. Ebenso ist das weitere umfangreiche Personal des ersten Schauspielaktes nicht dargestellt. Auf dem rechten Blatt der Szenerie lauert hinter der durch Schild und die Kordel als heiliger Baum ausgewiesenen Kiefer (*o-gyō no matsu*) mit grimmiger Schurkenmiene der Arzt Tsurugisawa Bakuan, gespielt von Seki Sanjūrō III. Er hat Reizas Hinweis auf den Transport des Schwertes mitbekommen und plant, dieses zu stehlen – was im weiteren Verlauf des Stücks zum Höhepunkt führt.

Unwillkürlich denke ich bei dieser Komposition an Joseph Anton Kochs Darstellung der dramatischen Begebenheit aus Dantes *Göttlicher Komödie*, als Giovanni Malatesta die

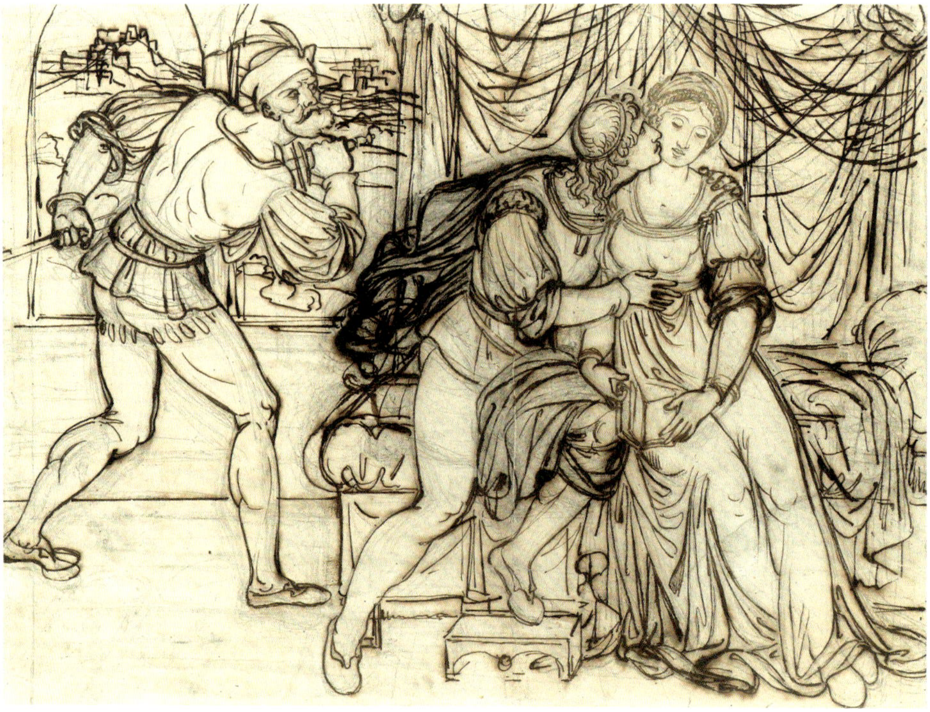

Abb. 1 | Joseph Anton Koch, *Paolo und Francesca*, um 1802/05, Feder in Braun über Grafitstift auf Papier, 36,8 × 49,8 cm, Kupferstich-Kabinett, Staatliche Kunstsammlungen Dresden

Liebesbeziehung seiner Gattin Francesca zu seinem Stiefbruder Paolo entdeckt und im Begriff ist, sein Schwert zum Mord zu ziehen (Abb. 1). Auch ihm ist die böse Absicht ins Gesicht geschrieben. In ähnlicher Weise hält Reiza auch eine Strohsandale in der Hand, da das »Schlagen mit der *zōri*-Sandale« (*zōri-uchi*) einen öffentlichen Affront und völlige Ehrverletzung des Gegenübers ausdrückt. Somit scheint über lokale und Generationsgrenzen hinweg ein vergleichbarer Topos in der Darstellung aufgerufen zu werden, der sich aus der in manchem vergleichbaren Konstellation der beiden Szenen herleitet und sich, auch ohne nähere Kenntnis der Geschichten, unmittelbar mitteilt.

Für ihre Anregungen und großzügige Bereitstellung ihrer Recherchen, namentlich zu den Quellen der Darstellung und ikonografischen Details, sowie Durchsicht des Manuskriptes zu diesem Beitrag danke ich sehr herzlich Sabine Bradel, Zürich.

Ausgewählte Literatur

Bas Verbeck (Hrsg.): *100 Ansichten des Mondes. Japanische Farbholzschnitte von Tsukioka Yoshitoshi*, Ausstellungskatalog, Köln (Museum für Ostasiatische Kunst), Köln 2021.

Petra Kuhlmann-Hodick, *Kat.-Nr. 49: Joseph Anton Koch, Paolo und Francesca, 1802/05*, in: Stephanie Buck, dies. und Gudula Metze (Hrsg.): *300 Jahre Kupferstich-Kabinett. Sammeln in der Gegenwart*, Ausstellungskatalog, Dresden (Kupferstich-Kabinett, Staatliche Kunstsammlungen), London 2020, S. 196–197.

Julius Kurth, *Der japanische Holzschnitt*, München ^{2}1921.

Woldemar von Seidlitz, *Geschichte des Japanischen Farbenholzschnittes*, Dresden 1897.

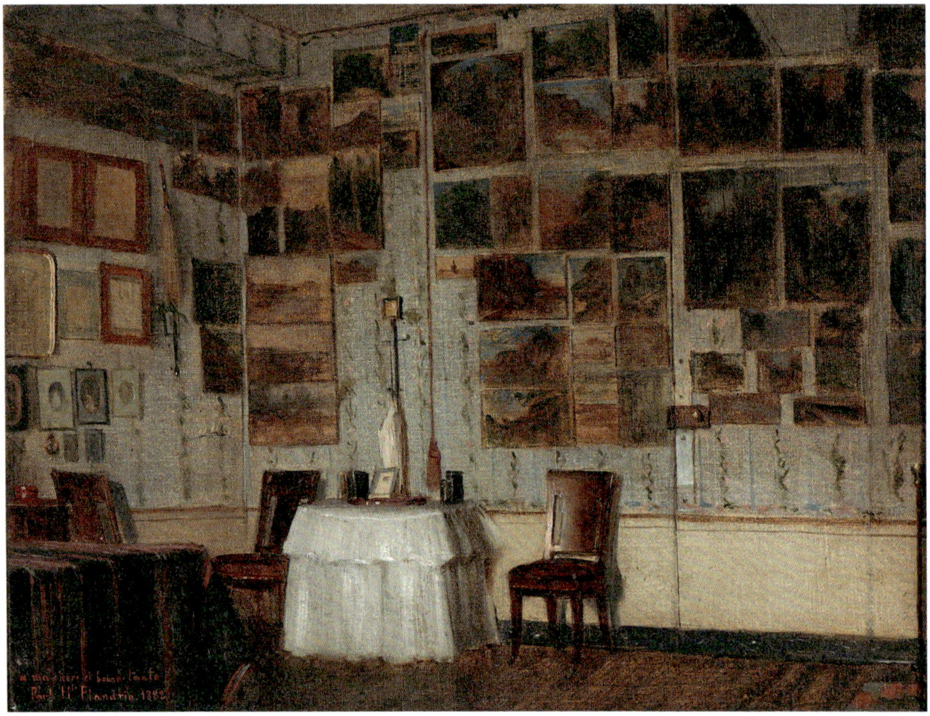

Paul Flandrin
Das Atelier des Künstlers in Paris, 1882

Öl auf Leinwand, 23,5 × 32 cm

Der erahnte Künstler

Hermann Mildenberger

Die Stille eines leeren Ateliers leiht dem abwesenden, unsichtbaren Künstler eine vernehmbare Stimme. Bühnenhaft übersichtlich, links leicht in die Tiefe gerückt, erblickt man das Pariser Atelier des Landschaftsmalers. Die über einer niedrig verlaufenden sockelhaften Holzverkleidung aufragenden, vertikal ornamentierten Tapetenwände tragen, in fünf oder sechs Reihen übereinander gehängt, meist ungerahmte Landschaftsbilder. Die gerahmten Tableaus können in ihrer Skizzenhaftigkeit überwiegend als Porträts gedeutet werden, möglicherweise persönliche Memorabilien. Zwei mit bodenlangen Decken verhüllte Tische, ein Schränkchen, wenige Utensilien wie eine Klingelschnur, geben dem Arrangement Tiefe. Rechts sieht man eine Tapetentür mit Schloss und einem Türknauf aus Messing; man hat den Eindruck, dass, durch die Nutzung bedingt, die Tapetentür nicht mehr unauffällig in die Wand eingefügt sitzt. Rechts der Türe lehnt ein Gehstock mit messing- oder gelbgussfarbenem runden Knauf: Ist der Maler gar nicht ausgegangen, sondern bleibt er, diese Studie malend, momentan im Atelier präsent?

Die Farbigkeit, bestimmt von Braun- und dunklen Rottönen sowie cremigen Weiß- und Grautönen, setzt die Kenntnis der Palette der Impressionisten voraus, jedoch modifiziert in Nuancen, die den traditionellen Galerieton aufscheinen lassen. Die malerische Ausführung mit ihrem Hauch von *Chiaroscuro* ist nicht weit von der eines Henri Fantin-Latour zu verorten. Das kultivierte, dabei leger unprätentiöse Pariser Atelier mit unterschwellig melancholischem Farbklang erscheint *tout français*. Die persönliche Note der 25 × 31,8 cm messenden Ölstudie auf Leinwand wird durch eine Dedikation und Signatur links unten bestätigt: »à ma chère et bonne tante / Paul H. Flandrin. 1882.«

Der Landschaftsmaler Paul, auch Jean Paul oder Paul Jean Flandrin, war Bruder des deutlich berühmteren Jean Hippolyte (auch Hippolyte-Jean) Flandrin, der sich überwiegend der Historienmalerei widmete, und von René Auguste Flandrin, dem ältesten, doch am wenigsten bekannten der drei Malerbrüder, einem bemerkenswerten Porträtisten. Paul verband eine fast siamesisch-zwillingshaft anmutende enge Verbindung mit seinem Bruder Hippolyte. Künstlerischen Ausdruck fand diese existenzielle Nähe in dem *Double autoportrait d'Hippolyte et Paul Flandrin* von 1835 im Louvre.

Die drei Flandrin-Brüder changierten, wie viele aus Frankreich stammende Künstlerkollegen ihrer Epoche, zwischen französischen und italienischen Horizonten. Paul Flandrin, Sohn einer Familie aus Lyon, studierte gemeinsam mit seinem Bruder Hippolyte seit 1826 an der Lyoneser Kunstakademie. 1829 verließen die beiden ihre Heimatstadt, um sich in Paris bei Jean-Auguste-Dominique Ingres weiterzubilden. Während der revolutionären Unruhen 1830 flohen sie nach Lyon zurück, um 1831 wieder bei Ingres und nun zu dessen beliebtesten Schülern aufzusteigen. 1832 erhielt Hippolyte den *Grand Prix de Rome*, verbunden mit dem begehrten Rom-Stipendium an der Villa Medici, der Außenstelle der *Académie de France* in der Ewigen Stadt. Paul hatte diskret an dem Gemälde mitgearbeitet, das Hippolyte zum Wettbewerb einreichen sollte. Die Trennung der beiden Brüder konnte zunächst nicht überwunden werden, da Paul seinerseits mit seinen Bemühungen um den Rom-Preis des Folgejahres scheiterte. Paul reiste somit auf eigene Kosten nach Rom, um wieder mit dem Bruder zusammen schöpferisch tätig sein zu können (1834). Die Freunde kommentierten das ständige gemeinsame Auftreten der beiden: »Ah! voilà Flandrin tout entier«. Sicherlich war der heute wesentlich bekanntere Hippolyte auch in der Beziehung der beiden die künstlerisch dominierende Figur. Er galt als »Fra Angelico du XIX siècle [...] grand peintre réligieux et bon portraitiste«, Paul hingegen in seiner traditionellen Auffassung als »paysagiste ingresque« (Cyrille Sciama). Dabei war Paul auch ein bemerkenswerter Porträtist und Historienmaler in eingeschränkter Wirksamkeit, nicht zuletzt wegen seiner Mitarbeit bei Aufträgen zu Historienbildern des Bruders Hippolyte. Die Landschaftskunst Pauls, im Grundzug klassizistisch geprägt, wenn auch für neue realistische und gar verhalten pleinairistische Nuancen offen, ist stilistisch am ehesten im Umfeld von Caruelle d'Aligny zu lokalisieren. Die gestisch strenge Historienmalerei von Hippolyte, in der Tradition von Ingres weiterentwickelt und in einer Linie, die zu Puvis de Chavannes hindeutet, eröffnet gelegentlich überraschende Verzweigungen und Seitenwege. Die atmosphärisch stupenden Campagna-Landschaften Hippolytes, hauptsächlich 1834/38 entstanden, sind koloristisch-sublime Solitäre in der Werkgenese. Auch der so oft reproduzierte *Jeune homme nu assis au bord de la mer* (1835–36) im Louvre, wohl das populärste, jedenfalls mit Abstand am häufigsten reproduzierte Werk Hippolytes, fällt aus dem Rahmen. Vor allem seit den frühen 1970er-Jahren avancierte die in der Tradition des Konturstils von Ingres inszenierte Aktstudie mit ihrem preziös melancholischen Sensualismus zu einer emblematischen Ikone hedonistischer Libertinage. 1838 kehrten die Brüder nach Lyon zurück, 1839 bezog Hippolyte ein Atelier in Paris, das er mit dem Bruder teilte. Paul stellte 1839 erstmals im Pariser Salon aus, was zum Auftakt einer beachtlichen Karriere führte. Erfolge auf dem Kunstmarkt und öffentliche Ehrungen begünstigten sich gegenseitig. 1864 verstarb der Bruder Hippolyte. 1882, als die Atelier-Studie entstand, hatte sich das öffentliche Interesse längst ganz anderen Malern zugewendet; er arbeitete offensichtlich am Publikum vorbei und offiziöse Ehrungen versiegten.

Vergegenwärtigt man sich diesen Lebensbogen, so gewinnt man auch klarere Einsichten zur Atelier-Studie, die der Tradition des *Milieu[s] als Porträt*, wie Donat de Chapeaurouge sie definierte, zuzuordnen ist (Werner Busch möge bitte diesen uns verbindenden Hinweis auf den gemeinsamen, wiederholt in Gesprächen gewürdigten, essentiell prägenden Tübinger Lehrer Donat de Chapeaurouge mit Sympathie lesen). Aus den Chiffren des Interieurs heraus konfigurieren sich unretouchierte Wesenszüge des Künstlers. Die im Pathos völlig zurückgenommene Innenansicht scheint sich an kein großes Publikum mehr zu wenden, ja, sie ist dediziert: »à ma [...] tante [...]«. Die familiäre Konnotation bestätigt, dass es sich hier offenbar um das eigene Atelier, nicht etwa das eines befreundeten Kollegen handelt. Auffällig ist die Signatur »Paul H. Flandrin«. Paul Flandrin hieß mit zweitem Namen Jean, nicht H(ippolyte). Die durch den Tod des Bruders erloschene, vieljährige Ateliergemeinschaft lässt er so diskret wieder aufscheinen – die kryptische Anspielung dürfte man in der Familie verstanden haben.

Ausgewählte Literatur

Donat de Chapeaurouge: *Das Milieu als Porträt*, in: *Wallraf-Richartz-Jahrbuch* XXII (1960), S. 137–158.

Jacques Foucart und Bruno Foucart (Hrsg.): *Hippolyte, Auguste et Paul Flandrin. Une fraternité picturale au XIXe siècle*, Ausstellungskatalog, Paris (Musée du Luxembourg) u.a., Paris 1984.

Florian Illies (Hrsg.): *Mehr Licht. Die Befreiung der Natur*, Ausstellungskatalog, Düsseldorf (Kunstpalast) u.a., Dresden 2023.

Elena Marchetti: *Paul Flandrin en Provence*, in: *Revue de l'Art* 197 (2017), S. 59–69.

Cyrille Sciama (Hrsg.): *Hippolyte & Paul Flandrin. Paysages et Portraits*, Ausstellungskatalog, Nantes (Musée des Beaux-Arts Nantes), Paris 2007.

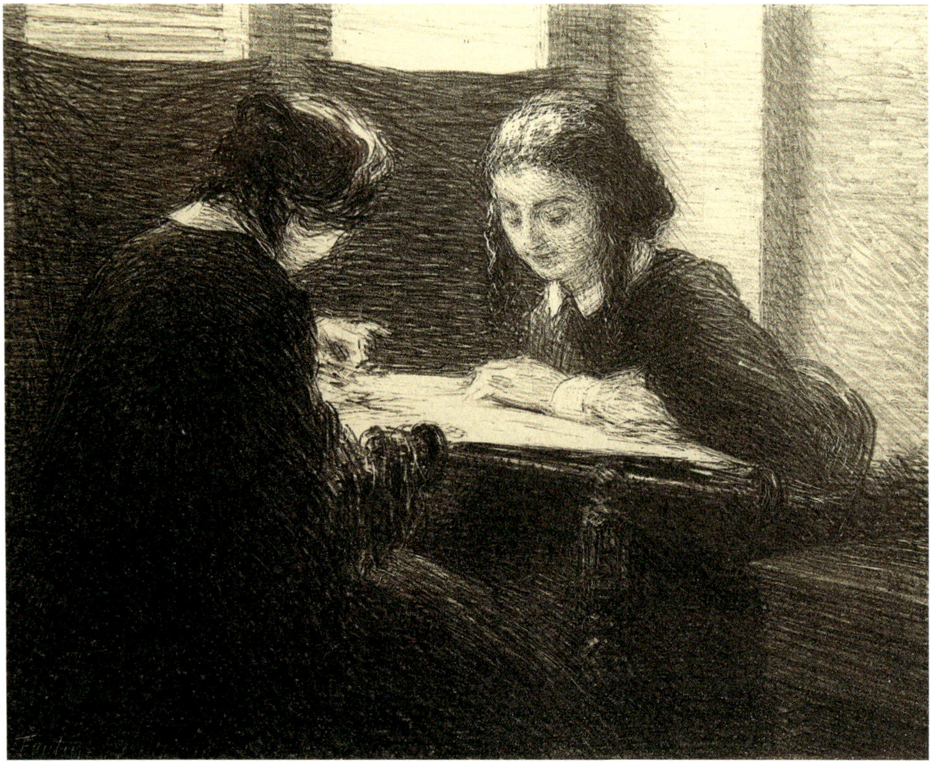

Henri Fantin-Latour
Les Brodeuses, 1898

Kreidelithografie auf Papier, 16,5 × 21 cm

Mit sicherer Hand. Henri Fantin-Latours *Les Brodeuses*

Uwe Fleckner

In ihren Zeitvertreib versunken sitzen sie da, die beiden jungen Frauen, ohne miteinander zu sprechen, ohne sich anzuschauen. Ein Augenblick enger Vertrautheit ist hier zu sehen, ein sehr privater Augenblick, früher hätte man wohl von einem innigen Beisammensein gesprochen. Beschäftigt sind sie mit einem Stück Stoff, das zwischen ihnen in ein hölzernes Gestell, einen Stickständer, eingespannt worden ist. Dessen kippbarer Rahmen steht auf gedrechselten, mit Schnitzereien verzierten Beinen, doch all dies ist auf dem hier betrachteten Blatt freilich bloß angedeutet. So auch die kaum zu erahnenden Sitzgelegenheiten der beiden Frauen, links womöglich eine Bank, deren Art und Form nicht auszumachen ist, rechts ein Stuhl, dessen runde Rückenlehne nur flüchtig skizziert wurde. Dort ist zudem die Ecke einer niedrigen Kommode ins Bild gerückt, funktionslos für das geschilderte Geschehen, wichtig jedoch, um die Blattkomposition zur rechten Seite hin abzuschließen. Die kleine Szene spielt vor einem Fenster, dessen linker Flügel von außen durch einen Klappladen verschattet ist. Im Inneren sind die Scheiben bis zur halben Höhe zusätzlich durch ein blickdichtes Tuch verhängt, das an die Fensterrahmen angeheftet wurde. Nur so konnte offenbar verhindert werden, dass grelles Licht störend ins Zimmer fällt, und der Betrachter scheint dazu aufgerufen, sich den Nachmittag eines geruhsamen Sommersonntags vorzustellen, den die beiden Stickerinnen, irgendwo im Niemandsland zwischen Fleiß und Muße, für ihre Nadelarbeit nutzen. Denn dass es eben darum geht, um eine Stickerei, die mit sicherer Hand ausgeführt wird, zeigt der einzige Bewegungsimpuls in der ansonsten vollkommen stillgestellten Situation: In der Mitte des Blattes setzt die linke der beiden Frauen, den Kopf leicht vornübergeneigt, das Gesicht von uns abgewendet, mit graziöser Geste ihren kleinen Finger abspreizend dazu an, die Nadel samt Faden behutsam in den Stoff hineinzustechen, während ihre Gefährtin zufriedenen Blickes die bereits ausgeführten Verzierungen zu mustern scheint.

Henri Fantin-Latour, der Urheber dieser stimmungsvollen, in Kreide direkt auf den Stein gezeichneten Lithografie, hat die intime Genreszene in ein diffuses Dämmerlicht getaucht. Dunkel ist das als Vorhang angebrachte Tuch, dunkel sind die Kleider der Frauen, dunkel stehen die wenigen Möbel im Raum. Lediglich ein schmaler Fensterstreifen, die von der Sonne beschienene Zimmerwand bilden einen nicht allzu starken Kontrast zum Zwielicht der häuslichen Idylle; auch sind lichte Akzente auf die Köpfe und Hände, auf die Kragen der beiden Stickerinnen gesetzt, und weißlich blitzt unter dem Gewand der rechten Frau ein Blusenärmel mit seiner Manschette hervor. Vor allem aber der zu bestickende Stoff ist deutlich aus dem Schattenreich der Wohnstube herausgehoben. Nur wenige Kreidekrakel deuten an, dass er teilweise bereits bearbeitet wurde, ohne dass ein dekoratives Muster oder sonstige Ornamente zu erkennen wären. Ja, es ist genau diese Bildmitte der Komposition, die uns die hellste Stelle des Blattes bietet, denn hier hat der Künstler weitgehend auf Binnenzeichnung verzichtet, und die Farbe des gewählten Druckpapiers schimmert daher fast vollkommen unberührt durch die in fein nuancierten Grau- und Schwarztönen ausgeführte grafische Textur.

Der französische Maler und Grafiker hatte sich nicht erst in diesem 1898 als Beilage für die Märzausgabe der Zeitschrift *L'Estampe et L'Affiche* entstandenen Blatt mit dem Thema der Stickerinnen beschäftigt. Bereits 1862 radierte beziehungsweise lithografierte er zwei detail- und kontrastreicher angelegte Fassungen von *Les Brodeuses*; eine weitere Lithografie der Szene (nun unter dem Titel *Interieur*) entstand 1895. Auch haben sich Einzel- und Doppelporträts der beiden Frauen beim Sticken sowie eine ganze Reihe von Zeichnungen zu diesem Themenkreis (unter anderem im grafischen Kabinett des Musée du Louvre) erhalten. Aus dem Gemälde *Les Deux Soeurs* (Saint Louis Art Museum), das schon 1859 ein ganz ähnliches, wenn auch melancholischer gestimmtes Beisammensein entworfen hatte, wissen wir, dass es sich bei den Dargestellten um Nathalie und Marie handelt, die beiden Schwestern des Künstlers. Der junge Fantin-Latour hatte sie damals im Haushalt der Eltern beim Sticken beobachtet, im gleichen Jahr also, in dem Nathalie, an unheilbarer Schizophrenie erkrankt, in das Hospiz von Charenton eingewiesen wurde. Fast vierzig Jahre später, und ohne sie auch nur einen Tag altern zu lassen, machte der Grafiker die mit ihrer Handarbeit beschäftigten Frauen noch einmal zu Modellen seiner Kunst, das Schicksal der noch immer – und das bis zu ihrem Tod 1903 – hospitalisierten Schwester dabei verdrängend und offenbar davor zurückschreckend, uns diesmal ihr Gesicht zu zeigen. Warum aber, muss gefragt werden, interessierte sich Fantin-Latour so sehr für dieses Thema, für die kontemplative Tätigkeit des Stickens im häuslichen Milieu?

Die Antwort auf diese Frage ist in dem kleinen, aber meisterlich ausgeführten Blatt kaum verborgen. Betrachten wir die Grafik, dann sehen wir, wie der Künstler einen Strich neben den anderen auf den Lithostein gesetzt hat, sorgfältig die Faltenwürfe der Stoffe, die Oberflächen der Gegenstände nachzeichnend, genau so, wie die Stickerinnen das Garn mit ungezählten Stichen geduldig auf dem vor ihnen aufgespannten Stoff anbringen. Strich um Strich, Stich um Stich werden mit kontrollierten Handbewegungen, beim Künstler wie bei seinen Schwestern, den beiden Werken hinzugefügt, so lange, bis das erwünschte Gestaltungsergebnis erreicht ist. Ja, schauen wir nur ein wenig genauer auf das Blatt, dann können wir sogar feststellen, dass auch Fantin-Latour bei seiner Arbeit eine Nadel zu Hilfe nahm: Vor allem in den Haaren der beiden Frauen, im Gesicht, im Kragen und Ärmel der rechts sitzenden Marie wurden mit dem metallenen Gerät bereits gezeichnete Strichlagen wieder aufgekratzt. Feine weiße Fäden sind dabei entstanden, kreuzen sich, verschlingen ineinander und erzeugen dergestalt ein textiles Erscheinungsbild, ein Gewebe positiver (schwarzer) und negativer (weißer) Linien. Und zuletzt hat der Künstler, als wolle er uns ausdrücklich auf diese grafische Strategie seines Blattes aufmerksam machen, auch seine Signatur links unten in die Komposition mit spitzer Nadel hineingeritzt. Die vielfach als weiblich empfundene kunstgewerbliche Tätigkeit, ausgeführt in der sentimental aufgefassten Atmosphäre eines bürgerlichen Salons, wird auf diese Weise mit der männlich assoziierten Hochkunst des erfolgreichen Grafikers ins Verhältnis gesetzt; für beides, für die Stickerei seiner Schwestern in einer wohl noch glücklicheren Zeit wie für das eigene Werk, ist die kontemplative, vielleicht sogar therapeutische Arbeit mit den subtilen Mitteln linearer Strichführung von entscheidender Bedeutung.

Kein Wunder also, dass ein solches Blatt in den Besitz eines Sammlers geriet, der sowohl die mit sicherer Hand ausgeführte handwerkliche Präzision als auch die in *Les Brodeuses* evozierte intellektuelle Ausdeutung grafischer Verfahren zu schätzen weiß. Licht und Schatten, der Einsatz feinster gezeichneter – wie auch gekratzter – Linien dienen im lithografischen Werk von Henri Fantin-Latour, und insbesondere in diesem Blatt, nicht nur als Mittel gegenständlicher, nahezu impressionistischer Wiedergabe, sie dienen immer auch der ästhetischen Selbstvergewisserung eines Künstlers, der es gewohnt war, einen ständigen Medienwechsel von der Malerei zur Zeichnung und Druckgrafik zu vollziehen, und dabei stets die Erfordernisse der unterschiedlichen Bildtechniken im Blick hatte. Und dass er sogar die kunstgewerbliche Freizeitbeschäftigung seiner in ihre Stickerei vertieften Schwestern – motivisch, methodisch und psychologisch – zu würdigen wusste, zeigt uns den hohen Reflexionsgrad seiner Kunst jenseits tradierter Gattungshierarchien.

Ausgewählte Literatur

Léonce Bénédite: *Catalogue des lithographies originales de Henri Fantin-Latour*, Ausstellungskatalog, Paris (Musée national du Luxembourg), Paris 1899.

Laure Dalon (Hrsg.): *Fantin-Latour. À fleur de peau*, Ausstellungskatalog, Paris (Musée du Luxembourg) u.a., Paris 2016.

Germain Hédiard und Léonce Bénédite: *Fantin-Latour. Catalogue de l'œuvre lithographique du maître*, Paris 1906.

Michel Hoog und Douglas Druick (Hrsg.): *Fantin-Latour*, Ausstellungskatalog, Paris (Galeries nationales du Grand Palais) u.a., Paris 1982.

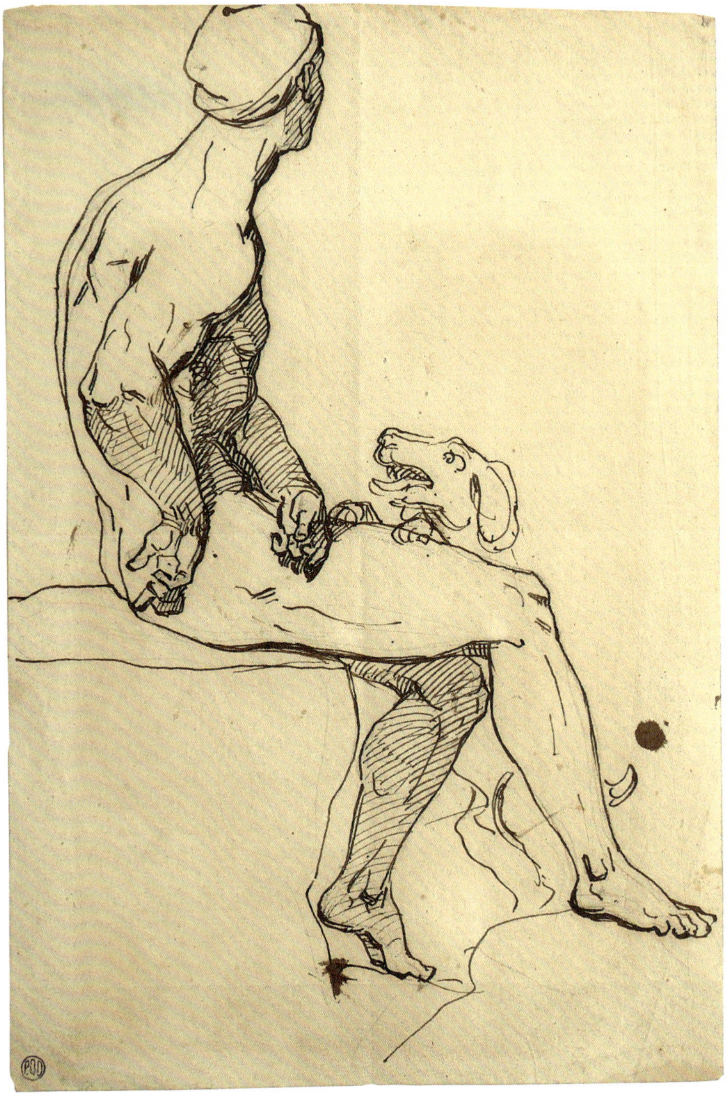

Théodore Géricault
Sitzender männlicher Akt mit Hund, um 1820

Feder über Grafitstift auf Papier, 29,7 × 20 cm

»Alles Wissen, die Gesamtheit aller Fragen und aller Antworten ist in den Hunden enthalten« (Franz Kafka). Werner Busch und seine Hunde

Hein-Th. Schulze Altcappenberg

Der Titel stammt aus Franz Kafkas Erzählung *Forschungen eines Hundes* (1922). Ein gealterter Ich-Erzähler berichtet darin über die lebenslange Suche nach Erkenntnis seiner Hundeschaft – eine fabelhafte Metapher, die sofort zum Nachdenken über wissenschaftliche Arbeit anregt. Das Grübeln endet hier tragisch. Der Hund scheitert trotz diverser Ansätze auf immer höher geschraubtem Niveau daran, dass er hinter all den Erscheinungen, die er im Laufe der Zeit zum erwähnten Zweck analysiert, die Existenz einer anderen Macht nicht denken kann: den Menschen und dessen allumfassende Einwirkung auf das Dasein der Hunde. Er ahnt am Ende nur instinktiv, dass die ursprüngliche Freiheit seiner Art stark verkümmert ist.

Tatsächlich lebt der Hund, anders als seine Urahnen, nicht mehr autonom in einer (freilich auch für Wildtiere stets enger werdenden) natürlichen Welt, sondern ist seit zehntausenden von Jahren domestiziert, dem Menschen völlig zu- und untergeordnet. Nun, es ist sicher banal geschlossen, Kafka spiele allein auf diesen Fakt an. Vielmehr zielt die Moral von der Geschicht' darauf ab, dass zu echter Selbsterkenntnis im besten dialektischen Verständnis die Selbstkritik gehört, d.h. ein perfekt konstruiertes Wissen über die Erscheinungen der vermeintlich selbstbestimmten, aber doch nur selbstzentriert erforschten Lebenswelt zu dekonstruieren ist. Dazu gehört, deren Bedingtheit und Wechselwirkung mit anderen Systemen zu reflektieren – ein wunderbares Beispiel auch für den aktuellen Diskurs über beschränktes Denken in Identitäten und Gruppen, das bei Kafka zur stillen Verzweiflung über den komplett ausfallenden Erkenntnisgewinn führt.

Was hat das mit Werner Busch und seinen Hunden zu tun? Nun, der erste Teil ist leicht zu beantworten: Sein ganzes Leben, von der Kindheit auf den Knien des Vaters vor den Radierungen Rembrandts im Kupferstichkabinett der Kunsthalle Bremen bis heute, treibt ihn das Interesse an Erkenntnis an, beschäftigen ihn die bisweilen kafkaesken Probleme um Forschung, Wissenschaft sowie deren Systeme, Methoden und Prozesse. Mit dem zweiten Teil der Frage wird es (etwas) schwieriger. Denn es kann hier im Weiteren nicht um einzelne werkkritische Analysen oder belastbare Geschmacksfragen gehen. Das wäre ohne Gespräche über die Motivation zum Erwerb und zum Kenntnisstand des Sammlers, die in diesem Rahmen nicht zu führen waren, und auch ohne Informationen etwa über genauere Provenienzen und vor allem ohne eigene Anschauung der Objekte ein sinnloses Unterfangen. Also mäandern wir in gebotener Kürze durch das Thema der

Hunde von Werner Busch. Ausgangspunkt ist der Befund, dass die sechs Werke (von denen hier drei gezeigt werden), die ausschließlich oder doch in bedeutender Rolle Hunde darstellen, einen signifikanten Teil der in diesem Band vorgestellten Arbeiten seiner Sammlung ausmachen.

Folgen wir den Fährten der Hunde in Werner Buschs Haus, treffen wir zunächst auf eine Gruppe Zeichnungen. Die Kreidestudie *Kämpfende Hunde* von Honoré Daumier regte möglicherweise die entsprechende Gruppe in dessen Lithografie *Un des trois amis de la paix...* an, die am 23.4.1856 in *Le Charivari* veröffentlicht wurde (*Actualités*, Nr. 301). Darf man annehmen, dass dieser Bezug zur bekannten Bildsatire die Erwerbung motiviert hat? Diesem furiosen Blatt folgt sogleich eines der attraktivsten Werke im Kennel der Marienburger Allee. *Sitzender Männerakt mit Hund* ist zu Recht Théodore Géricault zugeschrieben, um 1820 zu datieren, und stammt aus dem Nachlass des Pariser Malers und passionierten Sammlers von Zeichnungen und Aquarellen Géricaults, Pierre Olivier Dubaut (Lugt 2103b). Die akademisch inszenierte Modellstudie dient zunächst der Erprobung von Licht- und Schatteneffekten. Der dann beigesellte Hund stellt eine zusätzliche zeichnerische Komplikation dar, die das Werk mit wenigen Strichen zu einer narrativen Komposition erweitert. Die intime Nähe und die gesamte, völlig auf die klassische Figur des Menschen ausgerichtete Körpersprache des Tieres hätte den forschenden Artgenossen bei Franz Kafka tief erschüttert, auf dem Wege der Selbsterkenntnis aber auch entscheidend weitergebracht.

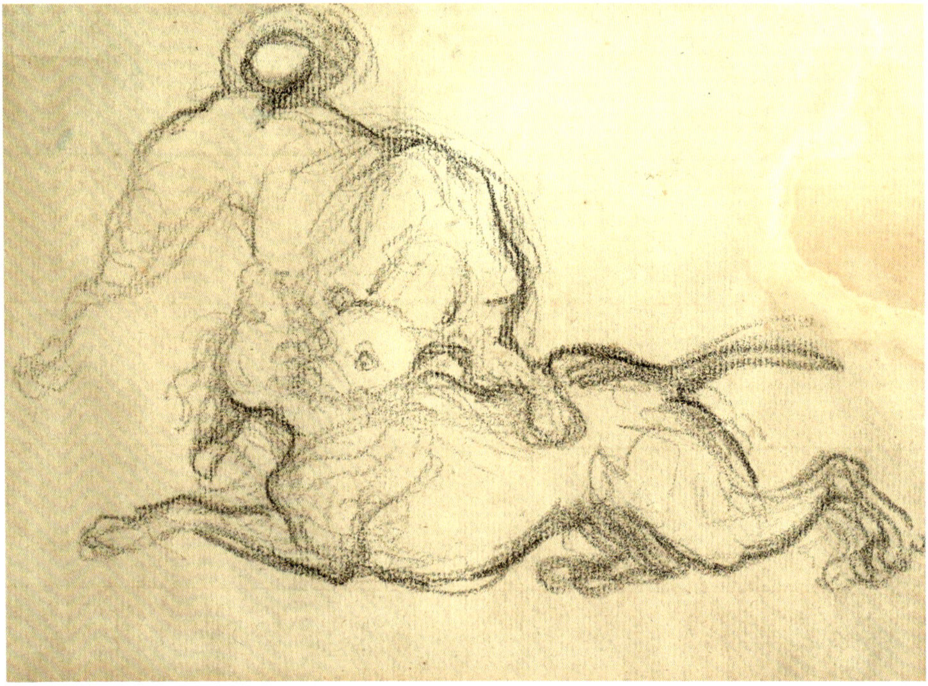

Honoré Daumier, *Kämpfende Hunde*, 1856, schwarze Kreide auf Papier, 13 × 18,2 cm

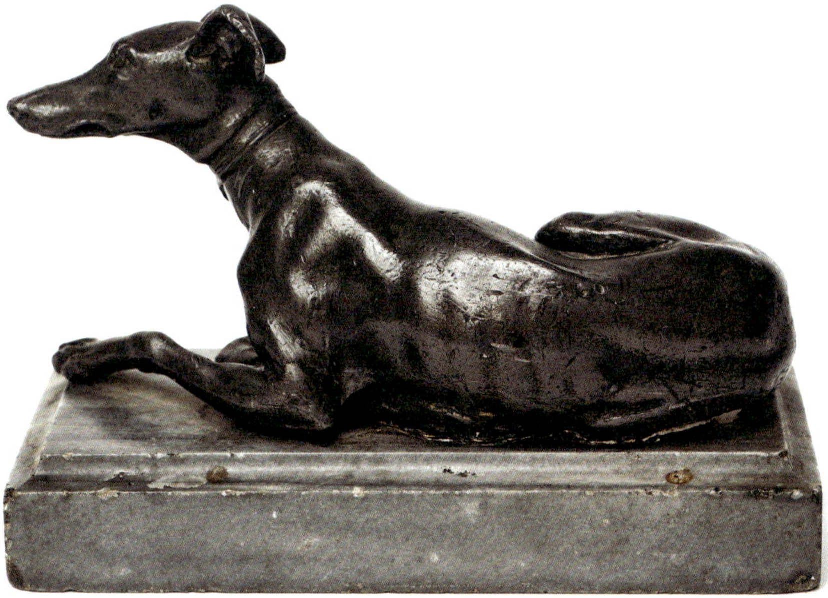

Johann Gottfried Schadow (nach?), *Windspiel*, um 1880/1900 (?), Blei, 7 × 14,5 cm

Im Weiteren stoßen wir auf die Kleinbronze eines liegenden Windhundes. Die Zuschreibung an Johann Gottfried Schadow mag sich aus diversen Bezügen ableiten. Lokal könnte man auf die Statuette *Friedrich II. mit seinen Windspielen* nach einem Entwurf Schadows von 1821/22 verweisen (vgl. Badstübner-Gröger/Czok/von Simson 2006, 1215–1230), von der ein späterer Guss in der Alten Nationalgalerie aufbewahrt wird; allerdings umspielen hier die Hunde aufmerksam stehend den König und gehören eindeutig der von Friedrich geschätzten kleinwüchsigen Art des *Italienischen Windspiels* an. Eine weit nähere Beziehung besteht zu einem Foto von 1916 aus dem Fundus von *ullstein bild* bei Getty Images, das einen sehr ähnlich, aber nicht gleich gelagerten und gebildeten Windhund wiedergibt (Abb. 1). Die Bronze ist dort »by Johann Gottfried Schadow« und als Briefbeschwerer ausgezeichnet. Wenn es eine Vorlage Schadows gegeben hat, dann könnte sie auch im Rahmen des »ärgerlichen Auftrags« eines Legationsrats entstanden sein, dessen Hund Friedrich Georg Weitsch gemalt hatte und den Schadow plastisch nachbilden sollte, was er in Form eines Gipsmodells widerwillig getan habe. Die Studien dazu (vgl. Badstübner-Gröger/Czok/von Simson 2006, 1160) sind jedoch zu indifferent, als dass man sie dem Stück auf dem Getty-Foto bzw. jenem von Werner Busch zuordnen könnte. Was bleibt, ist die Verneigung vor dem Windhund, der in Buschs Sammlung mehrfach präsent ist. Die Rasse gilt seit der Antike als angemessener Begleiter von höchstem Adel und reichem Bürgertum. Ihre körperliche Eleganz und Geschwindigkeit, Ausdauer und Beweglichkeit, ihre Intelligenz, Furchtlosigkeit und Treue zeichnen sie aus. Mit diesen Eigenschaften inkorporierten die Windspiele in Schrift und Bild die (All-)

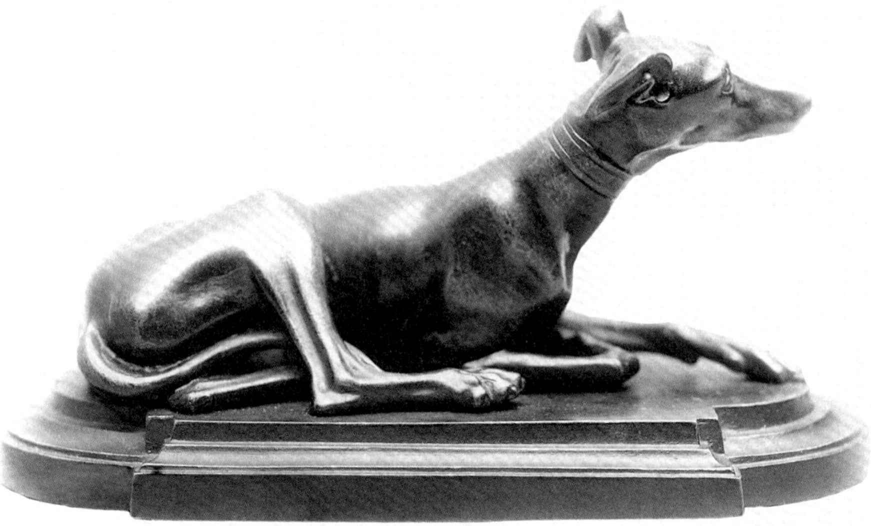

Abb. 1 | Johann Gottfried Schadow (?), *Briefbeschwerer in Form eines Hundes*, Foto um 1916 von Alice Matzdorff, Vintage Eigentum von ullstein bild

Macht ihrer Herrschaft und garantierten deren Ansehen weit über den Tod hinaus. Das spannt sich von den Pharaonen über die Friedhöfe der Römer bis hin zu Friedrich II. Die ersten nahmen ihre vergötterten Lieblinge mit in die Grabkammern, der Preußenkönig wollte gleich neben seinen spitzohrigen Gefährten und Gefährtinnen auf der Terrasse von Sanssouci bestattet sein.

Dies zu den Hunden im Haus des Kunsthistorikers, nun mit guten Gründen zu den Hunden der Kunstgeschichte, die Busch besonders in seiner Neigung zur *Englishness* aufgefallen sein werden. Man denke nur an William Hogarth, der am Anfang von Werners wissenschaftlicher Karriere stand und diese immer wieder vitalisierte. Nun, hier finden wir auch seinen einzigen Einzelbeitrag zur Erforschung der Hunde in der Kunst, wenn auch etwas versteckt und nicht explizit: Es geht um das »entschieden programmatische« Selbstbildnis mit seinem Hund von 1745 (Busch 2005, S. 102f.). Geschliffen wie immer in seinen Bildanalysen, deckt Busch die Beziehungen zwischen Hogarth als Autor des Gemäldes, der als Bild im Bild gegenwärtig ist, sowie dessen prominent im Realraum des Bildes platzierten Mops namens Trump und der Theorie der *Line of Beauty and Grace* auf. Diese wird hier schon Jahre vor der Publikation mit einer plastisch geschwungenen Linie und entsprechender Inschrift auf einer Palette zum Thema gemacht. Der eigentliche Witz ist aber leicht zu übersehen. Die *Line of Beauty and Grace* verkörpert sich nicht nur im Schriftzug auf dem Malwerkzeug, sondern findet ein erstes Echo in dessen geschwungener Form, ein zweites in der hellen Ellipse am Rand des Porträtovals. Zum dritten Mal nimmt sie im Pinselduktus Gestalt an: das hell beleuchtete Fell Trumps lebt von pastosen Haarsträhnen, parallel zu S-förmig geschlängelten Liniengruppen gelegt. Der Mops ist nicht nur das in den Realraum des Bildes gespiegelte *Alter Ego* des Schöpfers, sondern rückt auf zum Sinnbild für dessen ästhetisch allein durch die Form vermitteltes Denken und malerisches Können.

Was meinst Du, Püster: Hätte das Wissen um die herausragende Bedeutung seiner Art in der Kunst den forschenden Hund Franz Kafkas nicht mit seiner Existenz versöhnen können?

Ausgewählte Literatur

Sibylle Badstübner-Gröger, Claudia Czok und Jutta von Simson: *Johann Gottfried Schadow. Die Zeichnungen*, 3 Bde., Berlin 2006.

Xavier Bray (Hrsg.): *Faithful and Fearless. Portraits of Dogs*, Ausstellungskatalog, London (Wallace Collection), Lewes 2021.

Werner Busch: *William Hogarth - Selbstbildnis mit seinem Hund 1745*, in: Ulrich Pfisterer und Valeska von Rosen (Hrsg.): *Der Künstler als Kunstwerk: Selbstporträts vom Mittelalter bis zur Gegenwart*, Stuttgart 2005, S. 102–103.

Werner Busch: *Englishness. Beiträge zur englischen Kunst des 18. Jahrhunderts von Hogarth bis Romney*, Berlin und München 2010.

Hein-Th. Schulze Altcappenberg (Hrsg.): *Wir kommen auf den Hund. We Go to the Dogs. Werke aus fünf Jahrhunderten von Albrecht Dürer bis Dieter Roth*, Ausstellungskatalog, Berlin (Kupferstichkabinett – Staatliche Museen zu Berlin), Petersberg und Berlin 2015.

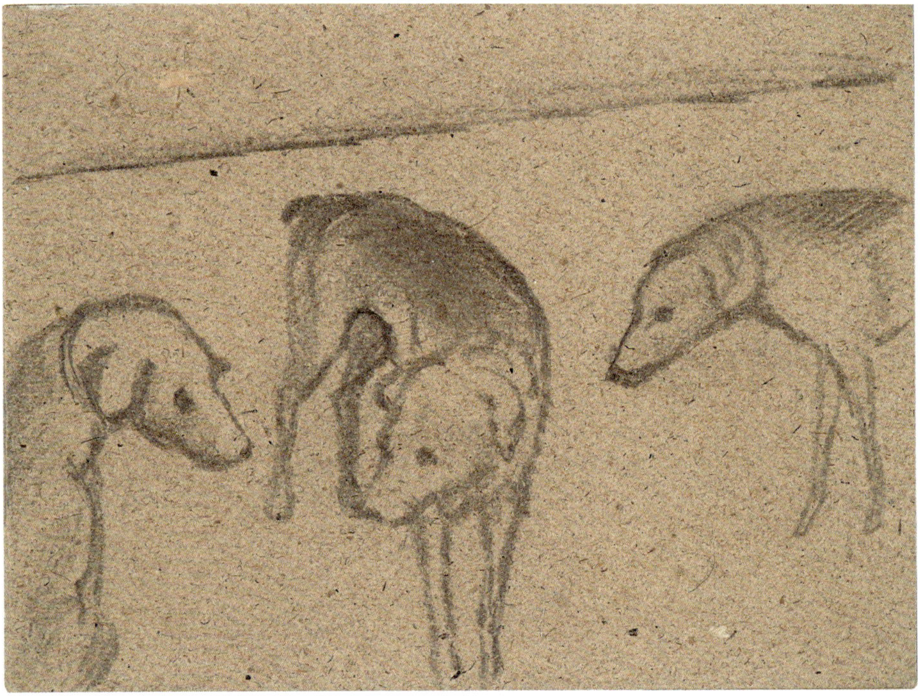

August Macke
Trapp, 1908

Grafitstift auf Karton, 8 × 11 cm

Hundestudien von August Macke und Paul de Vos

Christian Berger

Das kleinformatige Blatt August Mackes zeigt drei Hunde, dargestellt in Aufsicht. In Ursula Heiderichs Werkverzeichnis der Zeichnungen wird es unter der Nummer 327 geführt und mit dem Titel *Trapp* versehen. Der Raum ist lediglich durch eine Linie angedeutet, die von links nach rechts ansteigend durch das Bild verläuft. Links unten wird ein sitzender Hund von der seitlichen und unteren Bildkante angeschnitten. Er wendet seinen Kopf zu einem stehenden Artgenossen, der in der Bildmitte in leicht gedrehter Frontalansicht zu sehen ist und seinerseits in Richtung des Sitzenden blickt. Ein dritter Hund, wiederum von ähnlicher Statur und Gestalt wie die ersten beiden, nähert sich von der rechten Seite, bleibt aber von der Kontaktaufnahme ausgeschlossen und ragt nur bis zur Brust in den Bildraum. Mit klaren Konturlinien, die durch Schraffuren im Fell der Tiere ergänzt werden, vermittelt der Künstler in kleinem Format eine lebendige Szene tierischen Miteinanders. Dargestellt ist dabei in drei verschiedenen Haltungen Trapp, ein Hund der Familie seiner Frau Elisabeth Erdmann-Macke, geb. Gerhardt. Die beiden heirateten im Jahr nach der Entstehung der Zeichnung.

Innerhalb weniger Jahre brachte Macke, der im September 1914 im Alter von 27 Jahren im Ersten Weltkrieg fiel, ein umfangreiches zeichnerisches Œuvre aus über 3.000 Einzelblättern und ungefähr 6.000 Skizzenbuchseiten hervor. Unter den Blättern finden sich immer wieder individualisierte Tierdarstellungen, etwa seines Schäferhundes Wolf (z.B. Heiderich 674, 1048, 1049) oder des hier dargestellten Trapp (siehe auch Heiderich 675). Ebenfalls setzte er die zwei Katzen seines Freundes Franz Marc ins Bild (Heiderich 868), zudem porträtierte er diesen gemeinsam mit seinem weißen Schäferhundmischling Russi – bekannt aus Marcs Gemälde *Liegender Hund im Schnee* (1911, Frankfurt, Städel Museum) – in seinem Skizzenbuch (Nr. 7, S. 20). Zwar zeugen Mackes Zeichnungen von keinem dem Werk des Freundes vergleichbaren Bestreben, die Welt auf der Suche nach einer verlorenen Einheit mit der Natur aus der Perspektive der Tiere zu sehen, aber auch er präsentiert Tiere als Mitgeschöpfe und wiedererkennbare Charaktere. Wie ihm dies mit den ökonomischen Mitteln einer kleinformatigen, relativ wenig ausgearbeiteten Zeichnung gelingt, zeigt das Blatt *Trapp*.

In zahlreichen Schriften, in Lehrveranstaltungen und Vorträgen hat sich Werner Busch den besonderen Ausdrucksmöglichkeiten der Handzeichnung gewidmet und dadurch seine Leser sowie mehrere Generationen von Schülern für deren subtile Potenziale sensibilisiert. Die in seiner Sammlung befindlichen Blätter Mackes bewegen sich außerhalb von deren chronologischen Schwerpunkten; doch lässt sich *Trapp* einem

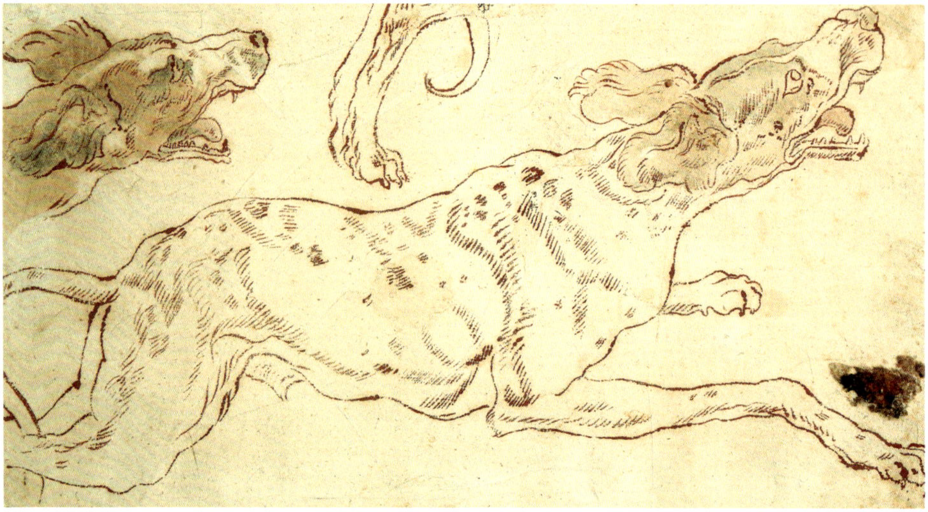

Paul de Vos, *Hundestudie*, Feder auf Papier, laviert und aquarelliert, 18,1 × 34,2 cm

besonderen Sammelgebiet zurechnen, dem auch die von Hein-Th. Schulze Altcappenberg in diesem Band besprochenen Hundedarstellungen von Honoré Daumier, Théodore Géricault und Gottfried Schadow angehören.

Das historisch früheste Exemplar dieser vielleicht gar nicht so heimlichen Sammelleidenschaft bildet Paul de Vos' *Hundestudie*: Das Blatt zeigt einen Jagdhund – möglicherweise ein *Drentse Patrijshond*, wie sie seit dem 16. Jahrhundert in den Niederlanden gezüchtet werden – im vollen Lauf, der mit erhobenem Kopf einem Beutetier hinterher zu eilen scheint. Paul de Vos, dessen Brüder Jan und Cornelis ebenfalls als Maler bekannt sind, war außerdem der Schwager von Frans Snyders, der 1609 de Vos' Schwester Margaretha geheiratet hatte. Zwischen beiden Künstlern bestehen immer wieder Zuschreibungsprobleme. An Paul de Vos' Werken wird vor allem die besondere Spannung und Bewegtheit der Darstellungen hervorgehoben, von der auch das besprochene Blatt zeugt. Die Literatur betont das Moment der formalen Stilisierung und das Ausreizen der tierischen Anatomie, etwa durch starke Streckung, zur Steigerung der Dynamik. Gemälde wie die in den Königlichen Museen in Brüssel befindliche *Hirschjagd* – bei der die Landschaftsdarstellung Jan Wildens zugeschrieben wird – demonstrieren diese formale Überspitzung in noch stärkerem Maße als die vorliegende Zeichnung.

Ähnlich wie bei Macke finden sich auch hier mehrere Darstellungen desselben Tiers. Das Blatt wirkt in Teilen beschnitten und die zusätzlich zum Hauptmotiv ins Bild gesetzten Fragmente zeigen jeweils nur variierte Details: Von links scheint ein zweiter, ebenso erregt blickender Hund mit geöffneter Schnauze dem ersten hinterher zu eilen. Ein Paar von oben mittig ins Bild ragende Hinterpfoten ist hingegen stärker angezogen – hier scheint der Hund eher zu stehen als zu rennen. Erneut ermöglicht die Zusammenfügung der drei Elemente eine szenische Lesart, etwa einer Meute auf der Treibjagd.

Eindrucksvoll gelingt es dem Künstler, den bewegten Charakter der Darstellung durch die Haltung und Physiognomie der Tiere einzufangen und diese Dynamik durch die Anordnung innerhalb der Komposition zu steigern – gleichsam als renne der hauptsächlich dargestellte Hund nur kurz durch das Blatt, während der nächste ihm bereits unmittelbar hinterhereilt. Anders als bei Macke ist hier kein individuelles Tier gemeint. Die Studie diente vermutlich zur Vorbereitung einer der zahlreichen genrehaften Jagdszenen des Künstlers, zu dessen Werk kein Œuvrekatalog existiert.

Werner Buschs Forschung adressiert nicht nur die verschiedenen Funktionen der Skizze, wie sie in Frankreich durch die Akademie systematisiert und kategorisiert wurden. Insbesondere für die Kunst um 1800 hat er immer wieder die Betonung formaler Stilisierung, Übersteigerung und des bewussten »Falschzeichnens« betont. Historischen Tierdarstellungen in der Kunst widmet sich insbesondere sein Beitrag zu George Stubbs' Ästhetik. Er demonstriert dort, wie das in der Gattungshierarchie knapp oberhalb der Landschaft und damit recht niedrig angesiedelte Tierbild im England des 18. Jahrhunderts zur gefragten Gattung avancierte, bei der die Auftraggeberinnen und Auftraggeber großen Wert auf die porträthafte Ähnlichkeit der dargestellten Kreatur legten. Wie Busch zeigt, nobilitierte Stubbs die Gattung durch Anleihen bei antiken Vorbildern sowie den klassischen Leidenschaftstypen Charles Le Bruns. Für de Vos' Skizze lassen sich keine derartigen Strategien nachweisen. Doch geht auch sie über die dem Tierbild topisch zugeschriebene Lebensechtheit hinaus und betont stattdessen das Ausdruckspotenzial formaler zeichnerischer Mittel.

Ausgewählte Literatur

Werner Busch: *Die notwendige Arabeske. Wirklichkeitsaneignung und Stilisierung in der deutschen Kunst des 19. Jahrhunderts*, Berlin 1985.

Werner Busch: *Stubbs' Ästhetik*, in: Herbert W. Rott (Hrsg.): *George Stubbs (1724–1806). Die Schönheit der Tiere. Von der Wissenschaft zur Kunst*, Ausstellungskatalog, München (Neue Pinakothek), München 2012, S. 23–41.

Matthias Depoorter: *Vos (De Vos), Paul*, in: *Allgemeines Künstlerlexikon*, Bd. 114, S. 137–139.

Ursula Heiderich: *August Macke: Zeichnungen; Werkverzeichnis*, Stuttgart 1993.

Henri Pauwels (Hrsg.): *Musées royaux des Beaux-Arts de Belgique, Département d'Art Ancien: Catalogue inventaire de la peinture ancienne*, Brüssel (Musées royaux des Beaux-Arts de Belgique), Brüssel 1984.

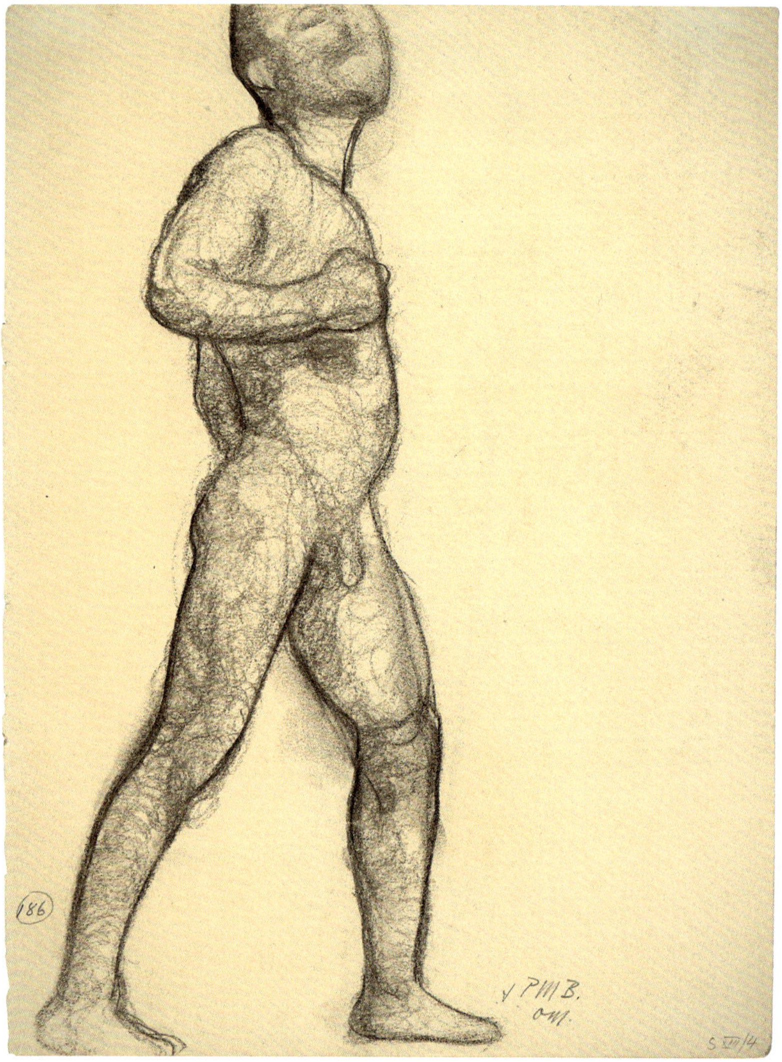

Paula Modersohn-Becker

Männlicher Akt, nach rechts ausschreitend, um 1900–1903

Kohle auf Papier, 31,3 × 23,5 cm

Aufbruch! Paula Modersohn-Becker erkundet die akademische Linie

Barbara Lange

Paula Modersohn-Becker? Im ersten Moment mag es Erstaunen auslösen, dass Handzeichnungen der Künstlerin, wie die hier vorgestellten drei Aktskizzen, in der Sammlung einen kleinen Schwerpunkt bilden. Weder ist das erste Jahrzehnt des 20. Jahrhunderts, in dem Paula Modersohn-Becker künstlerisch aktiv war, ein Zeitraum, dem Werner Busch bislang in seinen Forschungen Aufmerksamkeit geschenkt hat, noch lässt sich in seinen Publikationen ein Interesse für die im Vergleich mit ihren männlichen Kollegen so anderen Arbeitsbedingungen von Künstlerinnen ausmachen. Man ist daher zunächst geneigt, die Präsenz der Blätter biografisch zu deuten, wuchs doch der Sammler nicht nur in Bremen auf, sondern machte sich zudem sein Vater Günter Busch als Direktor der Bremer Kunsthalle in den Jahrzehnten nach dem Zweiten Weltkrieg um die wissenschaftliche Aufarbeitung des Œuvres von Paula Modersohn-Becker, nicht zuletzt ihrer Handzeichnungen, sowie die Dokumentation ihrer schriftlichen Hinterlassenschaften in besonderem Maße verdient. Wie im Fall der Künstlerin der Blick auf das Biografische die Auseinandersetzung mit ihren ästhetischen Fragestellungen und Lösungen allerdings verunklärt und stattdessen Gefahr läuft, ihre Frauenrolle zu dramatisieren, so würde auch eine Fokussierung auf die Fußstapfen des Vaters die genuine Zugehörigkeit der Zeichnungen zum Interessenkanon von Werner Busch verkennen. Genauso wie es aber auch fraglos ist, dass man die Leistung von Paula Modersohn-Becker nur adäquat beurteilen kann, wenn man die Beschränkungen mitdenkt, denen sie als Frau ausgesetzt war, so ist die besondere Aufmerksamkeit, die ihre Zeichnungen bei Werner Busch auslösten, sicherlich nicht ohne die wissenschaftliche Tätigkeit von Günter Busch denkbar. Hatte der Vater vorgedacht, dass sich mit Paula Modersohn-Beckers Œuvre ein neuer Realismus den Weg bahnte, so müssen für den Sohn diejenigen ihrer Aktzeichnungen, die wie die vorliegenden während der Aufenthalte in Paris entstanden, Paradebeispiele für Prozesse von Abstraktion sein. An ihnen lässt sich nämlich ansichtig nachbuchstabieren, wie ausgehend von konventioneller akademischer Lehre Kreativität durch Linie Form gewinnt – und zwar bei jemandem, die die akademischen Normen zwar außerordentlich schätzte, die durch ihr Ausgeschlossensein als Frau aufgrund der erzwungenen Distanz jenen jedoch von vorneherein mit einer gewissen Eigenständigkeit, um nicht zu sagen Dickköpfigkeit, begegnete.

Die drei Zeichnungen, die sehr wahrscheinlich während der ersten beiden Parisaufenthalte 1900 und 1903 entstanden, stammen aus zwei Skizzenbüchern, die, wie auch die meisten anderen aus dem Nachlass der 1907 früh verstorbenen Künstlerin, zu Beginn der 1920er-Jahre von ihrem Witwer Otto Modersohn aufgelöst worden waren, glücklicherweise ohne sie dabei zu beschneiden. Im Zusammenhang mit der Erstellung eines ersten Werkverzeichnisses der Handzeichnungen unternahm Günter Busch 1949 anhand von Papierqualität, Spuren der Heftung und Motivfolgen einen ersten Versuch, die verlorengegangene Abfolge in den Skizzenbüchern zu rekonstruieren. Das aktuelle Werkverzeichnis der Skizzenbücher von 2023 übernimmt die Zuordnung und Festlegung der Abfolge aus den 1970er-Jahren, die, aufbauend auf Günter Buschs Grundlage aus der Nachkriegszeit, maßgebliche Ergänzungen hatte vornehmen können. Die Zuordnung der beiden weiblichen Akte zum Skizzenbuch XI und vom *Männlichen Akt, nach rechts ausschreitend* zu Skizzenbuch XIII signalisiert allerdings keine Chronologie, waren die Hefte in den Maßen von etwa 30 × 25 cm doch Wegbegleiter, die Paula Modersohn-Becker bei ihren Reisen nach Paris mit sich führte und deren Seiten sie in beliebiger Abfolge füllte. Die freien Seiten, die auf diese Weise entstanden, nutzte sie bei späteren Gelegenheiten. Die beiden Frauenakte – sie befinden sich auf einem Blatt, mit *Auf Podest sitzender weiblicher Akt, die Beine übereinandergeschlagen* recto, *Stehender weiblicher Akt nach links, die rechte Hand an die Wand gestützt* verso – entstanden vermutlich während des ersten Parisaufenthaltes 1900, den die Künstlerin, so wie alle ihre insgesamt vier Reisen

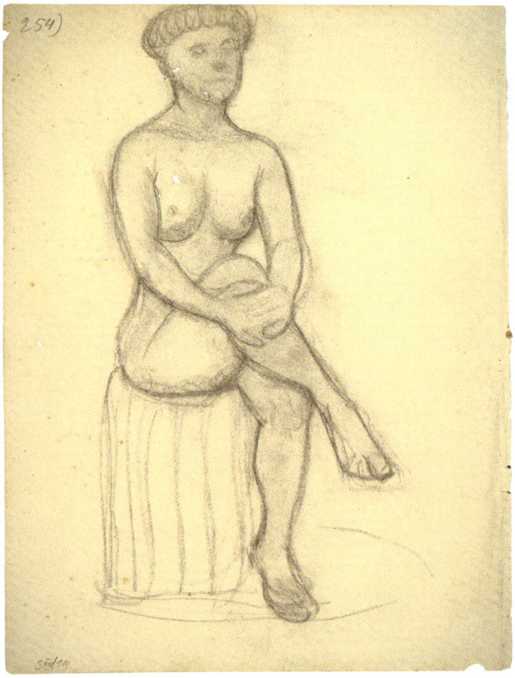

Paula Modersohn-Becker, *Auf Podest sitzender weiblicher Akt*, um 1900–1903, Kohle auf Papier, 31 × 24 cm

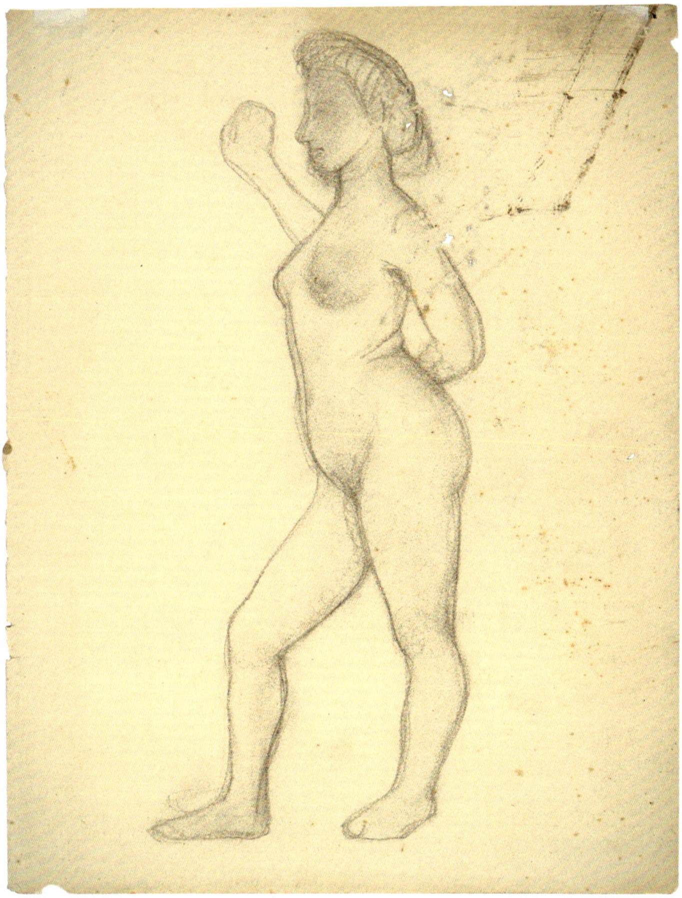

Paula Modersohn-Becker, *Stehender weiblicher Akt*, um 1900–1903, Kohle auf Papier, 31 × 24 cm

in die französische Hauptstadt, zu intensiver Schulung nutzte. Neben dem Besuch von Museen zum Studium alter Meister und dem Flanieren durch die Innenstadt, um Alltagsszenen zeichnerisch einzufangen, besuchte sie die Zeichenkurse der privat betriebenen Akademien Colarossi und Julian sowie Kurse im anatomischen Zeichnen an der *École des Beaux-Arts*, zu denen sie, anders als es die Praxis an den Akademien im Deutschen Reich war, als Frau Zugang hatte. Sicherlich entstanden die beiden Frauenakte der Sammlung Busch im Rahmen eines der nachmittäglichen *Croquis*-Kurse der *Académie Colarossi*, die dazu dienten, einen sicheren Zeichenstil zu entwickeln. In schneller Folge wechselte daher das Modell seine Position, die sich, wie bei den beiden Skizzen in der Sammlung, an alltäglichen Haltungen und nicht an stilisierten Posen orientierte. Paula Modersohn-Becker präsentiert sich als routinierte Zeichnerin. Mit sicherer Strichführung hat sie die

Körperkonturen angelegt und durch breite Schatten eine Volumität geschaffen, die die linear definierte Tektonik der gedrungenen Körperlichkeit ausreizt. Die verzeichneten Gliedmaßen unterstreichen die Statik der Darstellung.

Ganz anders die Zeichnung des männlichen Aktes. Das Blatt gehört zu einer Folge von insgesamt vier Skizzen, die aufgrund der Posen des Modells und der kreisenden Auflösung der Konturlinie im Skizzenbuch XIII ursprünglich eine eigene Einheit bildeten. Sollte die Datierung zutreffen, dann beginnt Modersohn-Becker hier bereits etwas, woran sie nachweislich ihrer Briefe bei ihrem vierten Parisaufenthalt 1906–1907 intensiv arbeiten wird: durch Dynamisierung des Körperbildes einen *élan vital* sichtbar werden zu lassen. Die mit kräftigem Strich erfassten, keineswegs klassischen Proportionen der Figur werden in der Aktzeichnung durch quasi disziplinierte Arabesken so in Bewegung versetzt, dass die Linie bei der Betrachtung das anschaulich Erfahrbare zwischen Materialität und immaterieller Dynamik oszillieren lässt. Verzeichnungen am rechten Fuß und am linken Bein können als Bewegungsmotive gedeutet werden, mit denen experimentell in Abkehr von einer Imitation der optischen Anschauung dieses Bild unterstrichen wird.

Ob Werner und Günter Busch gemeinsam über den Zeichnungen gesessen und dabei auch gefachsimpelt haben, welchen Anteil das verwendete Zeichenmittel am bildlichen Eindruck hat? Wie damals beim Besuch von Aktklassen üblich, arbeitete Paula Modersohn-Becker bei den vorliegenden Blättern mit einem Kohlestift, der unproblematisch Korrekturen zulässt. Allerdings wissen wir inzwischen, dass ihre Wahl der auf dem Markt befindlichen Produkte, mit denen sie zeichnete, variierte und sie offenbar situationsbedingt und/oder zur Steigerung von Effekten vermutlich unterschiedliche Kohlen verwendete. Vermutlich, vielleicht, eventuell – wie bei den meisten Künstlerinnen der frühen Moderne gibt es auch bei Paula Modersohn-Becker noch Forschungsbedarf und sind weitere Untersuchungen zu ihren ästhetischen Verfahrensweisen dringend notwendig. Werner Busch hat noch etwas zu tun.

Ausgewählte Literatur

Renate Berger und Anja Herrmann (Hrsg.): *Paris, Paris! Paula Modersohn-Becker und die Künstlerinnen um 1900,* Stuttgart 2009.

Günter Busch: *Paula Modersohn-Becker. Handzeichnungen*, Bremen 1949.

Günter Busch und Liselotte von Reinken (Hrsg.): *Paula Modersohn-Becker in Briefen und Tagebüchern*, bearb. v. Wolfgang Werner, rev. u. erw. Ausgabe, Frankfurt am Main 2007.

Anne Buschhoff und Wulf Herzogenrath (Hrsg.): *Paula Modersohn-Becker und die Kunst in Paris um 1900 – von Cézanne bis Picasso*, Ausstellungskatalog, Bremen (Kunsthalle Bremen), München 2007.

Anne Röver-Kann und Wolfgang Werner (Hrsg.): *Paula Modersohn-Becker 1876–1907. Werkverzeichnis der Handzeichnungen*, 2 Bde., München 2023.

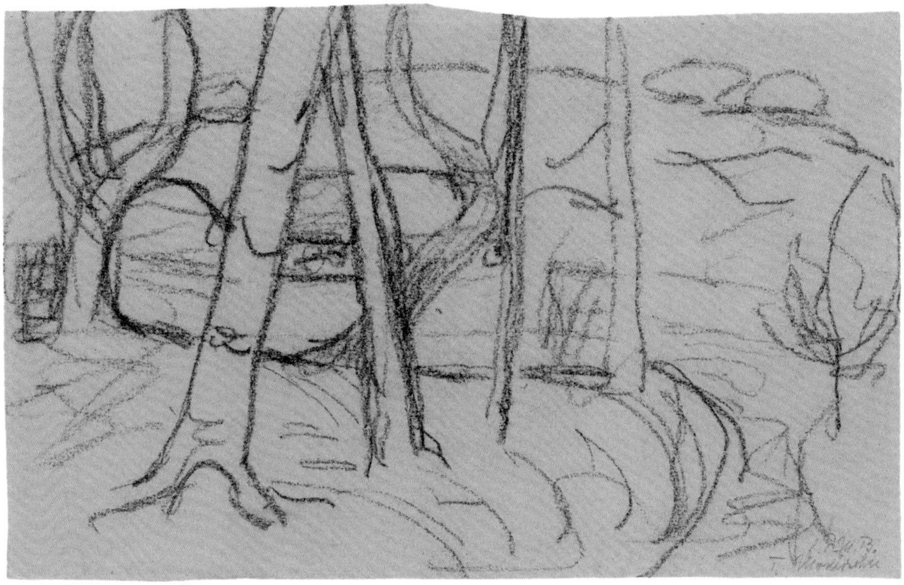

Paula Modersohn-Becker
Landschaft mit Baumstämmen, um 1903

Kohle auf blauem Papier, 16 × 25,5 cm

Naturausschnitt und Bildfläche. Paula Modersohn-Beckers *Landschaft mit Baumstämmen*

Jonas Beyer

Das jüngst erschienene Werkverzeichnis zu den Handzeichnungen Paula Modersohn-Beckers ist dem Vater des Jubilars gewidmet. Damit zeigt sich unmittelbar, dass die Forschung zu dieser Künstlerin maßgeblich mit dem Namen Günter Busch verbunden ist. Das Sujet der vorliegenden Zeichnung aber darf mit einigem Recht als Königsdisziplin innerhalb der vielfältigen Forschungsdomänen seines Sohnes gelten.

Selbst wenn Modersohn-Becker vorrangig als Figurenmalerin in Erinnerung geblieben ist: In dieser Kohleskizze zeigt sie sich von einer künstlerischen Seite, die zweifellos von besonderem Reiz für den heutigen Besitzer der ebenso skizzenhaften wie ausdrucksstarken Arbeit ist. 1984 über Tille Modersohn in den Besitz der Familie Busch gelangt, fällt es bei dieser Kohlezeichnung zunächst schwer, sich einen Überblick über die näheren Details des Dargestellten zu verschaffen. Der ungewöhnliche Bildausschnitt zwingt uns förmlich dazu, unseren Blick immer wieder neu zu kalibrieren.

Denn was genau wird hier gezeigt? Nicht etwa ist der Künstlerin daran gelegen, die Bäume in ihrer gesamten vertikalen Erstreckung zu erfassen, vielmehr »kappt« sie diese auf vermutlich etwas mehr als halber Höhe, um sich ganz auf den Schwung des Wurzelwerks, die Biegungen der Stämme sowie auf deren tendenziell parallel zur Bildfläche angelegte Reihung zu konzentrieren. Auch in Modersohn-Beckers Landschaftsstudien in Öl begegnen uns häufig solche in enger Taktung, also ohne viel Zwischenraum, aneinandergereihten Baumstämme, die den Blick in den Hintergrund mehr oder weniger verstellen, einer Flächenbetonung des Werks zuarbeiten und für ein künstlerisches Vorgehen stehen, bei dem die Künstlerin das Bildfeld geradezu geometrisch organisiert.

Bei dieser Zeichnung scheinen hinter den Bäumen ein Fluss sowie am Horizont ein Hügel erahnbar, die beide fragmentarisch zwischen den Baumstämmen in Form waagerecht ausgerichteter, schwungvoll zu Papier gebrachter Linien hervortreten und damit ein ästhetisches Charakteristikum ihrer Landschaftsstudien einlösen, das da lautet: »Variationen des Horizontalen zu Variationen des Vertikalen« (Gerkens und Schultze 1985, o.S.). Ohne rigide einem Schema zu folgen, bleibt die Zeichnung dabei ausgesprochen gelöst.

Geometrisierende Tendenzen erleichtern nicht immer die Lesbarkeit des Dargestellten. Doch ist es vielleicht gerade das Sujet der Landschaft, das Künstlerinnen und Künstlern weitgehende Freiheiten im Umgang mit gegenstandsunabhängigen Formen gewährt. Werner Busch ist diesen Fragen wiederholt nachgegangen. In dem gemeinsam mit Oliver Jehle herausgegebenen Band *Landschaft und Ungegenständlichkeit* kam er zu dem Schluss, dass besonders in einer um ihrer selbst willen dargestellten Landschaft das Bewusstsein für die ihr inhärente Ungegenständlichkeit geschärft wird.

So unscheinbar die hier besprochene Zeichnung auf den ersten Blick auch wirken mag: Man kann sich nur zu gut vorstellen, dass sie für Werner Busch entscheidende Anstöße für seine Überlegungen in diese Richtungen bereitgehalten hat. Fast wünschte man sich, angesichts der engen Bindung des Namens Busch an diese Künstlerin, das Blatt hätte sie überhaupt erst initiiert.

Ausgewählte Literatur

Werner Busch: *Abbild, Erscheinung, Erfindung. Landschaftsgraphik und Ungegenständlichkeit*, in: Werner Busch und Oliver Jehle (Hrsg.): *Vermessen. Landschaft und Ungegenständlichkeit*, Berlin und Zürich 2007, S. 97–116.

Gerhard Gerkens und Jürgen Schultze (Bearb.): *Paula Modersohn-Becker: Die Landschaften*, Ausstellungskatalog, Bremen (Kunsthalle Bremen), Bremen 1985.

Anne Röver-Kann und Wolfgang Werner (Hrsg.): *Paula Modersohn-Becker, Werkverzeichnis der Handzeichnungen*, 2 Bde., München 2023.

Von der Schönheit und der Bosheit

Uwe M. Schneede

Schon der Titel lässt es erahnen: Das Blatt wurde als Illustration für ein (Kunst-)Märchen geschaffen. Tatsächlich entstand es für Clemens von Brentanos fantastisch-bizarres, romantisches *Märchen von Fanferlieschen Schönefüßchen,* erschienen posthum 1846/1847: »Es war einmal ein König, der hieß Jerum, und sein Land hieß Skandalia, und er regierte in der Stadt Besserdich. Dieser Jerum war gar nicht viel wert, er quälte seine armen Untertanen bis aufs Blut«. Insgesamt schuf Max Beckmann für die ersten 30 Exemplare acht Radierungen, diese ist die prägnanteste. Gedruckt wurden sie von der Manuspresse in Berlin und verlegt von Fritz Gurlitt, ebenfalls in Berlin. Der 39-jährige Künstler lebte zu diesem Zeitpunkt in Frankfurt am Main.

In der Phase nach dem Ersten Weltkrieg befasste sich Max Beckmann besonders mit der Druckgrafik. So entstanden vor allem die zeitbezogenen Folgen *Die Hölle* (1919, zehn Lithografien), *Jahrmarkt* (1921, zehn Radierungen), und *Berliner Reise* (1922, zehn Lithografien). Beckmann bereitete darin das Personal vor, das schließlich seine großen Figurenbilder bevölkern sollte. Das vorliegende grafische Blatt von 1923 gehört in diesen Kontext.

Dicht gedrängt sind die Köpfe der drei Figuren. Die Situation ist bedrohlich: Der im Profil gegebene König ist im Begriff, mit Hilfe des den Dolch beibringenden, beißwütigen Holzebocke die wie unschuldig aus dem Bild lehnende Prinzessin Ursula zu ermorden: der Täter und sein Opfer, dazwischen im Hintergrund, nur schematisch angezeigt, der böse Helfer.

Von der Märchenhaftigkeit des literarischen Textes ist wenig zu spüren. Die Schärfe der Radierung und die Härte, das Konfrontative der Begegnung dieser drei Gestalten bestimmen die Atmosphäre. Man ist nicht in einem vergangenen Wunderland, man ist in der Gegenwart, mit der Schönheit, der Macht, der Boshaftigkeit und der Gewaltbereitschaft.

Die Frau mit den weiten Augen taucht in diesen Jahren vielfach in Beckmanns Bildwelt auf; sie war eine enge Freundin, die Nationalökonomin Dr. Hildegard Melms, die bei ihm Naila hieß. Der König tritt neben der Naila-Figur bereits kurz zuvor in der szenisch komplexen, rätselhaften Radierung *Der Vorhang hebt sich* auf, zwischen den beiden der Tod; die Grundkonstellation wiederholt sich also. Das letzte Blatt der Fanferlieschen-Illustrationen macht noch einmal ganz deutlich, wann die Märchenereignisse sich bei Beckmann abspielen, im Jetzt: Hinter Prinzessin Ursula und dem toten König im Sarg erhebt sich ein Kreuz mit der deutlichen Inschrift »1923« – das ist das Jahr der Entstehung dieses Blatts.

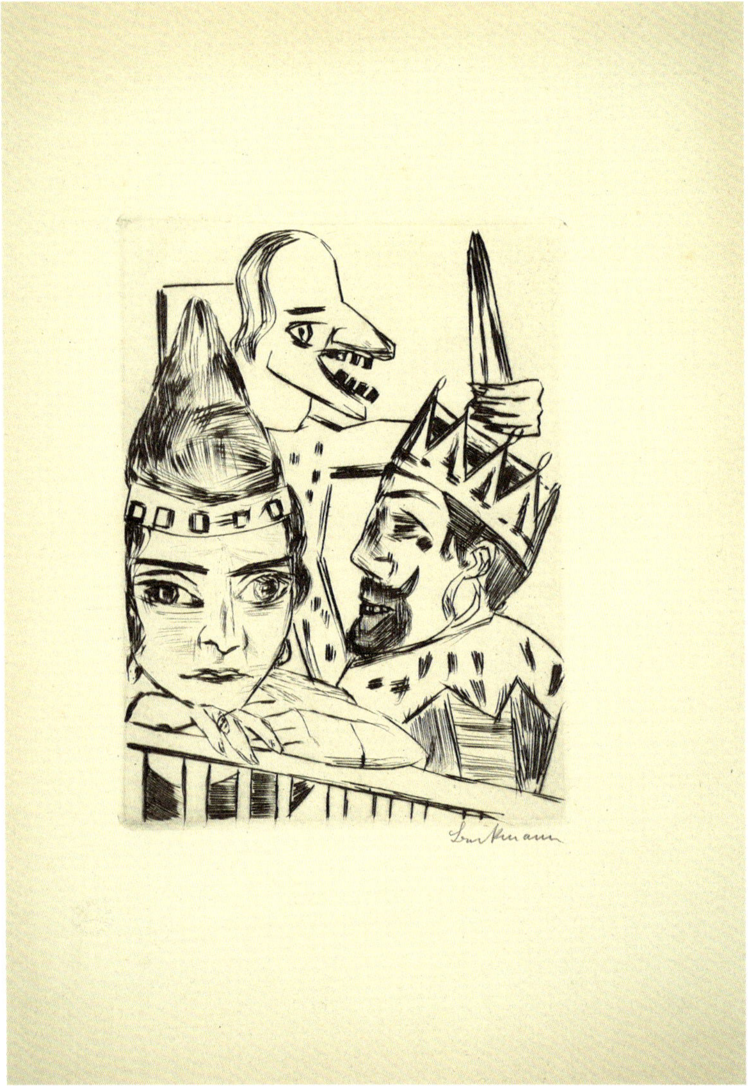

Max Beckmann
König Jerum und seine Frau, die Prinzessin Ursula von Bärwalde bei dem bösen Hellseher Pumpelirio Holzebocke, 1923

Radierung auf Papier, 19,9 × 14,9 cm

Genau genommen handelt es sich nicht um eine Illustration, die punktuell den alten Text zu veranschaulichen hätte. Beckmann machte sich die Figuren zu eigen, er übernahm sie in sein Repertoire. Beckmann baute damit seine spezifische Bildwelt aus.

Die Frau im Vordergrund kommt aus der zeitgenössischen Realität, der König aus Märchen, Sagen oder der Mythologie, während das Ungeheuer im Hintergrund der Sphäre der Geister und der Phantasmagorien zu entstammen scheint. Solche übergangslosen Verschränkungen unterschiedlicher Vorstellungswelten unter Aufhebung von Raum und Zeit waren Beckmanns vorrangiges Bildprinzip, vor allem in den darauffolgenden Jahrzehnten. Insofern hat dieses Blatt durchaus programmatischen Charakter.

In der Sammlung von Werner Busch trägt das Blatt noch den Titel *Das Königspaar,* wie in Klaus Gallwitz' Werkverzeichnis der Grafik von 1962. Es wurde also vor James Hofmaiers neuem Verzeichnis von 1990 erworben, in dem es mit dem oben angegebenen Märchen-Titel aufgeführt ist. Unter dem Gallwitz-Titel erschien es auch in einer Ausstellung zu Beckmanns 100. Geburtstag 1984 in der Kunsthalle Bremen. Der Initiator war der Direktor des Museums: Dr. Günter Busch.

In Zeiten der allgegenwärtigen Abstraktion setzte sich Günter Busch wie kein zweiter Museumsmann hartnäckig mit Erwerbungen, Ausstellungen und Publikationen für Max Beckmann ein. Er erwarb eine ganze Reihe von Gemälden für die Kunsthalle, darunter das imposante *Selbstbildnis mit Saxophon* und den wunderbaren *Apachentanz,* aber auch eine Vielzahl von grafischen Blättern und Serien. Hier dürfte der Ursprung von Werner Buschs eindrucksvollem *Königspaar* alias *König Jerum und seine Frau [...]* liegen.

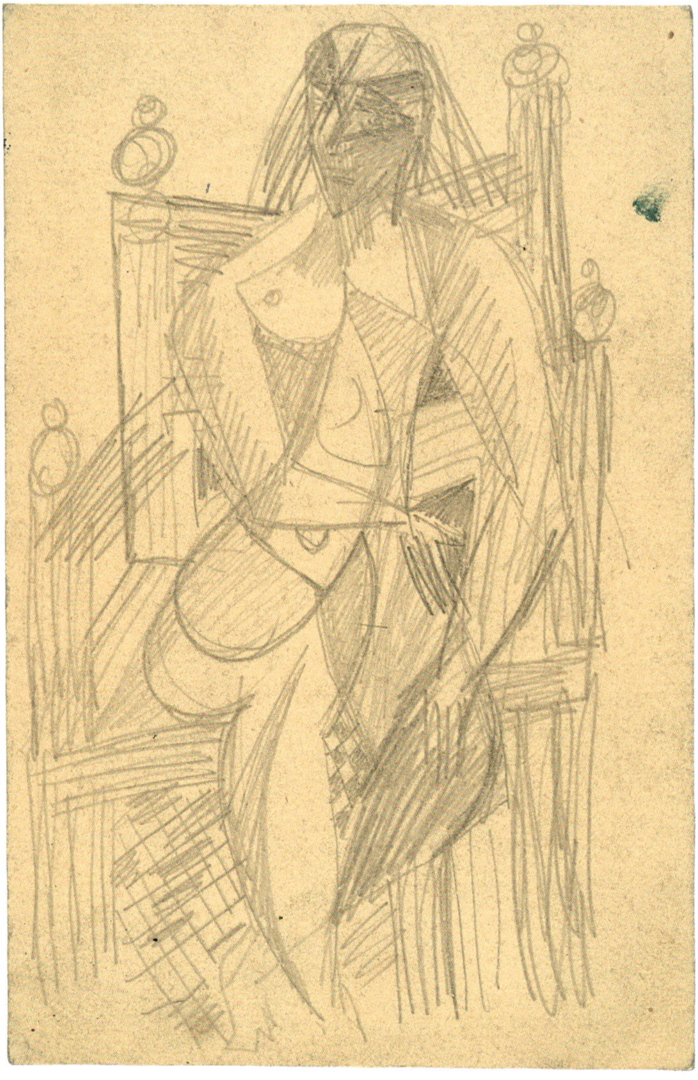

Ernst Wilhelm Nay
Sitzende auf einem Thron, 1946

Grafitstift auf Papier, 23,3 × 15,5 cm

Was Du ererbt von Deinen Vätern …

Pia Müller-Tamm

Die Fakten zum Werk sind gut dokumentiert und schnell berichtet: Die Bleistiftzeichnung auf bräunlichem Papier trägt recto die Darstellung einer sitzenden weiblichen Aktfigur auf einem thronartigen Sessel; verso findet sich laut Online-Werkverzeichnis (CR46-109.1) eine Variation des Motivs in der gleichen Technik. Das Blatt ist nicht bezeichnet, wird aber ins Jahr 1946 datiert; aus dem gleichen Jahr liegen vier weitere Bleistiftzeichnungen dieses Titels vor (CR46-107 bis CR46-110), von denen eine (CR46-108) signiert und datiert ist. Zudem existieren mehrere Aquarelle und Gouachen mit Sitzenden (mit Spiegel, am Tisch) aus den Jahren 1946 und 1947. Von den sechs Gemälden mit Sitzenden kommt das Leinwandbild von 1947 aus dem Landesmuseum Mainz (CR377) der *Sitzenden auf einem Thron* am nächsten. Gemäß Ernst Wilhelm Nays eigener Unterscheidung zwischen »Werkzeichnungen« und »selbständigen Zeichnungen« wird man das Blatt zur ersten Gruppe und damit als eine Stufe im Prozess der Herleitung und Klärung des Motivs zählen müssen.

Die Zeichnung entstand in der armen, jedoch hochproduktiven Phase nach dem Ende des Zweiten Weltkriegs, die Nay auf Einladung der Mäzenin Hanna Bekker vom Rath in Hofheim im Taunus verbrachte. Der Bildträger der Zeichnung ist minderwertiges, stark holzhaltiges Papier, das sich aus dem Mangel an Arbeitsmaterialien in dieser Zeit erklären mag. In der Zurückgezogenheit des Hofheimer Ateliers schuf Nay jedoch zwischen 1945 und 1948 seine erste wichtige Werkfolge nach dem Krieg: die sogenannten Hekate-Bilder, eine Bezeichnung, die später aufgrund der mythisch-magischen Bildtitel Nays von dessen Freund und Mentor Ernst Gosebruch vergeben wurde. Es ist die Phase des Widerstreits zwischen Figuration und Abstraktion, der die Kunstszene der Nachkriegszeit spaltete – ein Widerstreit, der auf spezifische Weise auch in Nays Hekate-Bildern ausgetragen wird. Stolz berichtete der Künstler in einem Brief an den Sammler Erich Meyer vom 24.12.1946: »Meine Malerei wird zur Zeit heftig diskutiert, ich bin sozusagen der umstrittenste Maler der Gegenwart. Ganz gut!« (Claesges 2002, S. 35).

Seit seinem Studium in den 1920er-Jahren war Nay mit Cézanne, Picasso, dem Kubismus und mit abstrakter Malerei vertraut. Entgegen der fragwürdigen Vorstellung einer künstlerischen *Stunde Null* intensivierte Nay in den Hofheimer Jahren seine früheren Untersuchungen zu Körper- und Bildzeichen. Unablässig experimentierte er mit der Zerlegung dreidimensionaler Körper in Segmente und setzte sie zu neuen Figurationen auf der Fläche des Bildes zusammen. Oft visualisieren die Hekate-Bilder Stadien des Übergangs oder der Verwandlung.

In *Sitzende auf einem Thron* kombiniert Nay zwei formal gegensätzliche Elemente, den organischen Körper des weiblichen Aktes und den geometrischen Bau des thronartigen Sitzmöbels. Sein grafisches Vokabular besteht aus runden, dreieckigen und gefiederten Formen, aus Kreuzlagen und schachbrettartigen Mustern. Mit offenbar schnell gesetzten Schraffuren, Linienbündeln und Bildzeichen gelingt Nay die partielle Mehransichtigkeit des leicht gedrehten Körpers sowie die Herstellung von Räumlichkeit in der Fläche bzw. die Negierung von Räumlichkeit. Während links durch die seitliche Lehne des Throns ein Tiefenzug gegeben ist, ist die Darstellung rechts ganz auf die Fläche bezogen. Die Figur teilt diese Ambivalenz; die konträren Bildzonen berühren und verzahnen sich an der Mittelachse ihres Körpers. Zwischenräume werden durch Flächenmuster ornamental gefüllt, sodass die Darstellung als rhythmisch-dynamisches Gesamtgefüge in Erscheinung tritt.

Diese Bildfindung erlaubt konkurrierende Lesarten. Folgen wir Nays eigenem Bilddiskurs, so ist die Frage nach den künstlerischen Mitteln von Linie und Farbe maßgeblich. Zwar hat Nay dem »grafischen Element« seiner Kunst nur wenige Worte gewidmet; er sah sich als bekennender Künstler der Farbe, doch nicht im Sinne einer geschmeidigen und sinnlich affizierenden *Peinture*, sondern einer Malerei als »geistiger Gestaltform«. Im Werkprozess kommt daher der Zeichnung eine entscheidende Bedeutung zu: Die unfarbige Linie ist stärker als die Farbe Medium des reflektierten Zugangs zum Motiv. Sie tritt als bewusste individuelle Setzung in Erscheinung, ist eine »Addition erkennbar einzelner Handlungen« (Adolphs 2012, S. 60). Die Zeichnung bezeugt, wie der Künstler mit dem »Motiv als Material« (Gohr 2015, S. 6) arbeitet und die Metamorphose des Bildes vorantreibt.

Weibliche Akte auf einem Thron sind in der Kunstgeschichte nicht verbreitet; das Sujet folgt keinem überkommenen ikonografischen Muster. Ohne diese Absicherung könnte die Interpretation bei der Beziehung vom Künstler zum Darstellungsgegenstand, der weiblichen Figur, ansetzen. *Sitzende auf einem Thron* ist Teil einer Folge von Zeichnungen, denen ein klassisches Setting zugrunde zu liegen scheint: Der aktive, produktive männliche Künstler betreibt seine Formexerzitien in der Darstellung des passiven weiblichen Körpers. Der Kopf der Figur ist maskenhaft starr und entindividualisiert. Das Sehen und Transformieren des weiblichen Körpers sind besitzergreifende Aktivitäten, die der Zeichner schnell vollzieht; seine beschleunigte Aneignung lässt keine Nähe entstehen. Das Interesse der Kunstgeschichtsschreibung gilt traditionellerweise ihm allein; von seinem Gegenüber wissen wir nichts. Doch ist eine solche Maler/Zeichner-Modell-Beziehung als Teil von Nays Werkprozess überhaupt anzunehmen?

Bei Nay ist eine vitalistische Konzeption künstlerischer Kreativität vorauszusetzen, die in der Tradition der Moderne steht: Künstlerisches Schaffen und erotische Imaginationskraft verstärken sich wechselseitig, sodass der Künstler auch ohne das Gegenüber des lebenden Modells auskommt. Die sexuell konnotierte weibliche Figur ist gleichsam das »Epizentrum« seiner dynamischen Formexerzitien. Sie ist die »Agentin einer Enthierarchisierung« der Bildelemente und einer »Dezentrierung des Blicks«, die auf die Schaffung bzw. das Erleben des vitalen Gesamtzusammenhangs des Kunstwerkes gerichtet sind (vgl. Sykora 2005, S. 71 zur Moderne-Tradition am Beispiel von Matisse). Dass Nay die weibliche Figur »auf einen Thron« setzt und sein Tun mit Begriffen wie »universal«, »absolut«, »objektiv« qualifiziert, zeigt paradigmatisch die tiefe Verwobenheit von männlicher Kreativität und imaginierter Weiblichkeit, die bis in die Kunst der Nachkriegszeit bestimmend war.

Werner Busch hat die Zeichnung von seinem Vater Günter Busch geerbt. In seiner Sammlung ist sie ein Solitär, und Nays Kunst war nie Gegenstand seines wissenschaftlichen Interesses. Doch wenn er sich ihr zuwendete, so würde er vielleicht *Sitzende auf einem Thron* in den Kategorien seiner historischen Zeichnungsforschung beschreiben, wie der Doppelfunktion der Linie, dem »Falschzeichnen«, dem Ornament und der romantischen Suche nach der Hieroglyphe, die ein von der Natur gegebenes Zeichen ist. Und er würde dann möglicherweise zu der Meinung kommen, dass die Phänomene der »umstrittenen« Nachkriegsmoderne in subtiler Form schon viel früher künstlerisch nachweisbar sind.

Ausgewählte Literatur

Volker Adolphs: *Das grafische Element,* in: ders. (Hrsg.): *Ernst Wilhelm Nay. Das polyphone Bild. Gouachen, Aquarelle, Zeichnungen*, Ostfildern 2012, S. 59–61.

Magdalene Claesges (Bearb.): *Ernst Wilhelm Nay. Lesebuch, Selbstzeugnisse und Schriften 1931–1968*, Köln 2002.

Magdalene Claesges (Bearb.): *Ernst Wilhelm Nay. Werkverzeichnis der Ölgemälde, Aquarelle, Gouachen und Zeichnungen*, 3 Bde., Ostfildern 2012ff.

Siegfried Gohr: *Improvisationen über Nay,* in: *Nay. Gouachen und Zeichnungen 1944–1967*, Ausstellungskatalog, München (Galerie Fred Jahn), München 2015, S. 5–7.

Katharina Sykora: *Durch das Fenster sehen. Schwellenraum und Weiblichkeit in den »Zimmern mit Aussicht« von Henri Matisse,* in: Pia Müller-Tamm (Hrsg.): *Henri Matisse. Figur Farbe Raum*, Ausstellungskatalog, Düsseldorf (K20, Kunstsammlung Nordrhein-Westfalen) u.a., Ostfildern 2005, S. 57–74.

Friedrich Weltzien: *Organisches Bild und mythische Bindung. Körperkonzepte in Nays Frühwerk,* in: Joachim Jäger (Hrsg.): *Ernst Wilhelm Nay und die Moderne*, Schriften der Ernst Wilhelm Nay Stiftung, Bd. 1, Köln 2020, S. 37–67.

Friedrich Weltzien: *Nays Dingzeichen des menschlichen Körpers*, in: Karin Schick, Sophia Colditz und Roman Zieglgänsberger (Hrsg.): *Ernst Wilhelm Nay. Retrospektive*, Ausstellungskatalog, Hamburg (Hamburger Kunsthalle) u.a., Köln 2022, S. 71–79.

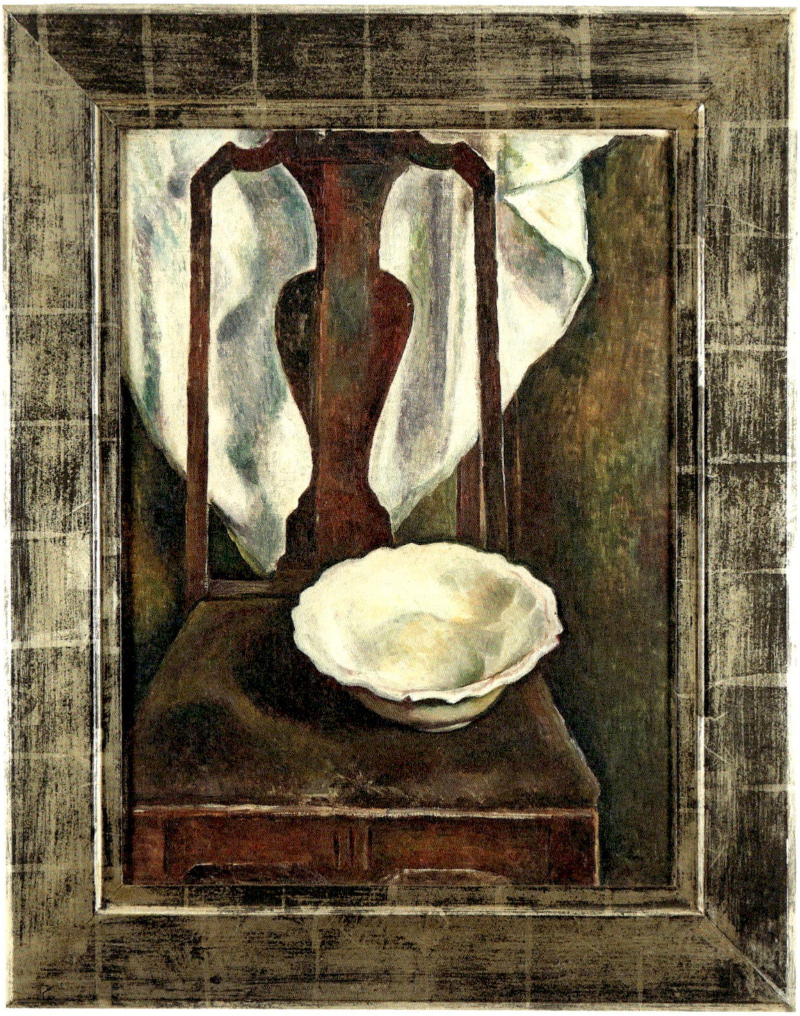

Mark Tobey
Stillleben

Öl auf Leinwand, 60 × 45 cm,
bemalter Holzrahmen, 80 × 65 cm

Mark Tobey. Die Erfahrung von *Scale*

Gregor Stemmrich

Werner Buschs Kunstsammlung enthält mehrere Werke amerikanischer Künstler: eine Radierung von Ad Reinhardt sowie Lithografien und ein frühes Stillleben von Mark Tobey. Alle Werke weisen einen prononcierten Umgang mit werkeigenen Rahmungen auf. Sie schaffen ihren eigenen Ort. Der Rahmen, die Rahmung, der Rand ist gleichzeitig außerhalb des Werkes und innerhalb.

Der Ort, den ein Werk schafft, begründet ebenso ein Interesse wie der Ort, an dem es sich befindet. In einem Museum wäre Tobeys Stillleben dazu bestimmt, eine geografisch-kulturelle Einordnung zu bestätigen: *Northwest School* würde sie lauten. Ist der Ort jedoch eine Privatsammlung und somit an die Entscheidung einer Person gebunden, das Werk darin aufzunehmen, wird vom Werk eine Antwort auf die Frage erwartet »was es dort zu suchen hat«, allemal dann, wenn die Person ein Kunsthistoriker ist.

Tobeys Stillleben hat eine enigmatische Anmutung. Wenige Gegenstände sind dargestellt und diese einfach zu benennen: ein dem Betrachter zugekehrter Stuhl mit hoher Rückenlehne, auf deren Sitzfläche eine Porzellanschale steht; hinter der Stuhllehne hängt ein großes weißes Tuch herab. Das ist auch schon alles, was sich mit Sicherheit sagen lässt. In auffälligem Kontrast zum Rand der Schale, der in *Trompe l'œil*-Manier gemalt ist, bleibt unklar, ob sich etwas bzw. was sich in ihr befindet. Hinter dem rechten Seitenarm der Stuhllehne, parallel zu ihr, ist ausschnitthaft ein breiteres stabartiges Objekt mit gleicher Oberflächencharakteristik zu sehen; anzunehmen, es handele sich um ein Tischbein, wäre jedoch verfehlt, denn an einer Tischfläche, die so hoch wie die Stuhllehne ist oder höher als diese, könnte man nicht essen.

Da die gegenständliche Lesart mehr Fragen aufwirft als Antworten bietet, kann man es mit einer abstrakten versuchen. Der Stuhl ist eigentümlich in das Bildfeld verspannt. Er erscheint in die Fläche geklappt. Seine vordere Kante verläuft parallel zur unteren Bildbegrenzung, und die obere Kante der Rückenlehne tangiert die obere Bildkante. Die Diagonalen, die die Seitenkanten der Sitzfläche bilden, stoßen in der Verlängerung auf die linke untere Ecke des Rahmens und auf die rechte untere Ecke des Gemäldes. Ähnlich verhält es sich mit Schale und Tuch. Die linke Diagonallinie des herabfallenden Tuchs scheint, überschnitten vom Mittelteil der Rückenlehne des Stuhls, direkt in den Rand der Schale überzuleiten, die zugleich von der rechten Diagonalen tangiert wird. Eine Falte des Tuches berührt von rechts oben kommend auffällig pointiert die rechte Leiste der Stuhllehne. Hier befindet sich in der Gesamtbreite des Werkes (inklusive Rahmen) der goldene Schnitt; in der Vertikalen liegt er am äußersten rechten Rand der Schale, deren Riffelung diesen Punkt prononciert. Der Rahmen tritt als reflexive Transzendenz des Gemäldes in Erscheinung.

Das gibt Anlass zu der Vermutung, dass der Rahmen von Anfang an zum Werk gehörte. Doch erklärt dies nicht den Zustand des Rahmens. Man möchte annehmen, dass er ursprünglich vergoldet oder versilbert war, denn man kann deutlich rechteckige, einander überlappende Abteilungen sehen, auf denen Gold- oder Silberblättchen aufgetragen gewesen sein könnten. Ob dies jedoch der Fall war, ob die Metallbeläge abgeschabt wurden und partiell den Kreidegrund freigelegt haben oder ob es sich bei den weißen Streifen um Restbestände von mit dem Pinsel aufgetragenem Hasenleim handelt, könnte nur eine fachkundige Untersuchung erweisen. Denkbar ist, dass ein entsprechender Eindruck mit Mitteln der Malerei erzielt wurde, oder dass der Rahmen schon in einem dem heutigen vergleichbaren Zustand war, als er für das Werk gewählt wurde.

Was im Bereich des Spezifischen ungeklärt bleiben mag, kann doch Anlass geben, Beobachtungen auf der generellen Ebene zu machen. Festzustellen ist eine Aktivierung des Grundes, sowohl des Gemäldes als auch der dargestellten Gegenstände. Der Hintergrund des Stilllebens changiert zwischen grünlichen und rötlichen Tönen sowie helleren und dunkleren Partien; die Pinselführung ist deutlich sichtbar und setzt vielfach neu an, was die Aufmerksamkeit des Betrachters anzieht. Dadurch erscheint der Hintergrund wie eine Folie, aus der die Gegenstände herausgehoben erscheinen. Der Mittelteil der Stuhllehne ist offenbar aus drei Holzscheiten zusammengesetzt, von denen das mittlere eigentümlich zwischen Rot- und Grünblautönen changiert, was nicht nur mit dem Hintergrund des Stilllebens korrespondiert, sondern auch mit der Position des Seitenarms der Stuhllehne vor dem parallelen breiteren stabartigen Objekt, das wiederum eine Art Echo in einem parallelen breiten dunklen Streifen des Hintergrunds findet. Zwischen undefiniertem Hintergrund, prononcierter dreidimensionaler Gegenständlichkeit und flächigem Objekt (Rückenlehne) lässt sich so eine Art Rapport oder Kontinuum feststellen. Die bläulich-violetten Schatten der Stuhllehne auf dem weißen Tuch scheinen ein Eigenleben zu besitzen, das sie, eigentümlich beseelt, aus dem Hintergrund in den Vordergrund hervortreten lässt. Ob sich etwas in der Porzellanschale befindet, bleibt unklar, da der konkave Boden der Schale konvex gebogen und dabei verschoben erscheint – ihr Grund ist aktiviert. – Unter der vom Rahmen überschnittenen rechten Vorderseite des Stuhls, wo man bloßes Dunkel erwarten würde, ist eine weiße Kontur (möglicherweise die weiß grundierte Leinwand) zu sehen, doch ansonsten keine Abgrenzung von dem Bereich darunter. Das Figur-Grund-Schema der Wahrnehmung mag oberflächlich intakt gehalten erscheinen, ist jedoch an jeder sich bietenden Stelle subtil konterkariert.

Sein künstlerisches Credo hat Tobey einmal so zusammengefaßt: »I don't care if it's a picture eight feet high or eight inches high; to me it should have scale.... If it doesn't have that, then it's a repetition of experiences that are the same« (zitiert nach Seitz 1962, S. 40). Die Teile und Teilbestimmungen eines Kunstwerks müssen untereinander wie auch zum integral bestimmten Ganzen (das dadurch selbst ein Teil wird) eine interne

Konsistenz besitzen. Neue Erfahrungen sind nur möglich, indem sie in das Bewusstsein gerückt werden und einen Ort darin finden, der dessen Konsistenz nicht gefährdet. *Scale* vermittelt eine Erfahrung davon, was Erfahrung überhaupt ausmacht. Soll etwas im Bewusstsein einen Ort finden, kann dies nur *durch* das Bewusstsein geschehen. Neue Erfahrungen aktivieren das Bewusstsein als den Grund ihrer Möglichkeit. Tobey hat offenbar nach ästhetischen Formen der Vermittlung *dieser* Erfahrung gesucht.

Scale ist ein Thema, das sich einerseits im Hintergrund hält, so aber, dass es gleichwohl als entscheidende Qualität eines Werkes hervortreten kann. Das ist möglich, weil es einer mereologischen Behandlung fähig ist und die Beziehungen von Teilen untereinander und zum Ganzen individuellen Bedeutungszuweisungen Raum geben können. Es fällt auf, dass die Rückenlehne des Stuhls wie auch ihr Schatten eine anthropomorphe Anmutung hat: der Mittelteil mit seinem geschwungenen Umriss hat figurative Funktion; die oben daran anschließenden Leisten wirken wie Schultern und herabhängende Arme. Damit, zumal im Verbund mit dem weißen Tuch wie auch mit der auf dem Stuhl stehenden Schale, kommen Möglichkeiten der Projektion, der imaginativen Entfaltung und der spirituellen Aufladung ins Spiel. Doch gerade im Zuge der Wahrnehmung dieser Möglichkeit wird die Erkenntnis umso wichtiger, dass es die Erfahrung von *Scale* ist, die anderen Themen Raum zu geben vermag, nicht umgekehrt.

Tobey ist in einer reformiert calvinistischen (kongregationalistischen) Familie aufgewachsen und hat sein ganzes Leben lang, über alle religiösen und geografischen Grenzen hinweg, unermüdlich reisend Ausschau nach neuen spirituellen Erfahrungen gehalten und gleichzeitig nach Möglichkeiten, ästhetisch Zugänge zu Spirituellem zu eröffnen, ohne in seinem Habitus je zu verleugnen, dass er aus dem Nordwesten Amerikas stammt. Was könnte Werner Busch an Tobeys Gemälde derart interessiert haben, dass er es in seine Sammlung aufnahm? Gewiss kommt hier der Umstand in Betracht, dass Tobey in Form ästhetischer Reflexionen ein komplexes protestantisches Erbe verarbeitet hat. Aber da ist auch Buschs Sorge um die Zukunft des Faches Kunstgeschichte, die Befürchtung es könne in ein bloßes Arsenal von regionalen Kunstgeschichten zerfallen. Tobey mag ihm vor Augen geführt haben, dass jemand sich treu bleiben und dennoch, oder vielmehr gerade so, eine grenzenlose Offenheit für andere Kulturen und Einflüsse glaubhaft machen kann, sofern sich diese an eine Erfahrbarkeit von *Scale* binden lassen.

Ausgewählte Literatur

Sheryl Conkelton und Laura Landau (Hrsg.): *Northwest Mythologies. The Interactions of Mark Tobey, Morris Graves, Kenneth Callahan, and Guy Anderson*, Ausstellungskatalog, Tacoma (Tamoca Art Museum), Seattle and London 2003.

Debra Bricker Balken: *Mark Tobey. Threading Light*, New York 2017.

Arthur L. Dahl und Joyce Dahl (Hrsg.): *Mark Tobey. Art and Belief. A Collection of Essays and other Pieces*, Oxford 1984.

William C. Seitz: *Mark Tobey*, Ausstellungskatalog, New York (The Museum of Modern Art), New York 1962.

Tobeys Ambiguität

Michael Lüthy

»We are all waves of the same sea. We are all waves to the same sea« (Stadler 2022, S. 147). Der Baha'i-Synkretismus, dem Mark Tobey anhing und der in dieser seiner Lebensmaxime aufblitzt, wird zur Deutung seiner Kunst gern herangezogen. Doch er wäre gründlich missverstanden, wenn er als Aufhebung der Gegensätze und Einheit des Verschiedenen begriffen würde. Das Meer, aus dem wir alle kommen, und das Meer, in das wir alle münden, sind zweierlei, so wie jener Osten, den Tobey suchte, ihm verdeutlichte, dass er am anderen Weltende zuhause war. (»Als ich mich in Japan und China mit der Sumi-Tusche und dem Pinsel herumschlug und versuchte, die Kalligrafie des Fernen Ostens zu verstehen, wurde mir bewusst, dass ich niemals etwas anderes sein würde als der westliche Mensch, der ich bin« (Schmied 1966, S. 11f.).) – Was er aus dem Osten empfing, war jener »kalligrafische Impuls« (ebd., S. 12), der ihn zu seiner höchst eigenständigen Mal-Zeichen-Schrift führte und damit zugleich weg von jener alten Zen-Kunst, die seiner Überzeugung nach nicht einmal mehr von den heutigen Menschen Japans und Chinas (nach-)vollzogen werden konnte. Tobeys künstlerischer Synkretismus inkludierte das Entgegengesetzte, ohne dessen Gegensätzlichkeit zum Verschwinden bringen zu können. Eine Ruhelosigkeit lag darin, die sein Leben prägte und eine innerlich entzweite Kunst hervorbrachte. Tobey schrieb Bilder, die eigentlich Musik sein sollten (Charles Seliger: »Tobey wollte immer gut Klavier spielen, und er erzählte mir mit fester Überzeugung, dass er das Klavierspielen gegenüber der Malerei als Ausdruckform bevorzugt hätte, wenn er gut hätte spielen können« (Herzogenrath und Kreul 2002, S. 10)); er produzierte materielle Artefakte, die das Immaterielle greifen wollten (»Wenn man doch das Mondlicht mit dem eigenen Namen signieren könnte – das wäre es« (Bowen 1970, o.S.)); er schuf eine Raumkunst, die nach Rhythmus, eine Flächenkunst, die nach Plastizität, eine visuelle Kunst, die nach Berührung strebte (»Mein Hauptproblem in der Malerei ist, glaube ich, Rhythmus und Plastizität, häufig die Sensitivität der Berührung, die man Gefühl für Textur nennt« (Beyeler 1990, S. 62)).

Welche Optionen gab es jenseits des Begehrens nach dem je Anderen? Wie anders denn im Verschränkungsversuch des voneinander Wegstrebenden wäre jener polar gespannten Existenz, in der er sich wiederfand, Ausdruck zu verleihen gewesen: jener Spannung zwischen innerem und äußerem Raum, Selbst und Welt? (»Der innere Raum ist dem Grenzenlosen näher als der andere, und es ist das Privileg eines ausgeglichenen Geistes – und die Suche nach einem Gleichgewicht ist wesentlich – dem inneren Raum ebenso gewahr zu sein wie dem äußeren« (Beyeler 1990, S. 52)). In die alteuropäische

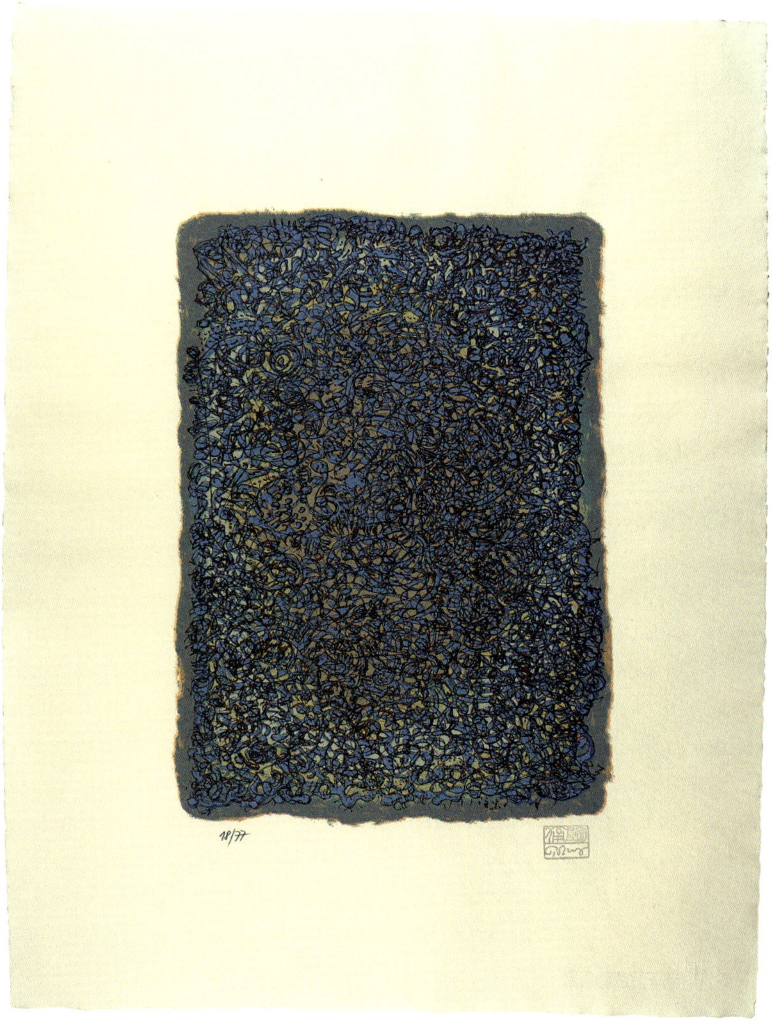

Mark Tobey
Ohne Titel

Farblithografie auf Papier, 29 × 39 cm

Philosophie zurückprojiziert, war Tobey Cartesianer und Anti-Cartesianer zugleich. Er setzte die Differenz von Innen und Außen, Geburt und Tod, Materie und Geist, Natur und Kunst, Bewegung und Ruhe, Ich und Anderem als gegeben voraus, um sich zugleich nach deren Versöhnung, zumindest einem Gleichgewicht zwischen ihnen, zu sehnen. (Wäre es passend, den Besitzer dieses Tobey-Blattes ebenfalls als Cartesianer und Anti-Cartesianer zugleich zu begreifen? Er würde es wohl zurückweisen, mit Verweis auf den anderen Denktypus der romantischen Ironie, die indes ebenfalls, wenn auch abweichend motiviert und argumentierend, Bestätigung und Aufhebung dialektischer Oppositionen ineinanderführt.)

Was also artikulieren Tobeys Bilder? Sie sind Materialisierung totaler Relationalität (»Ich habe zu dezentralisieren und zu verflechten versucht, so dass alle Teile eines Gemäldes denselben relativen Wert haben« (Kuh 2000, S. 240)), und ihr Aufenthaltsort ist das Dazwischen (»in-between« (Stadler 2022, S. 125)), genauso wie ihr Schöpfer bis zuletzt ein Reisender blieb. Jenes Dazwischen verkörpert sich jedoch nicht allein im verschlungenen *All-over*-Lineament, worauf die Tobey-Exegese vor allem verweist, sondern, signifikanter noch, am Status der Bildoberfläche. Wofür steht bei Tobey jenes Bildgeviert, das er häufig, auch im vorliegenden Blatt, mit mehrfachen Rahmungen betonte? Ist es ein Ausschnitt? Ein Durchblick? Die Bildfläche liegt indes nicht vor dem Sichtbaren, das durch diese hindurch erschiene. Vielmehr liegt die Bildfläche hinter dem Sichtbaren, als ein Grund, der es trägt. (»Ich bin gerade sehr vertieft, hinter die Oberfläche zu malen und die Oberfläche dennoch solide zu halten. Es ist ein Problem, aber das einzige, das mich interessiert« (Ixmeier 1981, S. 71).) Durch die Verdichtung des energetischen Lineaments zur soliden Form (»Ich habe Linien zur Masse gemacht« (Ixmeier 1981, S. 80)) wird die Oberfläche zugleich zur Figur: zu einem Netz, in dem sich das Licht fängt, aber auch zu einem festen Block, der sich zu uns hinzuwölben scheint. In Augendistanz breitet sich das Sichtbare vor uns aus, dem Blick in perfekter Überschau dargeboten, wozu auch das intime Format beiträgt, das Tobey gegen die üppig dimensionierten Exaltationen des *Action painting* pflegte. (»Durch verschiedene Bewegungen, gegenläufige Richtungen kann ich die Illusion großer Dimensionen vermitteln. Wozu diese also wirklich haben wollen?« (Ixmeier 1981, S. 114).) Gleichwohl repräsentiert Tobeys Linie-als-Masse weniger ein Sichtbares, das in seiner Konkretheit vor uns läge, sondern vielmehr eine Anschauungsweise der Welt. (John Cage: »Besonders erinnere ich mich an einen Spaziergang mit Tobey in Seattle, von der Cornish School den Berg hinunter durch die Stadt bis zu einem japanischen Restaurant – ein Weg, der normalerweise nicht länger als 45 Minuten dauert. Diesmal müssen wir mehrere Stunden gebraucht haben, weil er ständig stehenblieb und auf etwas hinwies, mit anderen Worten, mir die Augen öffnete« (Herzogenrath und Kreul 2002, S. 120).) Tobeys Bilder repräsentieren ein Sehen, das zugleich ein Denken ist und das Ludwig Wittgenstein, Sehen und Denken zusammenführend, »Auffassen« nannte.

Das traditionelle Bildgeviert, an dem Tobey trotz aller internen Form-Entgrenzung festhielt, oszilliert in seiner Kunst also fortwährend zwischen Ansicht und Sichtweise, zwischen innerem und äußerem Raum, aber auch zwischen materieller *Stasis* und schriftbildlicher *Dynamis*. (»Meine Quelle ist: ein Bild schreiben, statt es aufzubauen wie in der Renaissance-Tradition« (Kuh 2000, S. 236).) Tobeys *All-over*, als dessen Erfinder er gilt, steht am Ende einer langen Entwicklungsgeschichte der (westlichen) Malerei; sie markiert einen bildgeschichtlichen Extrempunkt, über den, ähnlich wie über Ad Reinhardts schwarze Bilder, hinauszugehen kaum möglich schien, ohne in Reprisen des Vergangenen zurückzufallen, oder aber, so wie es Allan Kaprow aus Jackson Pollocks großgezogenem *All-over* folgerte, die Malerei aufzugeben und zum Agieren in realer Raumzeit überzugehen. Und doch knüpfte Tobey mit seiner Malerei an den Ursprung jeder Bildmagie an: an die Ambiguität, die in eine Fläche einzieht, sobald ein darauf aufgetragenes Zeichen die Fläche aufspaltet: in einerseits den materiellen Grund, der das Zeichen trägt, andererseits den immateriellen Erscheinungsort eines Dritten. Es ist diese primordiale Ambiguität des vor uns Liegenden, die Tobeys Bilder nicht weniger verrätselt als eine prähistorische Höhlenmalerei – diese Ambiguität, die der Besitzer des Blattes meisterlich als das nicht zu Meisternde der Kunst zu entfalten weiß; diese Ambiguität, die die Unruhe im Uhrwerk seines Schreibens ist.

Ausgewählte Literatur

Galerie Beyeler (Hrsg.): *Mark Tobey. A centennial exhibition*, Ausstellungskatalog, Basel (Galerie Beyeler), Basel 1990.

Betty Bowen (Hrsg.): *Tobey's 80: A Retrospective*, Ausstellungskatalog, Seattle (Seattle Art Museum), Seattle 1970.

Wulf Herzogenrath und Andreas Kreul (Hrsg.): *Klänge des Inneren Auges: Mark Tobey, Morris Graves, John Cage*, Ausstellungskatalog, Bremen (Kunsthalle Bremen) u.a., München 2002.

Elisabeth Ixmeier: *Mark Tobey*, phil. Diss., Universität Bochum 1981.

Katherine Kuh: *The artist's voice: talks with seventeen modern artists*, New York 2000.

Wieland Schmied: *Tobey*, Stuttgart 1966.

Arnold Stadler: *Mein Leben mit Mark. Unterwegs in der Welt des Malers Mark Tobey*, München 2022.

Plastizität und Linie. Zur Formerfahrung der Bildhauerzeichnung

Stefan Grohé

Geschichte und Funktionen der Zeichnung nehmen im Werk von Werner Busch eine herausragende Rolle ein. Das Thema hatte schon Buschs Vater regelmäßig beschäftigt und es spricht Bände, dass die Beiträge von Werner Busch in den Festschriften für Günter Busch jeweils dem Zeichnerischen gewidmet waren. Ein typologischer Ansatz angesichts einer Zeichnung des Bildhauers Gustav Seitz wird daher nach dem Medium Bildhauerzeichnung und deren Autonomie auch in einem historischen Moment des 20. Jahrhunderts fragen dürfen. Ob es sich um ein rein transitorisches Medium im Werkprozess der Entstehung eines plastischen Bildwerks handelt oder ob die Bildhauerzeichnung als künstlerische Form und Erscheinung Anspruch auf Eigenwert erheben kann, beschäftigt die Literatur zur Skulpturgeschichte von Anbeginn. Die Differenz zwischen dem oftmals spontanen Gestus der Hand, die einen Stift oder einen farbgetränkten Pinsel führt, und der massiven Schwere des fertigen dreidimensionalen Werkes beschreibt das Spannungsverhältnis, das seit Vasari und Leonardo die Haltung des Bildhauers zum *disegno* markiert. Und auch wenn die Moderne sich zur Aufgabe gestellt hat, alte Verbindlichkeiten aufzukündigen, so spürt man in der Annäherung an das zeichnerische Werk von Bildhauern immer noch diese bemerkenswerte quasi-Überraschung, wie leicht die Geste desjenigen sein kann, der mit seinen auf Dauer angelegten Materialien Ewigkeitswerte beansprucht.

Das Blatt von Seitz steht zwar in einem ganz unmittelbaren Zusammenhang mit zeitgleichen Skulpturen des Bildhauers, es weist allerdings auch hinreichende Merkmale für die eigenweltliche Ästhetik einer Zeichnung auf. Das Motiv des sitzenden weiblichen Akts kehrt in den fünfziger und sechziger Jahren im plastischen Werk des Künstlers regelmäßig wieder (z.B. *Junges Mädchen*, 1949, Kunsthalle Bremen (u.a.), Grohn 80; *Kleine sitzende Maja*, 1952, Gustav-Seitz-Museum Trebnitz (u.a.), Grohn 90; *Große Marina*, 1962, Kunsthalle Bremen, Grohn 155). Es formuliert neben dem Kanonthema »Frauenakt« zugleich eine Ur-Szene des Ateliers: das nackte Modell in ruhender Pose. Der vermeintlich ungezwungenen Haltung wirken die gezeichneten Formen allerdings kalkuliert entgegen. Im Mittelpunkt der Komposition steht das mit vollem Pinsel umrissene und offensichtlich wiederholte dominante Oval des Oberschenkels, um das wie um ein mechanisches Gelenk herum die weiteren, weniger definierten Körperformen angeordnet sind. Der Winkel zwischen Ober- und Unterkörper wirkt klar und fast geometrisch und verweist auf zeichnerische Proportionsstudien, die wir von Seitz in anderen Zusammenhängen kennen. Die Hände hat die Gestalt mit ausgestreckten Armen in den Schoß gelegt, wo

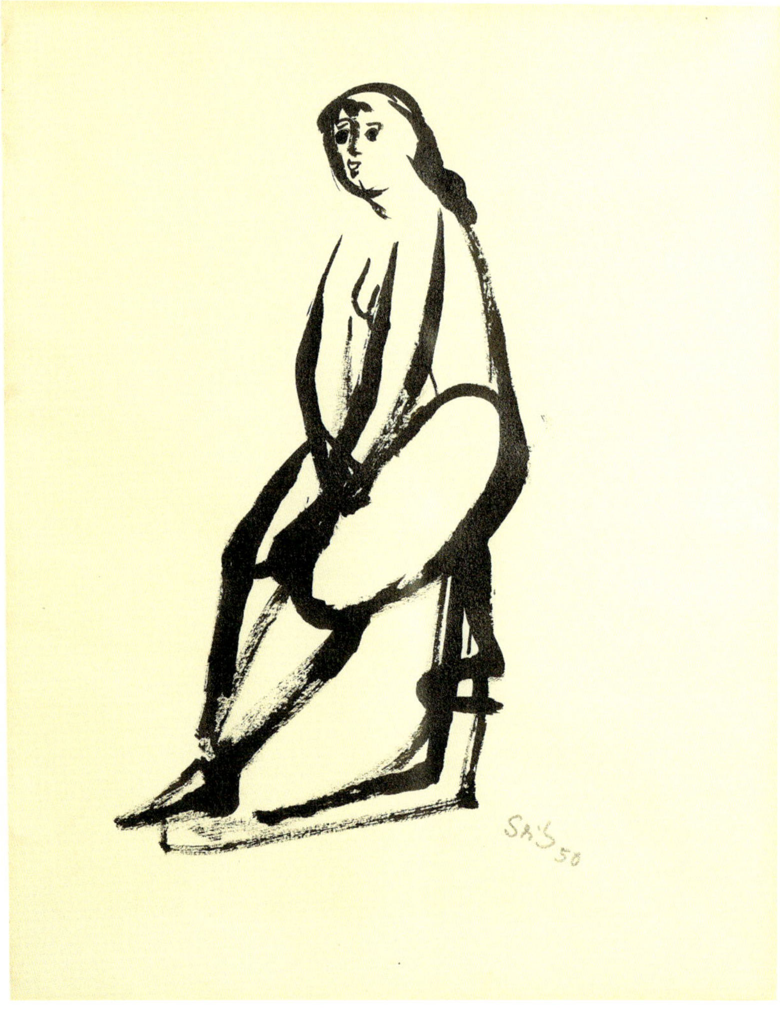

Gustav Seitz
Weiblicher Akt, um 1950/60

Pinsel in Schwarz auf Papier, 31 × 24 cm

sich so ein weiterer zeichnerischer wie kompositorischer Kulminationspunkt ergibt. Bestimmt aber wird die Erscheinung vom rechten Winkel der Stütze, zu dem sich die gerade Beinhaltung der Gestalt wie eine Hypotenuse verhält. Spätestens anlässlich dieser Beobachtung stellt sich die Frage, ob es sich um eine Modellstudie oder einen Vorgriff auf fertige Plastik handelt. Eine konkrete Modellpose mag man sich auf diese Weise nicht vorstellen. In den oben genannten plastischen Verwandten unserer Zeichnung spielen jedenfalls entsprechende Stützen eine Rolle. Die Reflexion des Naturbezugs auf Modell oder Werk, konstitutiv für die Zeichnung in der nachklassischen Zeit, mag von Seitz nicht intendiert sein, bietet sich als Perspektive aber an. Trotz ihres auf Pose und Struktur abzielenden Aufbaus behält die weibliche Gestalt die Anmutung von Natürlichkeit. Ihre Physiognomie ist mit einer Präzision in den Kopf eingetragen, die sich an keiner anderen Stelle der Zeichnung findet.

Gustav Seitz ist durchaus eine prägende Gestalt der gesamtdeutschen Nachkriegskunst. Wie sein Altersgenosse Fritz Cremer bemühte er sich ästhetisch um eine zeitgemäße und an die Moderne anschlussfähige plastische Formulierung der menschlichen Figur. Zugleich setzte er sich wie dieser für einen Neuaufbau der künstlerischen Ausbildung in Deutschland nach der Zeit des Nationalsozialismus ein und begleitete die Akademie der Künste im Osten Berlins; nicht ohne sogleich in politisch codierte programmatische Streitigkeiten gezwungen zu werden. Es stellte sich die Frage, wie ein Rekurs auf die klassische Tradition der Bildhauerkunst gelingen kann, deren hypertrophe Aneignung durch die NS-Kunst noch allzu präsent vor Augen stand. Seitz behauptete über den Lauf seiner ganzen Karriere die Haltung eines Unpolitischen. Weder strikter Formalist noch Realist, hat er den Schritt zur Konkretion nie vollzogen und blieb der stilisierten menschlichen Figur immer verbunden. Künstlerische Anerkennung fand er so in beiden deutschen Staaten. Noch vor seinem Austritt aus der Akademie der DDR und seiner Übersiedlung nach Hamburg 1958 war er auf Ausstellungen in seiner Geburtsstadt Mannheim und in Bremen präsent.

Erstmals publiziert ist die *Sitzende* als Nr. 47 in dem 1970 in Frankfurt am Main erschienenen Bändchen *Gustav Seitz. Bildhauer-Zeichnungen*, dessen Einleitung und Vorwort ein Jahr nach Seitz' Tod der Bremer Kunsthallendirektor Günter Busch verfasste. Die Besitzangabe zu der Tuschpinselzeichnung lautet »Sammlung Günter Busch, Bremen« und Busch weist in seinem Text darauf hin, dass der kürzlich verstorbene Bildhauer die Bildauswahl und -reihenfolge persönlich noch festgelegt habe. Zu Lebzeiten des Künstlers hatte die Kunsthalle Bremen unter dem Direktorat von Günter Busch vier Plastiken von Seitz erworben. Aus seinem Nachlass gelangten schließlich etliche weitere dorthin, vermutlich deshalb, weil Busch das Werk von Seitz, Plastiken und Zeichnungen, seit 1950 regelmäßig in Ausstellungen der Kunsthalle gewürdigt hatte. Ob die *Sitzende* am Rande der ersten Ausstellungen in den Besitz der Familie Busch gelangte oder im Rahmen der Erstellung des Bandes von 1970 wird der Jubilar am besten wissen.

Ausgewählte Literatur

Günter Busch (Bearb.): *Gustav Seitz. Bildhauer-Zeichnungen*, Frankfurt am Main 1970.

Werner Busch: »*Die Neudefinition der Umrißzeichnung in Rom am Ende des 18. Jahrhunderts*«, in: ders. und Margret Stuffmann (Hrsg.): *Zeichnen in Rom, 1790 - 1830*, Köln 2001, S. 10–44.

Ursel Grohn: *Gustav Seitz. Das plastische Werk. Werkverzeichnis,* Hamburg 1980.

Bildwürdige Schrift?
Zu Julius Bissiers Tuschzeichnung

Carolin Meister

Anders als wohl die meisten der Werke in seiner Sammlung, zählt die Tusche von Julius Bissier nicht zu den Erwerbungen von Werner Busch – nicht zu jenen Werken also, die unmittelbar mit seinen Forschungsinteressen verbunden sind und Zeugnis vom »verfeinerten Sehen« ihres Besitzers ablegen. Sie gelangte vielmehr als Geschenk des Künstlers über seine Eltern Ruth und Günter Busch in die Sammlung. Anders aber auch als andere Werke, die auf diesem Weg zu ihm gefunden haben, wurde das Blatt nicht zum Anlass von »Zeichen und Wundern« – wie etwa die beiden Zeichnungen von Rudolf Schick, die er zum Einstand in Berlin von seinem Vater erhielt und die ein bemerkenswertes Nachspiel in seiner eigenen Forschung wie Sammlertätigkeit hatten. Zumindest nicht, soweit ich sehen kann.

Wie die meisten Tuschen der 1950er- und 1960er-Jahre ist das Blatt auf den Tag genau datiert. Wenngleich sich der Entstehungsmonat auch nicht eindeutig entziffern lässt – Julius Bissier hat die Zeichnung 1959 angefertigt, im Jahr seiner Teilnahme an der documenta II. Ein Jahr zuvor hatte Werner Schmalenbach die erste größere Retrospektive seines Werks ausgerichtet. Im Unterschied zum Großteil der Tuschen, die Bissier seit Mitte der 1930er-Jahre anfertigt, kann er bei dieser mit ihrer Sichtbarkeit rechnen. Denn er ist im Begriff, späte internationale Anerkennung für sein Werk zu bekommen. Insbesondere die Tuschen werden als im emphatischen Sinne zeitgenössisch wahrgenommen. Für den Künstler initiiert die ungeahnte Aufmerksamkeit zweifellos eine Erweiterung der Perspektive, welche die Konzentration auf das künstlerische Experimentieren, das während der Jahre des Nationalsozialismus nachts und im Geheimen stattfinden musste, durch Fragen der Rezeption komplementiert. Das Problem der Ausstellbarkeit dieser Blätter beschäftigt Bissier allerdings schon lange bevor sie Ende der 1950er-Jahre schließlich ihr Publikum finden.

Liest man seine Notizen zu dieser Frage, so fällt das anhaltende Ringen mit der mangelnden Bildwürdigkeit der Tuschen auf, das in einer unauflösbaren Spannung dazu steht, dass ja gerade sie es gewesen waren, die ihm einen Ausgang aus der als erstarrt empfundenen Aufgabe des Bildes verschafft hatten. Einen Ausgang, der dem neusachlichen Bissier Mitte der 1930er-Jahre nicht nur das Kippen von der Vertikale der Staffelei in die Horizontale des Tischs und das intimere Format eröffnete, die Wendung von einer geschlossenen zur offenen Textur, von der fixierenden Form zum Prozesshaften. Zuallererst ebnete die Arbeit an den Tuschen ihm den Weg zu einer neuartigen Auffassung des

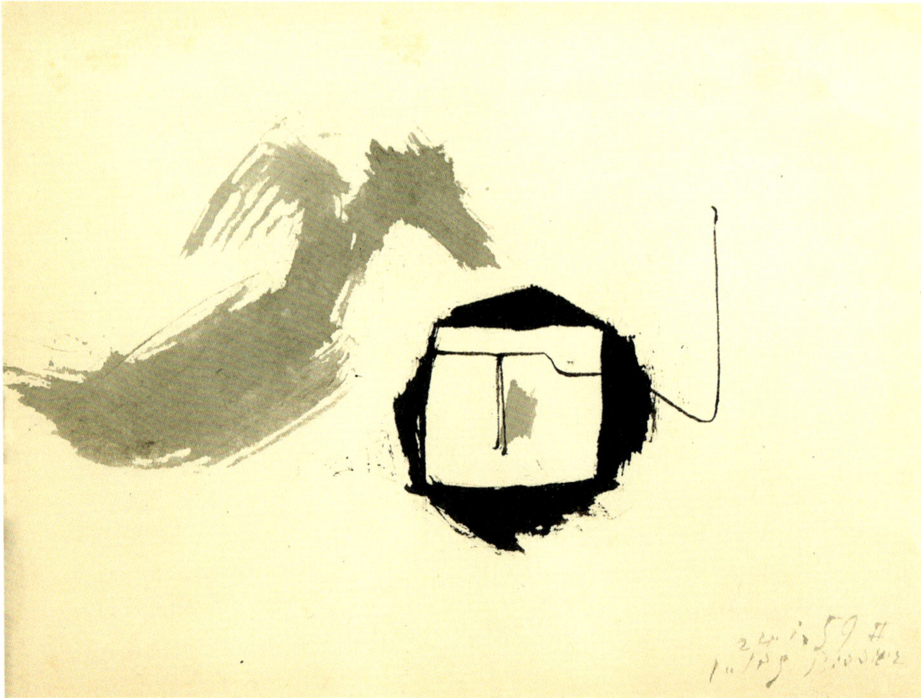

Julius Bissier
Ohne Titel, 1959

Pinsel in Schwarz und Grau auf Papier, 23,5 × 32 cm

Grundes, und zwar indem sie diesen aus seiner bildmäßigen Verspannung entließ: An die Stelle der organisierten Fläche trat zunehmend der offene, mit Bissier gesprochen, der »schwingende« Grund. Was diesen Grund mithilfe von Tusche in den gewünschten Zustand versetzte, mutete weniger bildhaft denn skriptural an und besaß große semantische Dichte.

Die Forschung hat Bissiers Wendung zum Schriftmäßigen in erster Linie als eigenwillige Rezeption ostasiatischer Tuschmalerei untersucht, wobei die Verbindung zu Ernst Grosse, seinen Schriften wie seiner Sammlung im Vordergrund stand. Auch das vorliegende Blatt lässt sich im Zwischenraum von skripturalem Zeichen und einer Zeichnung verorten, welche die formatfüllende Anlage zugunsten einer Freistellung einzelner Bildelemente aufgegeben hat. Doch schon die klare Ausdifferenzierung der Tusche in zwei Tonwerte und ihre jeweilige Relation zum Bildgrund schafft eine gewisse Distanz zum Ideografischen – ein Verfahren, auf das Bissier seit den späten 1940er-Jahren wiederholt zurückkommt. Im Gegenüber von durchscheinendem Grau und dichtem Schwarz bündeln sich Polaritäten, an deren grafischen Ausdrucksformen er seit zwei Jahrzehnten arbeitet.

So etwa die Reihe der frühen, damals noch betitelten Tuschen *Woge gegen Fels* der Jahre 1938/39 – eine Grundformel des Kontrasts von dynamischer und statischer Form: von links in grau aufsteigend die splitternde Bewegungsspur eines breiten, borstigen Pinsels, der zur oberen Mitte hin strebt, um gleich einer Welle zu brechen und sich in zwei auseinanderdriftende, abwärts gerichtete Stränge zu teilen; leicht aus der Bildmitte nach rechts versetzt, anstelle des vertikalen Zugs von Felsen, eine Verfugung von vier annähernden Kreissegmenten in tiefem Schwarz, auch sie porös und stachlig, insbesondere nach außen hin. Mehr als dass ihre Außenkanten einen Kreis bilden würden, rahmen sie nach innen, und in Resonanz zu den Kanten des Blattes, ein rechteckiges Stück Bildgrund – Bild im Bild, aufleuchtend im schwarzen Rund. Eine ganze Folge bergender Motive, die Bissier in seinen Tuschen immer wieder aufgreift, findet hier ihr Nachleben – von Cista und Gefäß über Nest bis hin zum Lotus. Sie umfangen ein graues Strichbündel, das der aufbrandenden Woge entsprungen scheint und damit an die Befruchtungssymbolik zahlreicher Werke anknüpft. Aber auch eine entschiedene, feine schwarze Linie nimmt hier ihren Ursprung, um sich außerhalb der bergenden Form nach oben zu richten – gleichsam ein ungebrochenes Echo zur aufsteigenden Bewegung in Grau.

Das ganze Thema ist in deutlicher Nähe zu drei Tuschen vom 12., 26. und 29. Januar 1959 formuliert, die sich ebenfalls in Privatbesitz befinden: In allen Blättern finden wir den Kontrast von lichtem Grau und dichtem Schwarz, eine von links anbrandende Bewegungsspur und eine aus der Mitte verschobene, in sich ruhende Form, die fensterartig den Blick auf den Bildgrund freigibt und zugleich Keimzelle zeichnerisch-skripturaler Linien ist. Gut möglich also, dass das vorliegende Blatt am 24. Januar 1959 entstanden ist. Wie die genannten Tuschen, aber doch in größerer Ausgewogenheit, scheint es eine Art Summa der langjähren Arbeit Bissiers an einer Formsprache grundlegender Polaritäten zu sein: dynamisch und statisch, bergend und geborgen, aufsteigend und ruhend, weiblich und männlich, aber auch dicht und licht, positiv und negativ, sk… bildmäßig. Blickt man mit Werner Busch auf dieses Blatt, der uns die Augen … vielfältigen Facetten des »Unklassischen« geöffnet hat, dann könnte man es vielleic… als einen späten Widerhall betrachten, der sich aus der Öffnung der Bildfrage mittels der Schrift entwickelt hat.

Ausgewählte Literatur

Volkmar Essers (Hrsg.): *Julius Bissier*, Ausstellungskatalog, Düsseldorf (Kunstsammlung Nordrhein-Westfalen), Düsseldorf 1993.

Isabel Herda und Anna Hagdorn (Hrsg.): *Im Raum meiner Imagination. Julius Bissier und Ostasien*, Ausstellungskatalog, Freiburg (Museum für Neue Kunst, Städtische Museen Freiburg), Freiburg 2018.

Werner Schmalenbach (Hrsg.): *Julius Bissier*, Ausstellungskatalog, München (Haus der Kunst München), München 1978.

Werner Busch: *Verfeinertes Sehen. Optik und Farbe im 18. und frühen 19. Jahrhundert*, München 2008.

Werner Busch: *Das unklassische Bild. Von Tizian bis Constable und Turner*, München 2009.

Werner Busch: *Der Himmel über Berlin. Rudolf Schicks Ausblicke aus seiner Dachwohnung in der Ritterstraße 47*, in: Rebecca Duckwitz und Christien Melzer (Hrsg.): *Von der Genauigkeit des Sehens: Festschrift für Anne Röver-Kann zum 75. Geburtstag*, Bremen 2018, S. 135–140.

Abbildungsnachweis

Alle Werke aus der Sammlung Busch: Hubert Graml, Kunsthistorisches Institut, Freie Universität Berlin; Einleitung: Abb. 1 Foto: Remigius Brückmann, Abb. 2 Foto: Remigius Brückmann; Beitrag Jehle: Abb. 1 Yale University Art Gallery, Connecticut (Public domain); Beitrag Bredekamp: Abb. 1 in: Luigi Ficacci, *Piranesi. The Complete Etchings*, Köln u.a. 2000, S. 107, Nr. 76, Abb. 2 in: ebd., S. 691, Nr. 883; Beitrag Bätschmann: Abb. 1 National Gallery of Art Washington, Rosenwald Collection, 1943.3.4716.z (Public domain), Abb. 2 Staatsgalerie Stuttgart, Graphische Sammlung, A 1996/6688 (KK) (Public domain); Beitrag Pfäfflin: Abb. 1 © Staatliche Museen zu Berlin, Kupferstichkabinett / Foto: Dietmar Katz, Abb. 2 und 3 in: *Numismatische Hefte* Nr. 6 (1982), S. 75 und 76, Abb. 4: © Staatliche Museen zu Berlin, Kupferstichkabinett / Foto: Jörg P. Anders; Beitrag Keisch: Abb. 1 in: Elfried Bock: *Adolph Menzel. Verzeichnis seines graphischen Werkes*, Berlin 1923, S. 133; Beitrag Kuhlmann-Hodick: Abb. 1 © Kupferstich-Kabinett, Staatliche Kunstsammlungen Dresden / Foto: Herbert Boswank; Beitrag Schulze-Altcappenberg: Abb. 1 Vintage property of ullstein bild / Foto: Alice Matzdorff /ullstein bild via Getty Images.

Aus Gründen der formalen Vereinheitlichung wurde in den Texten das generische Maskulinum verwendet. Die männliche Form soll geschlechtsunabhängig verstanden werden.

Gedruckt mit freundlicher Unterstützung des Fachbereichs Geschichts- und Kulturwissenschaften der Freien Universität Berlin und der Ernst-Reuter-Gesellschaft der Freunde, Förderer und Ehemaligen der Freien Universität e.V.

ISBN 978-3-422-80213-1
e-ISBN (PDF) 978-3-422-80219-3

Library of Congress Control Number: 9783422802131

Bibliografische Information der Deutschen Nationalbibliothek
Die Deutsche Nationalbibliothek verzeichnet diese Publikation in der Deutschen Nationalbibliografie; detaillierte bibliografische Daten sind im Internet über http://dnb.dnb.de abrufbar.

Einbandabbildung: Paul Flandrin, *Das Atelier des Künstlers in Paris*, 1882, Öl auf Leinwand, 23,5 × 32 cm (Ausschnitt), Berlin, Sammlung Werner Busch
Einbandgestaltung, Layout und Satz: Stefanie Kruszyk
Druck und Bindung: Beltz Grafische Betriebe GmbH, Bad Langensalza

www.deutscherkunstverlag.de
www.degruyter.com
Questions about General Product Safety Regulation productsafety@degruyterbrill.com